W0181702

BASTEI
LÜBBE
TASCHENBUCH

Michael Wigge

WIGGES TAUSCHRAUSCH

Um die Welt für ein Haus

BASTEI
LÜBBE
TASCHENBUCH

BASTEI LÜBBE TASCHENBUCH
Band 60688

1. Auflage: März 2012

Dieser Titel ist auch als E-Book erschienen.

Bastei Lübbe Taschenbuch in der Bastei Lübbe GmbH & Co. KG

Originalausgabe

Sie finden uns im Internet unter
www. luebbe.de
Bitte beachten Sie auch: www.lesejury.de

Der Preis dieses Bandes versteht sich einschließlich
der gesetzlichen Mehrwertsteuer.

*I*nhalt

Vorspann: Hawaii – ich komme! 7

Deutschland: Der Rausch beginnt 13

Österreich: Mein erstes Nein 35

Die Schweiz: Hilfe, die Plejaren kommen! 41

Indien: Holzschlitten Masala 49

Australien: Parasiten-Tausch 97

Neuseeland: Hilfe am Ende der Welt 119

Singapur: Mein erster Milliardär-Kumpel 127

Thailand: Das große Tausch-Aus 133

Tansania: Afrika – bis zum Umkippen! 137

Kenia: Weltklasse-Läufer unter sich 171

Deutschland: Home sweet home 181

Die Ukraine: Der schöne Schein 189

Portugal: Tausch am seidenen Faden 209

Brasilien: Lederhose und Volksmusik
              unter Palmen 215

Die USA: Eine Stadt als ganze Welt 231

Hawaii: Der Showdown 266

Abspann 279

*H*awaii – ich komme!

*M*ars, Pluto oder Jupiter waren als Kind meine stetigen Begleiter, und nichts faszinierte mich so sehr wie das Weltall. Ich erinnere mich noch daran, dass ich mir Weihnachten 1984 alle Sachbücher wünschte, die irgendetwas mit der Welt der Sterne zu tun hatten, und natürlich die aktuellste Spielzeug-Raumstation mit Mondgleiter und intergalaktischem Teleskop-Aufsatz. Ein Jahr später war es ein richtiges Teleskop. Eine 32-fache Vergrößerung und ein zusätzliches Suchrohr sowie verschiedene Sonnenfilter steigerten die Vorfreude darauf, den Sternen endlich ganz nahe sein zu können, ins Unermessliche. Aber noch bevor der Osterhase im nächsten Jahr vorbeikam, war das Teleskop schon im Wohnzimmerschrank verschwunden. Der Schreck darüber, dass der Nachbar, den ich mir in 32-facher Vergrößerung herangezoomt hatte, mir wild winkend zu verstehen gab, dass er sich sein abendliches Fernsehprogramm lieber alleine anschauen wollte, saß mir noch immer in den Knochen.

So konzentrierte ich mich wohl oder übel auf das, was unser eigener Planet uns zu bieten hat. Ich widmete mich den entlegenen Orten auf der Erde – zunächst in meinem Schulatlas. Und der entlegendste Ort, den ich finden konnte, war ganz ohne Zweifel die Inselgruppe Hawaii, die fortan zu meinem neuen Traumziel deklariert wurde.

Weiße Strände, die von tief hängenden Palmen geküsst werden, tropische Berggipfel, glasklares Wasser ... Während meiner Pubertät gesellte sich zu diesen Vorzügen die Vorstellung von den blumenbehangenen, tanzenden Hawaii-Mädchen. Was lag da näher als der Gedanke, irgendwann einmal an diesem Ort ein eigenes Haus zu besitzen – ein Traumhaus auf Hawaii!

Die Front meines Kleiderschrankes zierte seitdem eine Hawaii-Tapete, die ich leider teilen musste, weil ich die Schranktüren auch weiterhin öffnen wollte. Die Seiten dieses Schrankes wurden nach und nach mit Hawaii-Postkarten sowie Landkarten der Inselgruppe aufgewertet und natürlich mit einem Auto-Kennzeichen des US-Bundesstaates mit dem berühmten Regenbogen.

Leider blieb das Traumhaus auf Hawaii bis heute ein Traum, doch die Reiselust habe ich ausleben können. Es ist nicht beim Betrachten des Schulatlasses geblieben, inzwischen habe ich siebzig Länder bereist und meine Leidenschaft zum Beruf gemacht, indem ich über diese Reisen berichte.

Ich bin als neugieriger Besucher bei den Yanomami-Indianern im Amazonas vorbeigeschneit und habe mich auf der Jagd von ihnen auslachen lassen, als ich einen Ameisenbär aus nächster Nähe mit dem Schrotgewehr verfehlte. Ich durfte bizarre Kapselhotels in Tokio besuchen und habe mit Sumo-Ringern gekämpft. Auf dem spanischen Tomatina-Festival habe ich mich im weißen Anzug mit Tomaten bewerfen lassen. Die Antarktis habe ich auf einem Expeditionsschiff bereist, und die Queen hat mich schief angeschaut, als ich zum 50. Thronjubiläum im Buckingham-Palast als Prinz Henry VII. verkleidet auftrat (kein Scherz).

Aber ein Haus auf Hawaii ist bei alledem nie herausgesprungen. Was also tun? Soll ich nach Hawaii reisen und dort in einer Millionärin-sucht-Mann-Show bestehen? Oder würde eines Tages in einer Boulevardzeitung zu lesen sein: »Deutscher Reisereporter nach versuchter Hausbesetzung auf Hawaii hinter Gittern!«? Nein, unmöglich!

Ich erinnerte mich daran, dass ich während meiner letzten Reise durch Nordamerika von einem jungen Kanadier gehört hatte, dem es gelungen war, sich bei einer Online-Tauschbörse innerhalb eines Jahres von einer Büroklammer zu einem Haus hochzutauschen. Eine Büroklammer als Anfangseinsatz für ein Haus – nicht schlecht! Auch, wenn das Haus sich nicht im schönen Hawaii befand.

Leider bin ich nicht besonders gut darin, solche Online-Deals abzuschließen (ich habe noch nie eine Versteigerung bei E-Bay gewonnen), und leider habe ich auch kein ganzes Jahr Zeit. Aber die Idee fasziniert mich dennoch. Warum also nicht das tun, was ich schon seit Jahren mache, die Welt bereisen. Nur würde es diesmal ums Tauschen gehen. Ich würde mir sechs Monate Zeit geben, die Welt bereisen und dabei tauschen, tauschen, tauschen. Bei dieser Gelegenheit könnte ich unglaublich viel über das Tauschen in den unterschiedlichsten Kulturen lernen – spannend! Und ganz nebenbei würde ich Schritt für Schritt meinem Traum immer näher kommen, um am Ende die Tür zu meinem Traumhaus auf Hawaii aufschließen zu können. Klingt doch ganz einfach, oder nicht?

Überhaupt nicht einfach. Aber ich hatte Glück: Mein Ruf als Mann für extravagante Reisen war mir vorausgeeilt, und so machte mir der TV-Sender ZDFneo tatsächlich das Angebot, eine solche Tauschweltreise zu finanzieren, inklusive der Begleitung von zwei Kameramännern, Jakob und Dominik. Der Deal war, aus dem ertauschten Haus auf Hawaii ein offenes Haus für alle zu machen, es also den Zuschauern und Lesern, die dort Urlaub machen möchten, im Tauschverfahren zur Verfügung zu stellen.

Ich habe 200 Tage Zeit und soll außerdem den Fuß auf alle sechs Kontinente setzen, um über die dortigen Tauschkulturen zu lernen und zu berichten.

Mehr als zufrieden schlage ich ein. Ich werde bald als absoluter Tauschprofi in meinem Haus auf Hawaii einziehen können!!!

Meine Nachbarin steht an der Wohnungstür und bricht in lautes Gelächter aus, als ich ihr von meinem Plan erzähle. Sie sagt, da könne ich ihr ja gleich den Wohnungsschlüssel dalassen, wenn ich sowieso nicht wieder aus Hawaii zurückkommen wolle.

Ich sehe sie die Treppe hinuntergehen und höre sie kopfschüttelnd murmeln: »Ein Haus auf Hawaii ... so ein Quatsch ... kein Wunder, dass die Eingeborenen und die Queen ihn komisch fanden!«

Vielleicht hat sie Recht. Aber seitdem ich meine Tür mit der Hawaii-Tapete beklebt habe, sind 25 Jahre vergangen. Meiner Meinung nach ist es endlich an der Zeit, zur Tat zu schreiten und diesen Traum zu verwirklichen. Denn ich meine, jeder sollte versuchen, sich seine Wünsche irgendwann im Leben zu erfüllen. Wer kennt sie nicht, diese ewigen Träume, die uns ein Leben lang begleiten. Und immer ist da diese Stimme in unserem Kopf, die uns sagt, dass dieser Wunsch nicht angebracht, nicht richtig, nicht realistisch ist und wir das alles irgendwie auch nicht bringen können ...

Doch genauso gut ist es möglich, dass diese Stimme Unrecht hat. Und deshalb werde ich mich mit 25-jähriger Verspätung nun endlich an die Arbeit machen.

*D*er Rausch beginnt

Deutschland

Ich stehe an einem kleinen Obststand in Mainz, um mir einen Apfel zu kaufen – das erste Tauschobjekt. Ein schöner, gesunder und leckerer Apfel soll es sein, ein Bio-Apfel. Schließlich wohne ich in Berlin, wo das mittlerweile zum guten Ton gehört.

Voller Stolz erzähle ich dem Verkäufer von meinem Vorhaben. Ich erzähle ihm, dass eben dieser Apfel das Startkapital für ein Traumhaus auf Hawaii ist und dass ich auf dem besten Weg bin, mir durch beständiges Tauschen einen Kindheitstraum zu erfüllen. Doch noch bevor ich 79 Cent gegen den Bio-Apfel tauschen kann, verfinstert sich die Miene des Verkäufers. Diese jungen Leute mit ihren verrückten Ideen. Immer mehr, immer weiter weg, immer alles besser wissen. Nie seien sie mit dem zufrieden, was sie haben. Wer könne heute schon noch die einfachen Dinge genießen.

Stumm blicke ich ihm in die Augen, mit einer solchen Reaktion hatte ich nicht gerechnet.

Ich nehme meinen Apfel, aber das unangenehme Gefühl bleibt. Die ersten Zweifel stellen sich ein, ob mein Vorhaben wirklich Anklang finden wird. Wie werden die Menschen in Asien, Afrika und Amerika reagieren, wenn ich versuche, das, was ich besitze, zu tauschen, um dadurch Gewinn zu machen? Ich hoffe, nicht so wie gerade eben dieser Obstverkäufer.

Doch als ich den ersten potenziellen Tauschpartner anspre-che, einen Touristen mittleren Alters aus Konstanz, habe ich den schwierigen Start am Obststand schon vergessen. Ohne lange Erklärungen biete ich dem Mann den mittler-weile angebissenen Apfel (man sollte schließlich von der Qualität seines Angebots überzeugt sein) für ein spontanes Tauschgeschäft an. Der Tourist lacht und bietet mir eine an-gebrochene Schachtel Zigaretten an. Ohne viele Worte zu verlieren, schütteln wir ganz offiziell die Hände, um den Tausch zu besiegeln. Nachdem der Mann gegangen ist, bli-cke ich ihm noch eine Zeitlang aus der Entfernung hinterher und beobachte, wie er genüsslich in den Apfel beißt.

Ich bin froh darüber, die Reaktion des Obstverkäufers nicht als schlechtes Omen betrachtet und schon beim ersten Versuch den Wert meines Tauschobjektes gesteigert zu ha-ben. Und es ist ein schöner Nebeneffekt, dass mein Tausch-partner etwas Gesundes im Tausch gegen etwas Ungesundes erhalten hat. Ich halte also 16 Zigaretten in der Hand, die ich natürlich nur einem Raucher anbieten kann. Davon gibt es mittlerweile aber immer weniger. Auf gut Glück spreche ich eine Mutter an, die mit ihrer Tochter unterwegs ist. Ich nehme einfach mal an, dass die Tochter schon volljährig ist, immerhin geht es hier um Zigaretten. Doch leider lehnen die beiden die angebotene Tauschware ab. Sie habe gerade auf-gehört zu rauchen, erklärt die Tochter. Doch ich bin nicht bereit, mich so schnell geschlagen zu geben:

Ich: »Diese Zigaretten sind etwas wirklich Besonderes.«   15
Mutter: »Danke, brauchen wir nicht.«
Tochter: »Ne, hab aufgehört.«
Ich: »Ein Kippchen am Abend kann doch nicht scha-den ...«
Mutter: »Doch, kann es.«

Nach dieser klaren Ansage stehe ich mit meinen Zigaretten wieder alleine in der Fußgängerzone. Eine Frau und ihr Mann kommen mir entgegen und schauen mich traurig lächelnd an, als hätten sie Mitleid mit diesem armen Kerl, der Werbung für Zigaretten machen muss, obwohl er damit heutzutage wohl niemanden mehr hinter dem Ofen hervorlocken kann. Ich erkläre ihnen, dass es mir ein wichtiges Anliegen ist, in zweihundert Tagen mein Traumhaus auf Hawaii zu beziehen. Der Mann geht schnell drei Schritte weiter und macht seiner Frau hektische Zeichen, sich nicht mit Verrückten auf der Straße abzugeben.

Die Frau wittert jedoch ihrerseits eine Chance für eine kleine Promo in eigener Sache. Sie ist Buchautorin und holt ihr frisch erschienenes Buch über das Saarland aus der Tasche. Ich blättere es durch, wobei mir auf einer Seite neben Fotos von Landschaften und lieblichen Dörfern eine Kapitelüberschrift ins Auge fällt: »ERFOLG!« steht dort in fetten Lettern. Ja, das Saarland steht für Erfolg. Spätestens seit der Karriere von Saarland-Star Oskar Lafontaine kann das wohl niemand mehr bestreiten. Vielleicht sollte ich dieses Wort aber auch als positives Zeichen für meine Mission deuten. Wie dem auch sei, die Autorin signiert ihr Buch für mich, nimmt die Zigaretten und folgt ihrem kritisch dreinblickenden Mann.

Ich recherchiere über das Saarland, um gute Argumente für Tausch Nummer drei zu haben: Das Saarland hat genauso viele Einwohner wie ganz Köln, sechs Autobahnen, und man isst dort kulinarische Köstlichkeiten wie Dibbelabbes oder Löwenzahnsalat. Ob das überzeugen kann?

In der Fußgängerzone lässt sich tatsächlich eine Geschäftsfrau auf mein Tauschangebot ein, weil sie so sehr von meinen Kenntnissen über den Dibbelabbes angetan ist. Sie holt ein kitschiges, silbernes Metall-Häschen aus ihrer Einkaufstasche, das sie eigentlich einer Angestellten zum Geburtstag schenken wollte. Ich überzeuge sie davon, dass das Buch mit dem Dibbelabbes-Rezept ihr viel mehr Freude bereiten wird. Sie stimmt mir zu, möchte das Moosbett, in dem das kleine Häschen sitzt, aus unerklärlichen Gründen aber nicht hergeben. Wir argumentieren hin und her, bis sie es mir schließlich auch überlässt, vor allem wohl, weil sie es eilig hat.

Jetzt steht das silberne Häschen im Moosbett hübsch in Geschenkpapier eingepackt vor mir auf der Ablage meines Transporters und fährt Richtung Siegburg in Nordrhein-Westfalen.

Unterwegs versuche ich mein Glück auf einer Autobahnraststätte, doch scheinbar ist das nicht der richtige Ort, um kitschige, silberne Häschen im Moosbett an den Mann oder die Frau zu bringen. Der erste Autofahrer, den ich anspreche, weigert sich, überhaupt mit mir zu reden, und wirkt beinahe verängstigt, als er schnell das Weite sucht. Ein Brummifahrer macht Handbewegungen, als wolle er eine lästige Fliege verscheuchen, als ich versuche, ihm das Häschen durchs Fenster anzureichen. Auch er hat es eilig weiterzukommen.

Doch ein junges Pärchen, das gerade seinen Wagen aussaugt und mich an die *DSDS*-Version von Marc Terenzi und Sarah Connor (natürlich vor ihrer Trennung) erinnert, zeigt sich aufgeschlossener. Sie erlauben mir einen Blick in ihren Kofferraum, er ist voller Gerümpel und wirkt, als hätten sie hier nur auf jemanden gewartet, der ihnen etwas zum Tausch anbietet. Neben diversen Sprays, einem Handfeger und vielen Zeitschriften sehe ich einen Verbandskasten, mit abgelaufenem Verfallsdatum, aber unbenutzt. Der junge Mann, alias Marc Terenzi, willigt in den Tausch ein. Ich frage ihn und seine Freundin, ob sie keine Bedenken hätten, sich so ganz ohne Verbandskasten wieder auf den Weg zu machen. Sarah Connors Ebenbild erwidert, dass das Glückshäschen ihnen in der Not bestimmt besser helfen würde als der olle Kasten. Ich sehe das anders und ertausche deshalb fröhlich den Verbandskasten. Damit fahre ich weiter zu meinem eigentlichen Ziel, nach Siegburg.

In dieser kleinen Stadt mit ihrem historischen Kern gibt es ein ebenfalls historisches, 125 Jahre altes Gefängnis, heute ein Jugendgefängnis. Den Leiter konnte ich vor Reisebeginn davon überzeugen, mich vorbeischauen zu lassen. Ein Gefängnis ist schließlich ein Ort, an dem niemand über eigene Geldmittel verfügt, was liegt also näher, als zu tauschen. Außerdem bin ich neugierig, wie der Austausch zwischen Inhaftierten und Vollzugsbeamten vonstattengeht. Gibt es da Freundschaften? Feindschaften?

In meiner Fantasie tauchen unwillkürlich auch Bilder von Gefangenen auf, die per Tausch an verbotene Dinge kommen wie Drogen oder Ausbruchswerkzeuge, die von Angehörigen oder Freunden ins Gefängnis geschmuggelt wurden. Was ist dran an diesen Fantasien?

Der Knast begrüßt mich mit hohen Backsteinmauern und Stacheldraht. Als ich auf die Eingangsschleuse zugehe und sehe, wie dort die Besucher kontrolliert werden, komme ich mir vor wie in einer Filmszene. Erneut geht mir dieses Klischee von der Nagelfeile im mitgebrachten Kuchen durch den Kopf, und sofort muss ich an den Verbandskasten denken, in dem sich sicherlich auch eine Schere befindet. War mein letzter Tausch vielleicht doch nicht so geschickt? Werde ich mich und die Inhaftierten in Schwierigkeiten bringen? Ein wenig schuldbewusst betrete ich die Eingangsschleuse. Ich gebe meinen Personalausweis beim Wachpersonal ab und zeige dem Vollzugsbeamten grinsend den Verbandskasten. Als ich sage »Das ist das Tauschobjekt, um das es geht«, schaut er etwas überrascht hinter seiner schusssicheren Scheibe her, winkt mich dann aber mit einem Stirnrunzeln durch. Jetzt bin ich also drin im Knast, mit Verbandskasten inklusive Schere. Das Gefühl, etwas Verbotenes zu tun, bleibt.

Ich bin froh, als ich schließlich beim zuständigen Vollzugsbeamten eintreffe, der sich bereit erklärt hat, mit mir über das Thema »Tauschkultur im Gefängnis« zu sprechen. Wir gehen über einen immer wieder durch Gittertüren unterteilten Flur der JVA. Der Vollzugsbeamte erzählt mir, dass Tauschen für die Inhaftierten tatsächlich zum Alltag gehöre, nur so könnten sie an manche begehrten Dinge kommen, die sie sich nicht einfach kaufen könnten. Die Anstaltsleitung toleriere das, wenn die getauschte Ware einen gewissen Wert nicht überschreite, dagegen würden illegale Tauschgeschäfte, wie der Erwerb von Drogen oder größeren Gegenständen wie Elektrogeräten, streng unterbunden.

Später treffe ich mehrere inhaftierte Jugendliche, die fast alle wegen Gewaltverbrechen verurteilt sind. Serkan, der zwei Jahre in der Jugendabteilung abzusitzen hat, lädt mich in seine Zelle ein, die geschätzte acht und gefühlte zwei Quadratmeter groß ist, auf denen sich eine Toilette, ein Bett und ein Fernseher befinden. Durch ein kleines Gitterfenster lässt sich ein Stück Himmel erahnen. Serkan erzählt mir, dass die Zeit im Knast natürlich nicht leicht sei, aber gewisse Annehmlichkeiten wie der Fernseher, die Arbeit als Monteur und der freundschaftliche Austausch mit seinen Mitgefangenen würden das Ganze erträglicher machen. Er berichtet, wie sein Zellennachbar David zu seinem besten Freund geworden ist. Da die Zellentüren täglich von halb vier bis halb neun abends geöffnet seien, könnten sie so miteinander abhängen. Serkan stellt mir Frank vor. Er ist um die zwanzig und ebenfalls wegen eines Gewaltdeliktes verurteilt. Frank zeigt mir die Schreinerei, wo er täglich arbeitet, und redet davon, wie schlimm die ersten Wochen in der Haft gewesen seien, wie seine Freundin ihn verlassen habe. Aber er erzählt auch, wie der gute Kontakt zu den Beamten der JVA ihm über die schwierigste Zeit im Knast hinweggeholfen habe. Ich bin überrascht zu hören, dass das Verhältnis zwischen Wärter und Gefangenen so vertrauensvoll sein soll. Ich frage nach, ob denn da nicht auch viel Misstrauen und Angst im Spiel seien, aber Frank bestätigt seine Aussage und erzählt von langen Gesprächen, geduldigem Zuhören, Aufmunterungen, Ermutigungen und vielen Hilfsangeboten. Ich bin beeindruckt, schaue aber auch zu den beiden Vollzugsbeamten im Raum hinüber, die mit verschränkten Armen dastehen und zufrieden nicken. Hat Frank vielleicht soeben versucht, Pluspunkte bei den Wärtern zu sammeln? Ich hätte mich jedenfalls gefreut, wenn dieses Gespräch unter vier Augen hätte stattfinden können.

Ich mache mit Frank und Serkan einen kleinen Spaziergang über den Gefängnishof und fühle mich ein wenig unwohl, da ich nicht wirklich zu dieser Welt gehöre, in der die Inhaftierten tagtäglich ihre schwierige Realität meistern müssen. Aber Frank und Serkan scheinen mir zu vertrauen und erzählen mehr über ihren Alltag. Sie erzählen von der Anti-Gewalt-Therapie, die sie im Knast gemacht haben. Davon, dass sie sich inzwischen nicht mehr so leicht provozieren lassen, was sie auch sofort unter Beweis stellen, als sie während des Hofgangs von anderen Inhaftierten von den Fenstern aus angepöbelt werden: »Hey, ihr Wichser, was für schwules Zeug labert ihr da?« Serkan und Franks Gelassenheit ist wirklich vorbildlich.

Auf der anderen Seite des Hofes sehe ich viele Inhaftierte, die sich von ihren Zellen aus durch die vergitterten Fenster hindurch unterhalten, sich Worte zurufen, ohne sich sehen zu können. Zwischen den Hofmauern hallen die Rufe so, dass nur Wortfetzen bei mir ankommen: »Alter!« – »... Matze sagt ...« – »Oh Scheiße ...«. Der Hof gleicht einem Meer aus Stimmen, die wie große Brecher gegen die Wände branden. Ich rufe zu zwei Inhaftierten in ihren Fenstern hinauf, um sie zu fragen, ob man so überhaupt miteinander reden könne. Eine Stimme antwortet mir: »Immerhin besser, als auf die Zellenwand zu starren.« Offensichtlich ist unter diesen Umständen der Austausch von Worten wichtiger als der Austausch von Waren, denke ich. Zurück im Zellentrakt biete ich Serkan und Frank unter den Augen eines aufmerksamen und etwas nervösen JVA-Beamten meinen Verbandskasten inklusive Schere an. Serkan und Frank werfen dem Beamten fragende Blicke zu, um sich die Sache abnicken zu lassen. Der Verbandskasten liegt ungeöffnet in Franks Händen. Was passiert, wenn sie die Schere finden? Eine Waffe für inhaftierte Straftäter – von mir übergeben ... Während Serkan den Kasten öffnet, was mir eine Ewigkeit zu dauern scheint, denke ich wieder, wie ich nur so blöd sein konnte, ausgerechnet ein solches Tauschobjekt mit in den Knast zu nehmen. Langsam kommt es mir so vor, als würde auch der Beamte unruhig, er wendet seine Blicke nicht von uns ab.

Was dann passiert, ist jedoch völlig anders als im Film. Niemand versucht, die Schere heimlich unter seinem Hemd zu verbergen, kein gereizter Beamter stürzt sich auf uns, um das gefährliche Objekt in Sicherheit zu bringen. Stattdessen wirkt die hochgehaltene Schmuggler-Schere wie ein giftiges Tier. Serkan und Frank schauen den Beamten fragend und mich ein wenig vorwurfsvoll an. Der Beamte wiederum wirft mir einen von diesen Was-soll-der-Scheiß-Blicken zu, wie ein genervter Vater, der seinen Sohn bei etwas Verbotenem ertappt hat. Ich füge mich gleich in die Rolle und zucke unschuldig mit den Schultern, wie um zu sagen, ich weiß auch nicht, wie das passieren konnte. Glücklicherweise retten Frank und Serkan die Situation, indem sie den Tausch ganz vorbildlich ablehnen, um mich anschließend über die Regeln im Knast aufzuklären.

Zehn Minuten später stehe ich vor dem Obervollzugsbeamten der JVA und komme mir immer noch ein wenig wie ein ungezogener Junge vor. Doch über den Scherenvorfall wird wohlweislich nicht mehr gesprochen. Stattdessen reicht mir der Abteilungsleiter mit einem vielsagenden Lächeln eine von Inhaftierten geschreinerte Holzkiste mit einem verzierten Türchen und einer glänzenden Lackierung, in der eine Sherry-Flasche aus seinem Privatbesitz liegt. Ich denke nicht lange nach, und die Sherry-Flasche wechselt mit einem zünftigen Handschlag den Besitzer. Der Deal ist gemachte Sache, und der Verbandskasten mit Schere verschwindet unspektakulär im Schreibtisch des Abteilungsleiters.

22 *Der Atomtausch*

Ich fahre mit der Sherry-Flasche im Holzkasten weiter nach Köln, wo ein Freund im sogenannten Barter-Business arbeitet. Simon erklärt mir, dass die Firma, für die er arbeitet, Werbeminuten bei TV-Sendern und Werbeflächen für Printwerbung an Firmen verkauft und dafür manchmal auch deren Produkte an Stelle von Geld als Zahlungsmittel annimmt. Er erzählt, dass momentan zum Beispiel 90 000 Smoothies im Lager liegen. Simons Aufgabe ist es, das Tauschgut dann so gewinnbringend wie möglich weiterzuverkaufen. Simons Kunden nutzen diese Möglichkeit der Bezahlung gerne, da sie so bei geringem Werbebudget mit ihren Produkten zahlen können. So kann es schon mal vorkommen, dass ein Autohersteller Simon für eine Werbefläche mit siebzehn Kleinwagen bezahlt. Angefangen hat das Ganze wohl damit, dass Handwerker und Dienstleister in Kriegszeiten begannen, ihre Waren aufgrund von Geldmangel einzutauschen, anstatt sich gegenseitig mit Geld zu bezahlen. Nach dem Krieg hat sich in Deutschland dann eine kleine professionelle Barter-Szene entwickelt, in der momentan vier Firmen tätig sind. Simon erzählt, dass er auf diese Weise zu einem regelrechten Profi für Nischenmärkte geworden sei. Er kennt potenzielle Abnehmer, von denen der Hersteller noch nicht einmal etwas ahnt.

Gerne hätte ich mich noch länger über dieses spannende Thema unterhalten, doch ich bin schließlich in einer anderen Mission unterwegs. Ich wollte eine Flasche Sherry gegen etwas Höherwertiges tauschen – bei einem Tauschprofi wie Simon sicherlich kein leichter Job. Also biete ich Simon die Sherry-Flasche im Holzkasten an und weise auf ihren Seltenheitswert hin, schließlich ist die Kiste von Gefangenen hergestellt. Durch die große Glasfront in seinem Büro schaut Simon ungerührt auf den Kölner Dom, als abgeklärter Barter-Profi beeindruckt ihn der Seltenheitswert eines Gegenstands nur wenig, er schaut eher auf den materiellen Wert eines Gegenstands. Lediglich die Sherry-Flasche scheint es ihm angetan zu haben, so dass er schließlich im Lager verschwindet und mit 32 der 90 000 Smoothie-Flaschen wieder auftaucht. Ich gebe mich unzufrieden und beschwöre die hervorragende Qualität des Sherrys. Und ich habe Erfolg. Simon geht erneut ins Lager und legt noch einmal 28 Smoothie-Flaschen obendrauf, wobei er deutlich macht, dass das sein letztes Wort sei. Wir besiegeln den Tausch, wie es sich gehört, per Handschlag.

Kurze Zeit später spielen sich dramatische Szenen vor Simons Büro ab. Ich versuche verzweifelt, fünfzig Smoothie-Flaschen auf meinen Armen zu balancieren und dem Stapel mit dem Kinn die nötige Stabilität zu verleihen. Zuerst fällt nur eine, dann mehrere Flaschen, schließlich stehe ich mit leeren Armen da und betrachte die Flaschen dabei, wie sie auf dem Boden herumrollen. Dasselbe Schauspiel wiederholt sich noch einige Male, während ich versuche, die Flaschen zu meinem Transporter zu bringen.

Ich habe im Vorfeld meiner Tausch-Idee einfach nicht genug über die Logistik beim Transport von unhandlichen oder großen Gegenständen nachgedacht. Und während ich die Flaschen ein weiteres Mal aufsammele, sehe ich zu allem Überfluss, wie Simon auf seinem Fahrrad davonfährt und mir grinsend mit der Sherry-Flasche in der Hand zuwinkt. Ein echter Tauschprofi, der soeben den eigentlichen Vorteil seines Tauschobjekts erkannt hat. Ich habe auf dieser Reise wohl noch viel zu lernen.

Die Passanten gehen mir schweigend aus dem Weg, wenn ich sie bitte, mich wenigsten von einigen der fünfzig nervigen Smoothie-Flaschen durch einen Tausch zu befreien. Eine ältere Dame sagt nur: »Jung, wat ligse do da uf dä Ääd erüm?«, bevor sie mit Rollator um die Ecke biegt.

Während ich also weiterhin verzweifelt versuche, mein Auto zu erreichen, stelle ich fest, dass es mich zu allem

Überfluss wohl ausgerechnet auf den Zugweg einer Anti-Atomkraft-Demo verschlagen hat. Noch bevor ich von den Massen, die mir ihre Slogans entgegenschreien und diverse Banner für Wind- und Solarenergie mit sich führen, überrollt werde, kommt mir die Idee, dass dies hier meine Rettung sein könnte. Kurzerhand beteilige ich mich an den Sprechchören der Demonstranten: »Atomkraft stoppen, Atomkraft stoppen!«, »Aaab-schaaalten! Aaab-schaaalten!« Unauffällig mische ich Werbesprüche für meine Smoothies unter den Gesang, ohne das Anti-Atomkraft-Thema dabei aus den Augen zu verlieren: »Soft-Drinks statt Atom-Cocktail! Abschalten mit Genuss! Smoo-oothies! Leckere Smoo-oothies!« Auf diese Weise falle ich zwar auf, aber offensichtlich eher unangenehm, irritierte Blicke treffen mich.

Also gehe ich lieber zu dem Stand hinüber, den die SPD am Rande des Geschehens aufgestellt hat. Zumindest die roten Smoothies könnten einen wunderbaren Werbeträger abgeben, oder vielleicht haben die Genossen ja auch nur einfach Durst, und Tauschen scheint mir doch eine wirklich sozialdemokratische Handlung zu sein. Ich wende mich an die zuständige Person für SPD-Luftballons und biete ihm an, meine Smoothies gegen seine Gasflasche zu tauschen, mit der er die Luftballons befüllt. Er wiegelt ab, und als ich nicht lockerlasse, schallt mir ein entnervtes »Neii-eiiin, hab ich gesagt!« entgegen.

Ich ziehe weiter zu den Grünen, die an ihrem Stand mit den berühmten gelben Tonnen für die Endlagerung von Atommüll mit aufgedrucktem Strahlensymbol für den Atomausstieg demonstrieren. Ich spreche mit dem Verbandschef und erzähle ihm von meinem Hawaii-Traum. Er fragt, was das mit dem Atomausstieg zu tun hätte. Ich merke, dass ich mir darüber überhaupt keine Gedanken gemacht habe, und gerate ins Schleudern. Schließlich siegt aber am Stand der Pragmatismus, und der Verbandschef hält Rücksprache mit der Parteibasis, die sich alle erfreut zeigen bei der Aussicht auf eine kleine Erfrischung. Der Verbandschef stimmt dem Tausch zu, wünscht sich von mir als Gegenleistung aber noch einen Werbespruch für die Grünen. Nichts leichter als das, denke ich, und sage selbstbewusst in meine Videokamera: »Die Grünen stehen für Atomausstieg, also wählt bitte alle die Grünen!«

Schließlich verlasse ich den Stand also befreit von fünfzig Smoothie-Flaschen, dafür um eine ein Meter große Endlagerungstonne reicher, die ich auf meinen Schultern zum Transporter schleppe.

Es ist zwar nicht gerade ein Kinderspiel, die Tonne auf den Schultern durch die Stadt zu balancieren, aber immerhin gelingt es mir, ein paar Minuten am Stück zu laufen. Im Vergleich zum Transport der Smoothie-Flaschen, die ich regelmäßig vom Boden aufsammeln musste, eine reine Wohltat. Und die Tonne hat noch einen weiteren unerwarteten Vorteil: Sie steigert eindeutig meinen ethischen Status. Vorbeifahrende Autofahrer heben anerkennend den Daumen, und Passanten rufen mir Sympathiebekundungen zu: »Ja, raus aus der Atomkraft!« Zuerst habe ich das Gefühl, dass ich hierfür doch gar nichts kann und versuche die Situation zu erklären, aber dann finde ich Gefallen an der Rolle. Schließlich war es auch nicht leicht, an die Tonne zu kommen. So grinse ich zufrieden zurück und bin stolz, auf meine Art auch einen Beitrag zur Demo geleistet zu haben.

Hermann forever

Ich fahre in Richtung Paderborn in Westfalen, um dort Frank, einen Bekannten, zu besuchen, der in einer Scheune alte Badewannen restauriert. Frank hatte mir im Vorfeld der Tauschreise zugesichert, dass ich bei ihm eine seiner Badewannen eintauschen könne, sofern das Tauschgut einen entsprechenden Gegenwert habe. Beim Anblick der Endlagerungstonne wird sein Gesichtsausdruck ernst. Er versucht mir gegenüber höflich zu bleiben und erklärt, dass eine solche Tonne für ihn nicht gerade vielseitig einsetzbar sei.

Glücklicherweise bin ich auf diese Reaktion vorbereitet. Sofort unterbreite ich ihm meine im Vorfeld erarbeiteten Vorschläge für eine alternative Verwendung der Tonne, die ich ihm an Ort und Stelle vorführe:

1. Endlagerungstonne als Barhocker
2. Endlagerungstonne als Trommel
3. Endlagerungstonne als Versteck
4. Endlagerungstonne als Bodybuilding-Gewicht
5. Endlagerungstonne als Ganzkörpermassage-Tonne

Frank lacht und lässt sich von meinen unkonventionellen Vorschlägen und meiner darstellerischen Leistung überzeugen. Er geht mit mir in seine Scheune, wo er auf eine Auswahl von Tauschobjekten deutet: ein altes Fahrrad mit einem Platten, eine noch viel ältere Nähmaschine und einen roten und keineswegs jüngeren, kaputten Rasenmähertraktor. Die Entscheidung fällt mir leicht. Ein fahrbarer Rasenmäher ist ein weiterer meiner Kindheitsträume, den ich mir hier ganz unerwartet erfüllen kann.

Also wechseln wir gemeinsam das Reibrad des Rasenmähers, so dass er eine Stunde später tatsächlich laut knatternd anspringt. Frank hat das Glitzern in meinen Augen beim Anblick des laufenden Gerätes offensichtlich bemerkt, denn er schiebt sofort eine weitere Forderung hinterher. Bevor ich mit meinem Schmuckstück von dannen ziehen darf, soll ich eben noch seine Wiese neben der Scheune mähen. Es sind anderthalb Hektar, geschätzte Arbeitsdauer mindestens fünf Stunden. Ich beginne lieber sofort, und Frank genießt es sichtlich, mir auf der Endlagerungstonne stehend zuzuschauen, wie ich endlose Bahnen auf der Wiese ziehe. Wenn ich in den Weiten der Wiese verschwinde, winkt er mir ab und zu aufmunternd zu. Nach einer halben Stunde scheint er Mitleid mit mir zu haben und winkt mich herbei, ich kann mir endlich den ersehnten Handschlag für die endgültige Übergabe abholen.

Mein nächstes Etappenziel ist der Bodensee. Dort habe ich mich in der Kleinstadt Wangen mit Mitgliedern eines Tauschrings verabredet, die das Tauschen nun schon seit vielen Jahren als alternative Methode zum Bezahlen mit Geld praktizieren. Doch zuerst einmal muss ich mit meiner Neuerwerbung dorthin kommen und vielleicht bietet sich ja unterwegs die eine oder andere Möglichkeit zu einem kleinen Tauschgeschäft.

Auf der langen Strecke quer durch Deutschland gönne ich dem Traktor an einigen Orten eine kleine Ausfahrt und knattere über Straßen und Äcker. Mittlerweile ist der Kleine mir so ans Herz gewachsen, dass ich ihn liebevoll *Hermann* getauft habe.

An einem Steilhang hinunter zur Loreley am Rhein beobachte ich aus der Ferne überraschte Anwohner, die uns zuwinken. Ich finde nicht heraus, ob sie sich über den Anblick von Hermann freuen oder einfach genervt sind von

Lärm und Abgasen. In Sankt Goar fahre ich mit dem durstigen, laut dröhnenden Hermann an eine Tankstelle und betanke den wunderbaren Fünfganggetriebe-Mäher – der außerdem auch über einen Rückwärtsgang verfügt! – unter den Augen des verdutzten Tankstellenbetreibers. Kurze Zeit später scheint sich meine Anwesenheit im Ort herumgesprochen zu haben, denn der Küster der benachbarten Kirche kommt mir entgegen, um sich zu erkundigen, was das solle, auf einem Rasenmäher durch den Ort zu fahren. Ich erzähle ihm, was mich umtreibt und dass Hermann nur eine Zwischenstation auf dem Weg zu einem Haus auf Hawaii sei. Der Küster scheint für derart weltliche Anliegen kein Verständnis zu haben und beeilt sich, seine Kamera zu holen, um Beweisfotos von dem unerhörten Vorgang zu machen.

Kurz darauf setze ich mit Hermann auf der Fähre zur anderen Rheinseite über. Der Kapitän erzählt mir, dass das der erste Rasenmähertraktor sei, den er während seiner langen Laufbahn als Kapitän auf der Rheinfähre befördert habe. Dabei, so erzählt er mir, habe er schon vielen ungewöhnlichen Dingen über den Rhein geholfen, zum Beispiel einem Elefanten samt Zirkus. Wir philosophieren noch eine Weile über die Bedeutung seiner Fähre für den Austausch von Waren, der jedoch in Gefahr sei, wie der Kapitän berichtet, da in lokalen Amtsstuben Pläne für den Bau einer Loreleybrücke lägen. Dann wäre Schluss mit dem Fährbetrieb. Eine Entwicklung, bei der die Verschandelung der Landschaft zugunsten eines schnelleren Warenverkehrs in Kauf genommen würde. »Kein sehr überzeugender Tausch«, meint der Kapitän schließlich.

Hermann und ich fahren weiter durch die Weinberge Frankens, und es ist, als beleuchte die Frühlingssonne zum ersten Mal in diesem Jahr die ganze Schönheit dieser Romantik-Landschaft. Ich kann es nicht lassen, Hermanns Off-Road-Qualitäten zu testen, und bin überrascht, wie lässig er die dreißig Prozent Steigung in den matschigen Weinbergen bewältigt. Ich komme mit Herrn Lehmann ins Gespräch, der hier ein Weingut besitzt und wissen möchte, was für einen Lärm ich in seinem Weinberg veranstalte. Ich fasse die Gelegenheit zu einem kleinen Tauschgeschäft beim Schopf. Aber wahrscheinlich hat er sich doch zu sehr über mich und Hermann geärgert. Jedenfalls lehnt er es ab, Hermann gegen ein Fass Wein zu tauschen. Dabei murmelt er, dass die Vorjahresernte schlecht ausgefallen und deshalb die Weinkeller leer seien. Erstaunlicherweise bin ich fast erleichtert über seine Reaktion, Hermann ist mir mittlerweile offenbar sehr ans Herz gewachsen.

Am nächsten Tag rolle ich Hermann im historischen Rothenburg ob der Tauber aus dem Transporter. Alte Stadtmauern, hohe Wachtürme und mittelalterliche Häuser bestimmen das Stadtbild. Um neun Uhr morgens knattert Hermann zur Verwunderung der Touristen durch die Altstadt und fährt durch eine offenstehende Tür in ein Damenbekleidungsgeschäft, bis er vor einer Auswahl von Röcken stehen bleibt. Es dauert einige Zeit, die sichtlich pikierte Verkäuferin davon zu überzeugen, dass es sich nicht um einen Überfall oder einen Amoklauf handelt. Ich erzähle auch ihr von meinem Traum, ein Haus auf Hawaii zu besitzen, und davon, dass sie mit einem großzügigen Kleidungstausch dazu beitragen könne, meinen Wunsch wahr werden zu lassen. Trotz meines flehenden Augenaufschlags lehnt sie das kategorisch ab, da sie sich keine gemeinsame Zukunft mit Hermann vorstellen kann, und bittet mich, sofort den Rückwärtsgang einzulegen.

Mehr und mehr habe ich das Gefühl, dass Hermann allmählich unser gemeinsames Handeln bestimmt, denn kurz darauf fährt er mit eingeschalteten, höhenverstellbaren Scheren über ein Tulpenbeet vor einem Gebrauchtwagenhandel. Der Anblick der abgemähten Tulpen ist herzzerreißend, ich bin zutiefst betroffen und rechtfertige mich dem Ladenbesitzer gegenüber damit, dass ich Hermanns Verhalten auch nicht gutheißen kann.

Nachmittags machen Hermann und ich einen kleinen Zwischenstopp in der Nähe von Ravensburg, als ich an einem Haus vorbeikomme, in dem eine Hellseherin ihre Dienste anbietet. Plötzlich finde ich die Idee interessant, mein Projekt in den unterschiedlichen Kulturkreisen, die ich besuchen werde, hellseherisch begleiten zu lassen. Vielleicht erhalte ich dabei ja auch ein paar nützliche Tipps.

Ich frage also die Hellseherin, was die Zukunft in sechs Monaten konkret für mich bereithält, ohne ihr von meinem Vorhaben zu erzählen. Die Wahrsagerin sitzt vor mir, schließt ihre Augen und horcht auf die diversen Stimmen in ihrem Inneren. Kurze Zeit später sagt sie plötzlich und sehr bestimmt: »Ein großer Gegenstand!« Ich bin überrascht, dass sie als Erstes über einen Gegenstand spricht, und frage nach, ob es ein Auto sein könnte. Sie schließt wieder die Augen und horcht in sich hinein. »Der Gegenstand ist groß, und du kannst hineingehen, ein Haus vielleicht!«, sagt sie schließlich, als wäre es das Normalste der Welt. Unglaublich! Ich hatte bisher nicht geglaubt, dass Hellseher zu so etwas in der Lage wären. Auf meine Frage, wie ich am besten zu diesem Haus gelangen könne, horcht sie wieder in sich hinein und rät mir, an meinen Strategien und Plänen festzuhalten, mir dabei aber keine zu langen Pausen zu gönnen. Ich bin beeindruckt, das hatte ich wirklich nicht erwartet. Die Hellseherin bestärkt mich in meinen Absichten, und sie hält es sogar für möglich, dass ich mein Ziel erreichen kann – sofern ich in den nächsten 193 Tagen keinen Urlaub in der Karibik einschiebe.

Am Abend erreiche ich mein ursprüngliches Ziel, den Ort Wangen, wo der hiesige Tauschring Hermann und mich in einem Gemeinderaum erwartet. Circa dreißig Mitglieder sitzen hinter Tischen, die mit Tauschgütern aller Art bedeckt sind, meistens kulinarische Leckereien, selbst gehandwerkelte Gegenstände oder Kleinkunst.

Die Leiterin der Gruppe, Frau Feustel, erklärt mir, dass die Tauscheinheit des Ringes ein *Talent* ist. Der Anbieter beziffert den Wert seiner Ware nach der Anzahl Stunden, die er benötigt hat, die Ware herzustellen. Eine Stunde Arbeit wird mit zehn Talenten verrechnet. Möchte nun jemand einen selbstgebackenen Kuchen kaufen, bezahlt er die vierzig Talente, die der Kuchen kostet, oder stellt dem Anbieter seine Arbeitskraft für vier Stunden zur Verfügung.

Frau Feustel erzählt mir, dass es den Tauschring schon seit über zwanzig Jahren gibt und fast 300 Leute aus dem Umkreis mitmachen. Ich schaue mich im Gemeinderaum um und sehe Leute aus allen Altersgruppen, vom Kind bis zur älteren Dame. Alle scheinen sich sehr zu freuen, dass ihre Art des Tauschens durch meine Aktion die Chance bekommt, in ganz Deutschland bekannt zu werden. Auch wenn das Ganze hier vielleicht ein bisschen altbacken rüberkommt, so ist nicht zu übersehen, wie begeistert alle davon sind, sich kreativ zu betätigen, ihre eigenen »Talente« einzusetzen. Allerdings wundert mich, wie bürokratisch hier alles abläuft. Bereits im Vorfeld des Besuchs musste ich eine offizielle Bewerbung als Tauschringmitglied mit eigener Mitgliedsnummer ausfüllen und den Monatsbeitrag von zwölf Euro bezahlen. Da mit der Überweisung offenbar etwas schiefgelaufen ist, fordert mich die Dame an der Kasse nun auf, den Mitgliedsbeitrag hier zu bezahlen. Eine zweite Dame hält mir Papiere mit Tauschnummern, Talent-Kontonummern und sonstigen Formularen unter die Nase. So viel offizieller Papierkram für einen einmaligen Besuch auf einer Tauschbörse ist mir ein wenig *too much*.

Kurze Zeit später steht Hermann wieder einmal im Mittelpunkt des Interesses. Über Mikrofon preist Frau Feustel Hermanns Vorzüge an: Fünfgangbetrieb, Rückwärtsgang, höhenverstellbares Schneidwerk, Höchstgeschwindigkeit 8 km/h. Die Reaktionen sind verhalten. Wahrscheinlich haben schon alle einen Rasenmäher zu Hause. Ich darf zwar mein Ziel nicht aus den Augen verlieren, aber ich merke erneut, wie schwer ich mich von Hermann trennen kann. Ich merke, wie ich mich erleichtert zurücklehne, und sehe mich schon mit ihm durch die Schweizer Alpen tuckern, als plötzlich jemand die Hand hebt, es ist der Lehrer an der hiesigen Sonderschule, wie ich später erfahre. Er bietet 400 Talente für Hermann. Vierzig Arbeitsstunden für einen Rasenmäher, an der Reaktion im Saal bemerke ich, das ist verdammt viel.

Ich schaue nach draußen und sehe Hermann vor der Glasfront des Gebäudes stehen. Dort wartet er auf mich, und ich bin gerade im Begriff, unsere Freundschaft zu verraten. Die kleine Träne, die ich über Hermanns rechten Scheinwerfer kullern sehe, bricht mir fast das Herz. Aber ein so hohes Tauschangebot abzulehnen wäre dem Tauschring gegenüber ein unverschämter Fauxpas. Noch bevor ich verarbeiten kann, was gerade geschehen ist, sehe ich bereits drei Schüler wild auf Hermann herumspringen, offensichtlich suchen sie das Gaspedal. Es ist geschehen – ich habe Hermann getauscht.

Am nächsten Morgen transportiere ich ihn zur Schule, wo der Lehrer mir für die 400 Talente eine Eselkutsche anbietet, die ganz offensichtlich weit mehr wert ist als Hermann. Ich willige ein und mache mich daran, die Kutsche zusammen mit den Schülern in den Transporter zu hieven. Aber was wir auch probieren, sie passt nicht hinein. Die massive Deichsel ragt hinten weit aus dem offenen Transporter heraus. So kann ich sie unmöglich befördern. Ich schlage vor, das ganze Tauschgeschäft wieder rückgängig zu machen, aber die Schüler knattern schon mit Hermann über den Rasen vor der Schule. Der Lehrer erkennt die verzwickte Lage und ruft die Schüler zu einer Diskussionsrunde zusammen, wo entschieden wird, dass ich den Kickertisch aus dem Klassenraum und eine kleine, blaue Plastikhandwaschmaschine bekommen soll, die mit einer Drehkurbel betrieben wird. Man kann maximal ein Paar Socken darin waschen. Ich willige ein, erleichtert darüber, dass ich die Alpen nicht in einer Eselkutsche überqueren kann. Nachdem alles verstaut ist, fahre ich winkend davon. Der Abschied ist trotz aller Erleichterung traurig. Ich habe das Gefühl, dass Hermann mir knatternd Tschüss sagen will. Im Rückspiegel werfe ich einen letzten Blick auf Hermanns neues Zuhause und sehe, mit welcher Freude die Zwölfjährigen den Schulrasen mähen. Und da weiß ich plötzlich, dieser Tausch war genau richtig.

Mein erstes Nein

Österreich

Ich fahre mit dem Kickertisch und der Handwaschmaschine im Transporter über die Grenze nach Österreich. In
Vorarlberg schaue ich noch bei einem weiteren Tauschring
vorbei, den mir Frau Feustel vom Tauschring Wangen ans
Herz gelegt hat. Ich treffe den Leiter, Herrn Müller, der
mir stolz erklärt, dass das Tauschringprinzip hier noch
weiter verbreitet ist als im befreundeten Wangen. Insgesamt 150 Geschäfte und Betriebe in Vorarlberg sind nach
Aussage von Herrn Müller an das Tauschring-Talente-Sys-
tem angeschlossen und nehmen neben Euro auch Talente
an.

Ich probiere es direkt aus und gehe mit meinem deutschen Tauschringkonto, auf dem noch einige Talente ver-
bucht sind, in eine lokale Bäckerei. Dort bestelle ich ein
Frühstück und bekomme einen Kassenbon mit einem Eu-
robetrag und direkt darunter einem Betrag von 39,1 Talenten, ich kann wahlweise bezahlen. Ich bin baff, dass die
Idee des Tauschrings hier tatsächlich so akzeptiert ist. Neben mir in der Bäckerei kauft eine Kundin ihre Brötchen
ebenfalls über ihr Talente-Konto ein. Sie erklärt mir, dass
sie dieses Prinzip nutzt, um lokalen Betrieben das Überleben zu sichern, anstatt bei großen Ketten mit Euro ein-
zukaufen. Sie beschreibt mir einen geschlossenen Tauschring: Ein Kunde kauft in einem Café ein Stück Kuchen, das

er in Talenten bezahlt. Das Café kauft den Kuchen beim Bäcker ebenfalls in Talenten. Der Bäcker wiederum kauft sein Mehl beim Mehlproduzent und zahlt natürlich in Talenten und zahlt seinen Angestellten ihren Lohn ebenfalls in Talenten aus. Diese Angestellten können dann wiederum ihren Kuchen im Café mit Talenten bezahlen.

Ich bin beeindruckt, diese reale Form des Tauschrings macht Sinn. Ich weiß, wie wichtig es ist, kleine Betriebe zu unterstützen, schließlich bin ich selbst in einem 600-Seelen-Ort im Sauerland geboren, der in den 80er Jahren noch einen eigenen Bäcker, einen Einkaufsladen und eine Bank hatte. Wenn ich heute durch das Dorf fahre, finde ich kein einziges Geschäft mehr. Die Einwohner müssen zwanzig Kilometer zur nächsten Kleinstadt fahren. Es findet einfach kein Austausch von Waren innerhalb des Dorfes mehr statt, dafür haben die großen Lebensmittelketten im Nachbarort gesorgt.

Ich hätte nie gedacht, dass diese von der Bevölkerung ins Leben gerufenen Tauschringe so eine Entwicklung aufhalten können, aber jetzt erkenne ich die Vorteile und würde dafür inzwischen sogar die nervige Bürokratie dafür in Kauf nehmen.

Schließlich treffe ich auf einem Parkplatz im Ort zehn interessierte Leute vom Tauschring zu einem Tauschversuch. Ich zeige ihnen den Kickertisch und die Handwaschmaschine. Im Gegenzug bieten sie mir einen tragbaren Pizzaofen, Volksmusikplatten, einen Talent-Gutschein und einige lokale Produkte an.

Irgendwie spricht mich nichts von dem Angebotenen wirklich an. Ich werde das Gefühl nicht los, dass mich ein paar nett gemeinte lokale Tauschprodukte einfach nicht weiterbringen, wenn ich meinem Ziel näher kommen will.

Zum ersten Mal auf dieser Reise mache ich mir Gedanken über mein bisheriges Tauschverhalten. Ich habe mich in einem Rekordtempo von nur zehn Tagen neun Mal hochgetauscht und dadurch eine beachtliche Wertsteigerung erreicht – vom angebissenen Apfel zum Kickertisch, sicherlich eine Steigerung des Wertes um das 300-Fache. Irgendwie war es bisher immer einfach Zufall, dass das eingetauschte Objekt mehr wert war als mein Einsatz, und ich kann schließlich nicht immer einfach davon ausgehen, dass mein Gegenüber akzeptiert, etwas zu bekommen, was weniger wert ist als sein Angebot. Hier scheint jetzt der Punkt gekommen, an dem ich derjenige sein werde, der weniger erhält, als er einsetzt. Ich werde das erste Mal auf meiner Reise Nein sagen müssen. Im Vorfeld habe ich mir einfach keine Gedanken darüber gemacht, wie ich mit so einer Situation umgehen soll, ohne dabei jemanden vor den Kopf zu stoßen. Als ich den Anwesenden erkläre, dass es mein Ziel ist, mich kontinuierlich hochtauschen zu wollen, um mir einen unerreichbar geglaubten Traum zu erfüllen, reagiert die kleine Gruppe auf dem Parkplatz mit betroffenem Schweigen. Diese Art des Tauschens scheint nicht den Vorstellungen des Tauschrings zu entsprechen. Ich versuche die Stimmung aufzuheitern, erkläre und witzele und erkläre und witzele, schüttele schließlich jedem Tauschringmitglied entschuldigend die Hand, aber ich kann die Situation nicht mehr retten und verlasse den Parkplatz mit einem unguten Gefühl in Richtung Schweiz.

38   Als ich auf der Weiterfahrt eine Passhöhe überquere, kommt mir beim Anblick einer Wandergruppe, die sich aus den Bergen nähert, eine Idee. Ich hole inmitten des Frühlingsschnees den Kickertisch aus dem Transporter. Dann baue ich mich neben dem Tisch auf und werfe den Wanderern herausfordernde Blicke zu. Ich ernte zwar einige

humorvolle Kommentare, aber der Großteil der Gruppe versucht die ungewöhnliche Szene im Schnee diskret zu ignorieren. Doch dann entschließt sich Kameramann Dominik, mir in einem Höhenkickerduell entgegenzutreten. Er zieht mich im rutschigen Schnee gnadenlos ab. Trotz der Niederlage bin ich in diesem Moment froh, den Kickertisch behalten zu haben. Ich muss an Hermann denken und merke, dass es doch oft eher der gefühlte Wert einer Sache ist, die sie kostbar macht, und wie unwichtig in diesen Momenten ihr materieller Wert erscheint.

Hilfe, die Plejaren kommen!

Die Schweiz

*A*n der Schweizer Grenze macht der Zollbeamte eine Kopfbewegung, die mich veranlassen soll, ihm zu erklären, was ich transportiere. Ich hatte ausreichend Zeit, mich auf diesen deutsch-schweizerischen Erstkontakt vorzubereiten. Selbstbewusst blicke ich ihm in die Augen und teile ihm mit, dass es sich um ein *Töggerlichaschte* handelt. Doch offensichtlich hätte ich meine Beschäftigung mit dem Schweizerdeutschen noch ein wenig intensivieren sollen, denn meine Aussprache scheint dermaßen undeutlich, dass der Beamte nur die Stirn runzelt und diese unangenehme Kopfbewegung macht, die man schon mal bei jungen Männern in Berliner Problemvierteln sieht und die eine Aufforderung ist, ihnen das Portemonnaie zu übergeben. Mein Selbstvertrauen sinkt, und nach einer letzten halblauten Wiederholung der Vokabel scheint der deutsch-schweizerische Austausch beendet zu sein. Nachdem der Beamte sich mit eigenen Augen davon überzeugt hat, was sich hinten im Transporter befindet, versichert er sich bei einem Kollegen, dass ein Kickertisch nicht mehr als 500 Franken wert ist. Dann winkt er mich ohne weiteren Augenkontakt durch.

In der Schweiz angekommen, biete ich Passanten aus dem fahrenden Transporter heraus den Töggerlichaschte an (inzwischen habe ich an meiner Aussprache gefeilt), finde aber wenig Anklang. Ob ich wohl doch noch nicht genug geübt habe?

Schließlich verweist mich eine Passantin an den örtlichen Gasthof, der Wirt dort soll angeblich fürs Tauschen aufgeschlossen sein. Leider treffe ich den Wirt nicht an, ich muss also weiter improvisieren. Erstaunt bemerke ich, dass an einer Wand im Gasthof eine Reihe Bilder hängen, auf denen offensichtlich Ufos zu sehen sind. Auf meine erstaunte Nachfrage hin erklärt mir eine Nachbarin, dass das Nachbarhaus einem Verein gehört, der sich mit Ufo-Sichtungen befasst. Ufo-Sichtungen klingt gut, schließlich wollte ich ursprünglich ja gar nicht nach Hawaii, sondern zu den Sternen. Vielleicht ist dies ja eine Möglichkeit, mir auch diesen Traum endlich zu erfüllen.

Ich statte dem Ufo-Verein einen Besuch ab und kann die Mitglieder von einem Austausch unserer Erfahrungen überzeugen. So stehe ich mit Günter, Natan, Hans-Georg und Patric schnell vor einem Bild von einem Ufo. Die Mitglieder der Gruppe erzählen mir, dass auch sie in Kontakt mit den sogenannten Plejaren stehen, einer menschenähnlichen Form außerirdischen Lebens, das uns in seiner technischen Entwicklung um Jahrtausende voraus sei. Sie erzählen von einem regen Austausch vor allem in Form von Ratschlägen von oben. Sie erzählen aber auch, dass sie ganz konkret Dinge mit den Plejaren tauschen, was ihnen bislang einen Apfel und einen Pflaumenkern eingebracht hat, wobei Letzterer zu einem stattlichen Baum in ihrem Garten herangewachsen sei.

Dann führen mich die Männer auf den Hof des Hauses, auf dem ein 60 x 40 Zentimeter großer Stein ein weiteres eindrucksvolles Beispiel für einen intergalaktischen Aus-

43

tausch liefert. Natans Erläuterungen zufolge wurde dieser Stein von den Plejaren mit einem Laserstrahl beschossen. Ein Baumstamm ganz in der Nähe ist durch Plexiglas geschützt. Auch er scheint eine ganz besondere Bedeutung für die Gruppe zu haben. Natan weiß zu berichten, dass der Vereinsgründer einst mit einer Laserpistole ein kleines Loch in diesen Baumstamm geschossen habe.

Offensichtlich schaue ich doch kritischer, als mir bewusst ist, denn Günter bemüht sich plötzlich, mir zu vergewissern, dass die Gruppe mit ihren Auffassungen keinerlei missionarische Absichten verfolge, sondern hier lediglich einen Ort gefunden habe, an dem sie ihren Glauben leben könnte.

Bevor das Gespräch aufgrund unserer unterschiedlichen Einstellungen zu Außerirdischen zu sehr ins Stocken gerät, komme ich auf den Anlass meines Besuches zurück und hole den Kicker aus dem Transporter. Und tatsächlich scheint sich Erleichterung einzustellen, dass ein Objekt von dieser Welt unsere Interessen wieder vereint. Sofort beginnt ein begeistertes Kickerduell. Nachdem mein Tauschangebot also ausgiebig getestet wurde, komme ich zu meinem Teil des Geschäfts. Ich möchte mich weiter hochtauschen, und gleichzeitig muss der eingetauschte Gegenstand handlicher werden, damit er nächste Woche in den Flieger nach Indien passt. Denn dort werde ich den angeblich ältesten Tauschmarkt der Welt besuchen.

Die vier Männer überlegen, was sie zum Tausch anbieten können. Ein Schweizer Taschenmesser, ein alter Holzschlitten und schließlich ein Bildband mit Aufnahmen von angeblichen Ufo-Sichtungen stehen zur Auswahl, alles reizvolle Angebote. Doch ich bin der Meinung, dass die vier noch etwas Besonderes drauflegen sollten. Also bekunde ich mein Interesse an dem Stein, der angeblich vom Laserstrahl der Außerirdischen getroffen wurde. Die Männer winken ab, er sei viel zu schwer, und es solle in Indien kein Heiligenkult um den Stein entstehen, und überhaupt gehöre der Stein nun mal ihnen, und das solle auch so bleiben. Ich bin nicht wirklich überrascht von ihrer ablehnenden Haltung und erkundige mich daher nach einem kleineren Stein von vielleicht 10 x 5 Zentimeter Größe, der direkt neben seinem großen Bruder liegt und doch wohl auch etwas von dem Laserstrahl-Beschuss abbekommen haben müsste. Die Männer überlegen, diskutieren hin und her, bis Hans-Georg sein Okay gibt. Ich freue mich, ehrlich gesagt, am meisten über den kleinen Stein, obwohl ich mit all den anderen Sachen zusammen schon ein gutes Geschäft gemacht habe.

Reich bepackt verlasse ich die Schweiz Richtung Frankfurt, um mich auf den Weg zu machen, den zweiten Kontinent zu bereisen, auf dem ich Tauscherfahrungen sammeln möchte. Mir gehen noch einmal die vielen Menschen und all die verrückten Geschichten durch den Kopf, die ich in den vergangenen zwei Wochen erlebt habe. Der Tourist in Mainz, der spontan meinen angebissenen Apfel eingetauscht hat, Serkan und David, die sich im Knast so gut austauschen konnten, dass sie gute Freunde geworden sind. Ich denke an Hermann, der mich so treu und zuverlässig (abgesehen von ein paar abgemähten Tulpen!) durch die romantischsten deutschen Orte begleitet hat. Ich denke an die Schüler und wie begeistert sie mit Hermann um das Schulgebäude getuckert sind, an den schweigenden Tauschring in Vorarlberg und an die Männer vom Ufo-Verein.

Ich resümiere im Hotel, dass gerade mal zwei Wochen der geplanten 200 Tage vergangen sind und ich bereits zehn Mal getauscht habe: Für den Apfel bekam ich Zigaretten, für die Zigaretten ein Buch über das Saarland, dafür wieder ein silbernes Kitsch-Häschen, dann einen Verbandskasten mit Schere, eine Sherry-Flasche im liebevoll gestalteten Holzkasten, fünfzig Smoothies, die ständig herunterfielen, eine Endlagerungstonne von einer Anti-Atomkraft-Demo, und natürlich Hermann, für den ich einen Kickertisch erhielt, und eine blaue Handwaschmaschine obendrauf, die mir schließlich einen Schlitten, ein Taschenmesser, einen Bildband über Ufos und als Krönung den von Außerirdischen beschossenen Stein einbrachte. Zehn Tauschaktionen in knapp zwei Wochen sind beachtlich, aber ein Haus auf Hawaii ist das alles noch längst nicht.

Jetzt, wo ich innehalte, merke ich auch, wie sehr mich die Tauschaktionen geschlaucht haben. Der Tauschrausch hatte so sehr von mir Besitz ergriffen, dass ich kaum geschlafen habe. Wenn ich die nächsten 187 Tage durchhalten will, muss ich mir meine Kräfte jedenfalls besser einteilen. Sonst erliege ich dem Tausch-Burnout. Wahrscheinlich werden mich in Indien ganz andere Herausforderungen erwarten, als ich sie in DACH (Deutschland-Austria-Chweiz) zu meistern hatte. Die Eselkutsche hat mich gelehrt, dass ich auch an den Transport der Tauschgüter denken muss, und das speziell in Indien, wo ich mit dem Zug reisen werde.

Leider muss ich auch eingestehen, dass sich entgegen aller guten Vorsätze der materielle Wert meiner ertauschten Sachen seit Hermann weiter verringert hat. Und was sollten die Inder schon mit einem Buch über Ufos anfangen können, mit einem Holzschlitten in sengender Sonne, was erst mit einem Stein, den andere Menschen als Beweis für einen Austausch mit Wesen aus dem All halten?

Trotz all dieser Bedenken bin ich verrückterweise immer noch begeistert davon, diesen Stein ergattert zu haben. Vielleicht ist es einfach das Gefühl, mir schon jetzt ein wenig von meinem Kindheitstraum erfüllt zu haben, den Sternen ein Stück näher zu kommen.

Holzschlitten Masala

*I*ndien

*S*chließlich stehe ich also mit meiner Beute aus zehn Tagen Tauschaktivität am Frankfurter Flughafen, um für den Flug Richtung Südindien einzuchecken. Die Check-in-Dame am Schalter versucht verzweifelt, ernst zu bleiben, als sie den Holzschlitten auf das Förderband legt. Ich beobachte, wie ihre Blicke immer wieder zu ihrer Kollegin schweifen und sie das Lachen kaum unterdrücken kann.

»Schlittenfahren in Indien, ich freu mich schon drauf!«, sage ich betont locker. Sie grinst mich an und wünscht mir viel Spaß.

Bei der Sprengstoffkontrolle sieht die Sache dann schon ernster aus. Die Handwaschmaschine im Handgepäck wird mehrfach in der Infrarotröhre hin- und hergefahren. Ich beobachte, wie mehrere Leute vom Sicherheitsdienst die bunten Farben auf dem Computerbildschirm zu deuten versuchen. Kurze Zeit später werde ich in Begleitung der Handwaschmaschine in einen Nebenraum gebracht, wo ein weiterer Sprengstoffexperte des Frankfurter Flughafens mit einem feuchten Läppchen in einer Plastikhalterung langsam über die Waschmaschine fährt. Ich kenne diese Prozedur von anderen Flugreisen. Sollte sich das feuchte Tuch am Ende der Halterung verfärben, hat man ein riesiges Problem. Aber natürlich ist mir das noch nie passiert.

Leider entstammt die Handwaschmaschine einer Baureihe aus den 60er Jahren (so kann man es der Anleitung entnehmen, auf der die Schwarz-Weiß-Fotografie einer strahlenden Hausfrau mit hochgesteckter Frisur und Handwaschmaschine vor einem grauen Vorhang zu sehen ist). Deshalb ist offenbar auch die blaue Farbe der Maschine nicht mehr die frischeste, sie färbt das feuchte Sprengstofferkennungsläppchen leider blau. Ein äußerst verwunderter Sicherheitsbeamter steht nun also vor mir und schaut fragend auf das blaue Läppchen. Scheinbar weist Blau nicht auf Sprengstoff hin, und der Beamte scheint auch noch nie erlebt zu haben, dass das Läppchen unbekannte Farben annimmt. Deshalb wird es schnell konkret:

»Was ist das?«, fragt mich der Sicherheitsbeamte und deutet mit steinerner Miene auf sein Untersuchungsobjekt.

»Eine Handwaschmaschine, eine blaue«, antworte ich wahrheitsgemäß.

Der Sicherheitsbeamte schweigt drei Sekunden lang und schaut mich dann an: »Ungewöhnlich, aber eigentlich nicht sehr lustig. Guten Flug.«

In Indien angekommen wird es dann schnell wieder lustiger. Meine erste Station ist Kochi, eine Millionenstadt im südindischen Bundesstaat Kerala. Die Taxifahrt vom Flughafen zum Hostel lässt keinen Zweifel daran aufkommen, dass ich in Indien angekommen bin. Der Fahrer rast mit achtzig Sachen durch die engen Straßen der Stadt, hupt alles zur Seite, was sich nur irgendwie bewegen kann. Er reißt das Lenkrad wild von links nach rechts, um auch noch die letzte Millisekunde aus dieser Hetzjagd ohne Verfolger herauszuholen. Ich sitze total geschockt auf der Rückbank und bitte ihn, sich zu beruhigen, schließlich habe ich noch einen ganzen Monat Zeit, durch Indien zu reisen. Da kommt es nun wirklich nicht darauf an, dass ich eine Minute früher im Hostel bin. Der Fahrer grinst mich freundlich an und setzt dann zusätzlich noch die Lichthupe ein: Tak Tak Taktaktak Tak. Immer wieder nimmt er mit dem Fernlicht gezielt morgendliche Passanten ins Visier, so dass ich im Sekundentakt kurze überbelichtete Schnappschüsse von Menschen mit weit aufgerissenen Mündern und Augen vor mir sehe, die dem Turbotaxi im letzten Moment ausweichen. Und weiter geht's: Hupe – Lichthupe – Hupe – Hupe – linke Straßenseite – rechte Straßenseite – Doppelhupe – Doppellichthupe zusammen mit Doppelhupe. Dann drückt der Fahrer ein letztes Mal richtig aufs Gaspedal, und ich steige total erschöpft und verängstigt vorm Hostel aus dem Wagen. Was war *das?* Ein dummer Zufall, ein betrunkener Taxifahrer oder der ganz normale Wahnsinn in Indien?

Ich bleibe ungefähr eine Woche im sogenannten Fort Kochi, dem Stadtteil, der 1503 von portugiesischen Kolonialherren errichtet und später von Holländern und Engländern erweitert wurde. Viele christliche Kirchen, mondäne Kolonialbauten und Erinnerungsstätten an alte Eroberer wie Vasco da Gama prägen auf der kleinen Halbinsel noch heute das Bild der Stadt, in der gleichzeitig das wilde, indische Straßenleben tobt.

Es sind immer und überall Menschen auf der Straße. Viele sind auf dem Fahrrad unterwegs, viele auf Tuk Tuks (motorisierten Dreirädern, die oft als Taxis genutzt werden), man sieht geschäftige Händler und Fischer. Ich fühle mich sofort wohl, da die Stimmung trotz der großen Hitze so entspannt ist. Wie oft hatte ich im Vorfeld Freunde von aufdringlichen Indern erzählen hören, die einen mit ihren hartnäckigen Serviceangeboten regelrecht in den Wahnsinn treiben. Aber meiner Taxifahrt zum Trotz, scheinen gegenseitiger Respekt und Freundlichkeit hier überall im Vordergrund zu stehen, auch wenn man als Europäer mit einem Holzschlitten und einer Handwaschmaschine durch die Straßen zieht.

Mit dem Tauschen will es aber dennoch nicht so recht klappen. Ein Fischer im Hafen von Fort Kochi holt mit seinen Kollegen gerade die großen Netze ein, die an einer 15 Meter hohen Holzkonstruktion befestigt sind und über lange Stangen ins Wasser gelassen werden. Eine sehr traditionelle Art des Fischfangs, die hier noch praktiziert wird. Ich zeige dem Fischer mein Tauschobjekt, und er versteht mein Anliegen sofort, obwohl wir nicht die gleiche Sprache sprechen. Den Fisch von zehn Zentimeter Länge, den er mir zum Tausch anbietet, lehne ich allerdings dankend ab und ziehe weiter, um großzügigere Tauschpartner zu finden: Tuk-Tuk-Fahrer, Stoffverkäufer, Restaurantbesitzer und Passanten. Alle wiegeln ab oder können mir keinen äquivalenten Gegenwert bieten.

Ich bewerbe meine Sachen nach allen Regeln der Kunst, blättere mit Passanten durch das Ufo-Buch und zeige ihnen die Fotos der fliegenden Untertassen über den Schweizer Bergen, halte den laserbestrahlten Stein in die Höhe wie ein kostbares Heiligtum und wende die Augen dabei zum Himmel. Schließlich setze ich mich am steil abfallenden Sandstrand von Fort Kochi auf den Holzschlitten und stürze mich vor den Augen von etlichen verwunderten Indern in die Tiefe. Auch als Surf-Gleiter im nassen Sand macht der Schlitten keine schlechte Figur. Und die Menschen, die bei meinen wunderlichen Aktivitäten anwesend sind, schauen schweigend zu, verwundert, aber interessiert. Wahrscheinlich denken sie einfach, dass ein Europäer ja wissen müsse, was man mit einem Schlitten am Strand so anstellt.

Doch was ich auch auf die Beine stelle, die Inder scheinen abgeklärte Geschäftsleute zu sein. Ein Teppichhändler erklärt mir kurz und bündig, dass ein Schlitten bei 35 Grad im Schatten zu nichts nütze sei, er den Ufo-Bildband für eine Fälschung halte und der Stein aus Deutschland keinen Seltenheitswert besitze, da die Europäer schon vor Jahrhunderten Unmengen an Steinen für ihre Bauten aus Europa importiert hätten. So viel Abgeklärtheit hatte ich nicht erwartet.

Mir bleibt nur ein Lichtblick: die Handwaschmaschine. Sowohl der Teppichhändler als auch viele Passanten finden großen Gefallen an dem Gerät. Sie möchten seine Funktionsweise ganz genau verstehen und drehen interessiert an der Handkurbel. Bei meinen Gesprächen wird mir klar, welch hohe kulturelle Bedeutung Waschen in Indien hat. Selbst wenn teilweise noch traditionell mit der Hand oder im Fluss gewaschen wird, sieht man auf der Straße fast nur Menschen in frischer Kleidung, die wunderbar duftet. In diesem dichtbevölkerten Land mit seinen 1,2 Milliarden Menschen (1 200 000 000 Einwohner, das sind 15-mal so viele Menschen wie in Deutschland leben) kann man die Einheimischen in den großen Menschenansammlungen nämlich ganz unauffällig beschnüffeln, und alle riechen angenehm. Ich dagegen komme mir immer schmuddeliger vor. Die meisten Menschen müssen sich bei der großen Hitze alle paar Stunden duschen oder waschen. Ich dusche jedoch nur einmal am Tag und fühle mich abends immer schrecklich unwohl, denn spätestens drei Stunden nachdem ich aus der Dusche komme, rieche ich schon wieder Schweiß an mir und entdecke erste Spuren auf meiner Kleidung. Nicht so bei den Indern: guter Geruch, saubere

Kleidung, und das bei dieser Hitze und Luftfeuchtigkeit. Es kann gar nicht anders sein: Hier wird mehr als einmal am Tag gewaschen und die Kleidung gewechselt! Eine Handwaschmaschine muss somit einen echten Wert besitzen. Also werde ich alles auf diese Karte setzen.

Als ich im Gewühl von Fort Kochi gerade mit dem Holzschlitten einen Kieshaufen heruntergefahren bin und unten ein wenig unelegant ankomme, sehe ich einen Holzverschlag, der mich an einen kleinen Kiosk erinnert. An Metallhaken hängen große Stücke rohes Fleisch, die unter der sengenden Sonne verkauft werden. Ich biete dem Verkäufer meine Sachen an und frage ihn, ob er sie mir gegen das größte Stück Fleisch eintauschen würde. (Ich gebe zu, dass diese Entscheidung eventuell aufgrund der unglaublichen Hitze entstanden sein könnte ...) Während wir uns immer tiefer in einem kommunikativen Wirrwarr verstricken, haben sich 15 bis zwanzig indische Männer um mich geschart und reden wild auf mich ein, in Sprachen, die ich nicht verstehe.

Dann stellt sich heraus, dass einer der Männer, Amber, ungefähr vierzig Jahre alt und natürlich in eine saubere Stoffhose und ein blendend weißes Hemd (ohne Schweißflecken) gekleidet, gut Englisch spricht. Wie selbstverständlich beginnt er zwischen mir und dem Fleischverkäufer zu vermitteln. Er nimmt die von mir angebotenen Sachen noch einmal genau unter die Lupe. Das Taschenmesser bekommt sein Okay, den Sinn des Ufo-Werbematerials kann er nicht nachvollziehen, aber wie erwartet reizt ihn die Handwaschmaschine. Ich hocke mitten in der aufgeregten Männerrunde auf der viel befahrenen Straße, kurbele an der Handwaschmaschine und ergehe mich dabei in großartigen Erklärungen: »Look, this is so good, cleanest clothes possible, my friend. This is best handwashing machine in Germany. You are always clean!«

Ich komme mir total albern vor, plötzlich Handwaschmaschinen in Indien anzupreisen und währenddessen auf dem Boden zwischen hupenden Tuk Tuks und großen, rohen Fleischbrocken zu hocken. Aber die gute Stimmung, die unter den Männern ausbricht, rechtfertigt mein Vorgehen. Die Männer lassen sich mitreißen, alle probieren die Handwaschmaschine aus, lachen, reden. Ich lege nach, erkläre und führe ihnen fünf zusätzliche Einsatzmöglichkeiten der Handwaschmaschine vor.

1. Handwaschmaschine als Plastikhandtasche: Ich hänge mir den Bügel, auf dem die Handwaschmaschine steht, an den Arm und stolziere ladylike an den Männern vorbei.
2. Handwaschmaschine als tragbares Aquarium: Ich fülle die Handwaschmaschine mit Wasser und werfe stellvertretend für den Goldfisch eine Möhre hinein. Alle Männer schauen mich verständnislos an.
3. Handwaschmaschine als Lostrommel: Ich werfe ein paar Zeitungsschnipsel in die Waschmaschine und ziehe dann Lose.
4. Handwaschmaschine als Suppentopf: Ich fülle sie mit Wasser und Gewürzen und führe ihnen eine Kochprozedur ohne Feuer vor.
5. Handwaschmaschine als Flaschenpost: Ich werfe die geschlossene Handwaschmaschine vor den Augen der Männer ins Meer.

Noch bevor ich das Aufklatschen im Wasser höre, weiß ich, dass ich einen Schritt zu weit gegangen bin. Ich habe mein kostbarstes Tauschgut ins Meer geworfen! Die Männer um mich herum schweigen und werfen mir ernste Blicke zu. Um die Situation zu retten, greife ich zum Ufo-Buch, setze mich zwischen die stehenden Männer auf den Boden und beginne aus dem Buch vorzulesen, auf Deutsch:

»Die ersten Plejaren erscheinen frühmorgens mit ihren Raumschiffen über den schneebedeckten Alpengipfeln der Schweiz. Sie sind wieder da, um sich für ein weiteres Treffen vorzubereiten. Langsam landet das Plejarenraumschiff neben einem Apfelbaum.«

Amber und die anderen Männer hören gespannt zu, obwohl sie kein einziges Wort verstehen. Sie blicken mich aus weit aufgerissenen Augen an, während ich in einer unverständlichen Sprache aus einem Buch vorlese, das voller Fotos angeblicher fliegender Untertassen ist. Es wirkt. Amber tritt vor und bietet mir für den ganzen Kram ein kleines Stück Fleisch von circa zwei Pfund an. Ich lehne ab, da das in keiner Relation zu meinen Gegenständen steht. So verstreicht eine weitere halbe Stunde auf offener Straße. Ich biete Amber an, ihm für das größte Stück Fleisch am Haken (sechs Pfund) mit der Handwaschmaschine seine Kleidung zu waschen, sobald ich das gute Stück aus dem Meer geborgen habe. Es zieht nicht. Erst als Amber meine Verzweiflung sieht, nachdem ich mich anderthalb Stunden in der schwülen Hitze vergeblich abgemüht habe, lenkt er ein. Er zieht mich herüber zum Stand und sagt dem Verkäufer, dass er die sechs Pfund Fleisch für mich kaufen möchte. Sobald der riesige Batzen Ziegenfleisch in eine Plastiktüte verpackt worden ist, überhändigt er mir strahlend die Ware. Ich kann es kaum glauben! Nachdem ich mich hier in einen wahren Tauschrausch hineingesteigert habe, kommt die Zusage von Amber völlig unerwartet.

Ich jubele und umarme Amber immer wieder. Was für eine verrückte Szene! Die umherstehenden Männer jubeln mit mir, als hätte Indien neben dem aktuellen Kricket-Weltmeistertitel gerade auch die Fußball-WM gewonnen und in allen olympischen Disziplinen Gold. Alle sind euphorisiert, blättern durch das Ufo-Buch, ein Mann dreht den Stein immer wieder in seiner Hand, ein anderer probiert das Taschenmesser am Schlitten aus, und Amber dreht sich mit der Handwaschmaschine stolz im Kreis. Ich setze mich total erschöpft mit dem rohen Stück Fleisch in einen Getränkeladen, wo ich einen Liter Wasser auf ex trinke, und merke, dass so ein Tauschrausch wirklich extrem kräftezehrend ist. Ich schaue in die Tüte auf den riesigen Fleischklumpen, der mich kulinarisch nicht unbedingt anspricht, und sehe erste Fliegen, die sich in der Mittagshitze darauf niederlassen. Was habe ich nur getan? Mir wird der Unsinn dieser Tauschaktion nun deutlich. Wenn ich nicht komplett bei null ankommen will, muss der Fleischklumpen heute noch weitergetauscht werden. So mache ich mich auf und frage in den vielen offenen Küchen nach, in denen in einer großen, wokartigen Pfanne direkt an der staubigen und viel befahrenen Straßenkreuzung Essen zubereitet wird. Ich habe keinen Erfolg, keiner der Köche spricht Englisch. Ein Tuk-Tuk-Fahrer bringt mich schließlich zur sogenannten Burgar Street, in der, wie der Name schon sagt, wohl immer Fleisch gebraucht wird. Doch alle Restaurants dort lehnen den ungewöhnlichen Tauschwunsch des Europäers diskret ab. In einem gehobenen Touristenrestaurant führt mich die Dame an der Rezeption peinlich berührt, aber äußerst höflich und diskret zur Tür, ohne mich dem Koch vorzustellen.

Erschöpft treffe ich am späten Nachmittag einen Jungen, der vor einer Kochschule steht. Ich erzähle ihm meine Geschichte, und er lädt mich zu seiner Tante Maria ein, die die Schule leitet. Ich warte in einem mondänen Kolonialgebäude, bis eine vierzigjährige Inderin erscheint, die vorsichtig und ein wenig misstrauisch wirkt. Nach langen Erklärungen und ausgewählten Witzen, mit denen ich versuche, die Stimmung aufzuheitern und Vertrauen herzustellen, lässt sie sich auf einen Tausch ein, da sie das Fleisch für die Kochschule gebrauchen kann. Sie bietet mir eine Plastikschale zum Tausch an. Mir gehen Bilder von Hermann, vom Kickertisch und den ganzen anderen Tauschobjekten durch den Kopf, und ich merke, dass ich ziemlich auf dem Holzweg sein muss, da die Schale für fünfzig Cent im Geschäft nebenan erhältlich ist. Ich wiegele ab und erkläre ihr, dass ich darauf angewiesen bin, den Wert meiner Tauschobjekte zu steigern. Sie scheint zu verstehen und legt einen elektrischen Entsafter dazu. Nach langem Abwägen lehne ich schweren Herzens ab und verlasse das Haus.

Ich fühle mich gestresst, sozusagen am Boden der Tauschkette. Warum habe ich jemals den Kickertisch abgegeben? Wäre ich doch lieber mitsamt Kicker in einem 68er-Hippie-Bulli über die Türkei, den Iran und Afghanistan nach Indien gefahren. Auch wenn mir klar ist, dass diese Idee völlig abwegig ist, bin ich total frustriert nach diesem tollen Tauschstart in Indien, praktisch am Boden zu sein. Hier sitze ich also jetzt mit einem Batzen Fleisch vor einer Kochschule und beobachte, wie die Fliegen Angriff auf den Fleischklumpen nehmen. Ich versuche, sie mit ein wenig Herumgewedel zu verscheuchen, sie drehen eine Runde und lassen sich dann in aller Seelenruhe wieder auf dem Fleisch nieder.

Plötzlich steht Marias Ehemann vor mir und führt mich

zurück in die Kochschule. Maria steht in der Küche, die beiden schauen freudig auf den Küchentisch, auf dem jetzt neben dem elektrischen Entsafter eine Filterkaffeemaschine steht. Ich bin gerührt, ihre Freude zu sehen und vor allem darüber, dass sie sich Gedanken gemacht haben, wie sie mir helfen können. Marias Ehemann erzählt mir, dass sie den Entsafter und die Kaffeemaschine nicht leichten Herzens hergeben würden, da viele Inder sich solche Güter gar nicht leisten könnten, die Kaffeemaschine sei sogar aus Kanada importiert. Er erzählt aber auch, dass der Strom im Bundesstaat Kerala unverhältnismäßig teuer sei, so dass sie die Geräte nie benutzen könnten und sie sich deshalb zu dem großzügigen Angebot durchgerungen hätten. Ich bin äußerst dankbar, diesen netten Menschen begegnet zu sein, mache den Deal und schüttele beiden die Hände.

Am nächsten Tag besuche ich sie noch einmal, um live mitzuerleben, wie mein Fleisch in den Händen von zwei japanischen Touristen zu einer gut duftenden Mahlzeit wird.

Im Tausch-Tal der Tränen

Kaffeemaschine und Elektroentsafter begleiten mich also, als ich mit Saneer, einem 24-jährigen indischen Taxifahrer, in die Tee-Berge von Munnar fahre, eine Region auf über 1000 Höhenmeter, die ausschließlich aus grünen Hügeln besteht, komplett mit Teepflanzen bedeckt. Diese Hügel, die bis zum Horizont grün leuchten, sind ein unglaublicher Anblick, sie sehen aus, als seien sie mit Moos bedeckt.

Bevor ich diese Landschaften aber zu sehen bekomme, muss ich erst die indische Straßenverkehrsschulung Teil 2 über mich ergehen lassen. Saneer scheint sich vorgenommen zu haben, die fünfstündige Autofahrt auf einer sehr stark befahrenen Strecke auf eine halbe Stunde zu verkürzen. Wie der Taxifahrer am Flughafen vor ihm, rast er wie ein Verrückter durch den Straßenverkehr und überholt alles, was er mit seinem Auto abhängen kann. Dabei ist es ihm völlig egal, was sich auf der Gegenfahrbahn befindet, ein anderes Auto, ein LKW oder ein Auto, neben dem sich außerdem noch ein Motorrad vorbeizuquetschen versucht. Mir ist immer noch unklar, wie Saneer es schafft, zwischen den Autos hindurchzukommen, ich weiß nur, dass er dabei Gas gibt.

Mich packt die Angst, und ich bitte ihn, vorsichtiger zu fahren. Er lacht und meint nur: »Europäische Leute, immer Angst!« Okay, ich hab's verstanden. Ich bin als europäisches Weichei gebrandmarkt, nur weil ich nicht an Wiedergeburt glaube und mein Leben zumindest nicht heute beenden möchte. Saneer macht munter weiter. Links, rechts, durch die Mitte, hupen, Autos schneiden, Autos ausbremsen, so dicht wie möglich auf Autos auffahren. Nach einer halben Stunde habe ich das System, das sich dahinter verbirgt zwar immer noch nicht durchschaut, aber ich merke allmählich, dass der Wahnsinn immer irgendwie gut geht. Saneer erklärt mir, während eines Überholmanövers, bei dem er zwischen einem Tuk Tuk und einem LKW steckt, dass er zwar mal eine (heilige) Kuh ins Jenseits gefahren habe, sonst aber alles ganz gut laufe. Irgendwie nimmt meine Angst ab, wahrscheinlich weil mein Körper nicht mehr Adrenalin ausschütten kann, und ich entspanne mich und nehme den Zick-Zack-Kurs auf Höchsttempo hin. Nach einer Weile werde ich sogar übermütig und frage Saneer, ob er während der Fahrt drei Sekunden die Hände vom Lenkrad nehmen kann. Er macht es und lacht. Ich lege nach: »Five seconds!« Saneer macht es wirklich. Nach knapp fünf Sekunden bitte ich ihn, den Versuch abzubrechen. Wahrscheinlich hätte Saneer auch noch das Spiel *Freihändig durch die Serpentinen nach Munnar* mit mir gespielt. Ich habe es nicht mehr ausprobiert.

Dabei ist das Risiko, bei diesem Fahrstil umzukommen, übrigens gar nicht so klein, zumal Indien den traurigen Weltrekord in der Unfallstatistik hält: Jährlich sterben unglaubliche 100 000 Menschen auf indischen Straßen, 25-mal so viele wie in Deutschland. Hinzu kommen zwei Millionen Schwerverletzte jährlich. Eine gewisse Annäherung an europäische Fahrgewohnheiten wäre also doch irgendwie wünschenswert.

In Munnar entspannen mich die moosartigen Teehügel in frischer Höhenluft. So laufe ich mit Kaffeemaschine und Entsafter durch die Berge und halte Ausschau nach Tauschpartnern, die mit einem großen Sack Tee auf den Schultern durch die Plantagen laufen, so wie ich es von Fotos kenne. Aber leider läuft hier niemand herum. Saneer erzählt mir, dass auch Besichtigungen von Teefabriken nicht möglich seien, da die Teefirmen niemanden in ihre Produktionsstätten lassen. So gehen wir zum Teemuseum der Stadt, um einen Deal einzufädeln. Das Wachpersonal bittet uns, in der Regionalbehörde der Stadt eine offizielle Genehmigung zu besorgen, im überbürokratisierten Indien übrigens keine Überraschung.

So sitzen wir in der Regionalbehörde vor einem indischen Beamten, der unter Ventilatoren und vor einem Computer aus den frühen 90er Jahren Papiere abstempelt. Ich erzähle ihm von dem Tauschvorhaben, und er verweist uns zurück ans Museum. Zurück am Museum sagt uns ein anderer Mann, dass die Lokal- und nicht die Regionalbehörde für die Erteilung der Erlaubnis zuständig sei.

Genervt sitze ich eine Stunde später in einem Groß-
raumbüro der Lokalbehörde, wieder mit vielen Beamten,
Ventilatoren und Computern aus den frühen Neunzigern,
dieses Mal trinken die Beamten allerdings Tee und stem-
peln nichts ab. Ich werde in ein Büro gerufen, in dem der
Chef der Lokalbehörde auf mich wartet. Während ich ihm
von meinem Tauschvorhaben und dem Traum vom Haus auf
Hawaii erzähle, kniet er neben dem Schreibtisch vor seinem Drucker, der seine Papiere gerade wahllos verschluckt
und zerreißt. Während er mit dem Drucker kämpft, sagt
der Chef der Behörde immer wieder »Hm, hm. Ja, ja«, bekommt aber wahrscheinlich nichts von dem mit, was ich
ihm berichte, da er nur Augen für den Druckerschacht hat.
Als meine Erklärungen abgeschlossen sind, steht er auf,
schüttelt mir die Hand und verweist mich an die Regionalbehörde. Ich will ihm gerade erklären, dass ich dort schon
war, da ist die Tür schon geschlossen, und der Beamte befindet sich auf der anderen Seite.

Also machen wir uns wieder auf zur Regionalbehörde,
und derselbe Beamte, den wir schon vor einigen Stunden
angetroffen haben, sagt nun, dass er doch für die Erlaubnis zuständig sei, sie mir aber nicht ausstellen will. Ich
reiße mich zusammen, obwohl ich das Gefühl habe, vor
Wut gleich zu platzen, und gehe wortlos nach draußen.

Draußen warte ich darauf, dass Saneer das Auto holt.
Während ich so dasitze, mit den Ellenbogen auf Kaffeemaschine und Elektroentsafter gestützt, kommt plötzlich
ein Tuk-Tuk-Fahrer daher und zeigt Interesse an den Ge-
räten. Er heißt Justin, scheint ein lustiger Vogel zu sein
und lässt sich auf ein Tauschgespräch ein. Er fragt mich,
wie viel Tee ich für die Geräte haben wolle. Ich sage zehn
Kilo, er sagt fünf, ich sage neun, er sagt fünf, ich sage
acht, er fünf, ich sieben, er fünf, ich sechs, er fünf und

streckt seine Hand aus, damit ich einschlage. Als ich zögere, grapscht er nach meiner Hand, der Deal ist gemacht. Ich ärgere mich tierisch, dass ich mich so über den Tisch habe ziehen lassen. Aber Deal ist Deal. Im Geschäft nebenan kauft Justin die fünf Kilo Tee für mich, der immerhin tausend Tassen Tee ergibt. Ich bin nicht wirklich glücklich mit der Entwicklung, da fünf Kilo Tee in Munnar keinen großen Wert haben. Dafür möchte ich dieses Mal wenigstens mitbekommen, was aus den Tauschobjekten wird, die ich gerade abgeben musste.

So fahre ich mit Saneer und Justin auf dessen Tuk Tuk durch die endlosen Teehügel. Da ich so einen schlechten Tausch gemacht habe, darf ich als Entschädigung das Tuk Tuk fahren. Zuerst stottert das motorisierte Dreirad, aber dann bekomme ich ein Gefühl für die Kupplung und genieße die schöne Fahrt durch die Berge. Justin erzählt mir bei einem Zwischenstopp, dass die Tee-Berge von den englischen Kolonialherren vor über hundert Jahren angelegt wurden. Er erzählt, dass seine Vorfahren den Tee bei den Engländern eintauschten und oftmals für eine ganze Ernte nur Reis und Wasser bekamen, wovon sie mehr schlecht als recht lebten. Heute dagegen gehören die Tee-Berge hauptsächlich dem indischen Multikonzern TATA, der scheinbar halb Indien über alle Branchen hinweg besitzt. Da seine Frau für den Konzern arbeitet, erhalten sie ein kleines Haus, Krankenversicherung und dreißig Euro pro Woche, womit er sehr zufrieden ist.

Kurze Zeit später erreichen wir Justins Siedlung inmitten der Tee-Berge. Europäische Besucher scheint es hier sonst nicht zu geben. Die Kinder des Dorfes springen aufgeregt an mir hoch und wundern sich über mein Aussehen und meine Größe. Das erwähnte Haus entpuppt sich als eine Zwei-Zimmer-Hütte, 1,90 Meter hoch, mit zwei Betten für vier Leute in einem der beiden kleinen Räume. Wir stehen mit den Kindern der Siedlung im Schlaf- und Essensraum vor der Kaffeemaschine und dem Entsafter. Justin grinst breit, er kann seinen Stolz darüber nicht verbergen, dass er mit einem Europäer ein so vorteilhaftes Tauschgeschäft gemacht hat. Durch die Tür blicken viele neugierige Gesichter in den Raum. Die Enttäuschung ist groß, als wir feststellen, dass die Kaffeemaschine einen US-amerikanischen Stecker hat, der nicht in die Steckdose passt. Saneer springt sofort ein und bastelt aus zwei Drähten einen provisorischen Übergang, so dass wir kurz darauf das Wasser durch einen Ersatzfilter aus Zeitungspapier in die Kaffeekanne laufen sehen. Die erstaunten Gesichter der Kinder zeigen mir, dass es hier mitten in den Teeplantagen wohl nicht viel Kaffee gibt.

Am Ende des Nachmittags frage ich Justin, ob er mit seinem recht einfachen Leben glücklich sei. Er antwortet mir, dass er sich nichts Besseres vorstellen könne. Und ich bin beeindruckt, wie wenig Glück von Reichtum abhängt.

Wenige Tage später fahre ich endlich mit einem Tuk Tuk auf den angeblich größten Tauschmarkt der Welt mit seiner angeblich 200-jährigen Geschichte: *Matta Chanda*, mein eigentliches Ziel hier in Indien.

Nach einer holprigen Fahrt liegt der *einzige, erste, weltgrößte und grandioseste Tauschmarkt der Welt* vor mir in der Mittagshitze: Ein paar lumpige Kirmesstände reihen sich vor mir auf, die aufblasbare Neon-Delfine, Luftschlangen und Knallkörper verkaufen. Das soll alles gewesen sein? Und die Preisschilder an den Waren leuchten mir in allen Neon-Farben der Welt entgegen. Ich bin total enttäuscht und würde am liebsten meine fünf Kilo Tee mitten auf den Kirmesmarkt werfen und ganz laut rufen: »Barterman ist hier, lass uns endlich tauschen! Du komischer und weltgrößter Tauschmarkt, komm endlich raus!« Aber die Anwesenheit von Krishna, dem Organisator, erlaubt mir keinen Gefühlsausbruch. Er erzählt mir ganz freundlich, dass er von den Darstellungen im Internet, von Adjektiven wie groß, toll, einzigartig und tauschfreudig, die den Markt beschreiben sollen, noch nie gehört habe. Ich erzähle ihm, dass ich wegen der Berichte zum Tauschen extra nach Indien gereist bin. Krishna kann sich sein Grinsen über meinen naiven Umgang mit dem Internet kaum verkneifen. Weiter erklärt er mir, dass hier auf dem Markt schon seit 1000 Jahren nicht mehr getauscht wird, da Indien im 21. Jahrhundert ein modernes Land sei und man den Umgang mit Geld bevorzuge. Er erklärt mir in aller Ruhe, dass Tauschgeschäfte den Nachteil hätten, dass man immer genau das Produkt anschleppen müsse, das der Anbieter eines anderen Produkts zufällig gerade benötige. Ach, ne, denke ich, sage aber nichts. Abschließend wünscht mir Krishna noch alles Gute für meine Tauschreise, und ich verlasse den Markt mit einem aufblasbaren Neon-Delfin für zehn Rupien.

Einen Tag später liege ich auf einer Schlafpritsche in einem indischen Zug Richtung Goa, der ehemaligen Hippie-Enklave der späten 60er und 70er Jahre. Die Enttäuschung über den berühmten Tauschmarkt *Matta Chanda* ist überwunden, und ich schaue mir auf der 1,70 Meter langen Pritsche im dritten Stock des offenen Abteils unter lauten Ventilatoren und vor Fenstern, die nur aus Gitterstäben bestehen, mein eingerahmtes Hawaii-Bild an, das ich aus Deutschland mitgebracht habe. Ich frage mich ernsthaft inmitten eines ungeheuren Lautstärkepegels, den die vielen Mitreisenden verursachen, ob mein Plan mit dem Haus

auf Hawaii überhaupt realistisch ist. Unter meinen ange-
zogenen Beinen liegen die fünf Kilo Tee, die mich mittlerweile nur noch nerven. Wie soll ich vom Tee zum Traumhaus kommen? Es scheint unmöglich zu sein.

Am nächsten Morgen gehe ich durch den Zug und spreche indische Familien an, zeige ihnen den Tee und das Ha-
waii-Hula-Hula-Bild mit Blumenrahmen. Die Reaktionen
sind äußerst verhalten, und ein höfliches Grinsen signalisiert mir, besser weiterzugehen. Zwei einsame Backpa-
ckerinnen in dem Zug mit seinen dreißig Wagons verstehen zwar meine Story und finden sie lustig, aber mehr als
eine 2-Euro-Münze können sie mir nicht bieten.

Tuk-Tuk-Mania

Nach einer 32-stündigen Fahrt steige ich erschöpft in Ma-
gao im Bundesstaat Goa aus dem Zug und werde von einer Horde Tuk-Tuk-Fahrer empfangen, die mir alle ihre
Gefährte zeigen wollen. Ich lasse mich auf ein wildes Gespräch in Superlativen mit ihnen ein. Natürlich ist das
eigene Tuk Tuk immer das beste. Die Fahrer erzählen
mir, dass jedes Tuk Tuk einen Namen hat, »Linda« oder
»Krishna« oder auch »Mahandra«. Ich muss einmal mehr
an Hermann denken, wie selbstverständlich auch ich dem
Rasenmäher einen Namen gegeben habe, und wie viel
Spaß ich mit dem frischgetauften Hermann hatte.

Und plötzlich weiß ich auch, was ich will. Ich möchte
auch so ein Tuk Tuk besitzen! Es wird mir helfen, wenn ich
ein konkretes Ziel auf meinem Weg nach Hawaii vor Augen
habe. Ich werde nicht mehr wahllos dies oder jenes annehmen, ich werde diesen Beutel Tee gegen ein Tuk Tuk tauschen. Alle anderen Angebote lehne ich einfach dankend

ab. Ja, unter einem Tuk Tuk werde ich es nicht machen! Mit diesem Ziel vor Augen bleibe ich eine Woche lang in Anjuna, *der* Hippie-Enklave in Goa. Angeblich sollen heute noch viele Aussteiger hier leben, googelt man unter *Anjuna,* findet man noch etliche Fotos von Gruppen nackter Hippies, die sich hier haben ablichten lassen. Inzwischen weiß ich auch schon, wie es nach dem Tuk Tuk weitergeht Wenn ich das Gefährt erst einmal mein Eigen nenne, werde ich es zum Hippiemobil aufstylen und dann einem dieser Aussteiger zum Tausch gegen etwas Wertvolleres anbieten.

Als Erstes treffe ich Mark, einen indischen Journalisten in den Fünfzigern, der in einem roten Haus neben meinem Hostel wohnt. Die Verkäuferin im Laden an der Ecke hatte auf das Haus gezeigt, als ich sie fragte, wem das alte Tuk Tuk an der Ecke gehöre. Jetzt stehe ich vor Marks Tür, und laute Pink Floyd-Musik schallt durch die Tür. Super, denke ich. So ein Typ hat bestimmt Lust auf einen Tausch. Im Haus erzählt mir Mark, der übrigens ein perfektes Englisch spricht und immer einen Strandhut trägt und sein Hemd über der Hose, dass er nur zur Untermiete in diesem Haus wohne. Der Besitzer des Hauses und somit auch des Tuk Tuks sei Dirk, ein deutscher Aussteiger, der aufgrund von Visaproblemen nach Bangkok reisen musste.

Mark öffnet während unseres Gesprächs sofort zwei Bier, um das Kennenlernen zu beschleunigen. In der Mittagshitze steigt mir der Alkohol sofort in den Kopf, und ich habe Schwierigkeiten, seine langen Geschichten und die vielen Infos zu verarbeiten. Mark redet davon, dass er auf Bali gewohnt habe und die Insel verlassen musste, weil er in einem Dokumentarfilm politisch inkorrekt über gewisse Einwohner der Insel berichtet habe. Er erzählt viel von Frauengeschichten, von langen Abenden mit Dirk, von

Dirks wildem Lebensstil und davon, dass er den Tuk-Tuk-Tausch mit Dirk sicher einfädeln könne. Ich bin erleichtert und euphorisch, dass ich gleich ins Schwarze getroffen habe, auch wenn Mark immer mehr und immer schneller redet, bis ich nichts mehr aufnehmen kann.

Später schreibt Mark eine E-Mail an Dirk, in der er meinen Tauschwunsch erläutert und erklärt, dass ich Dirk zusätzlich zum Tee auch noch ein paar Dienstleistungen anbieten würde, wie etwa das Haus streichen. Mark bietet mir nach ein paar weiteren Bieren an, selbst den Tuk-Tuk-Deal abzuschließen, falls sich Dirk nicht melde. Doch eigentlich ist er fest davon überzeugt, dass Dirk keinerlei Probleme mit der Sache haben sollte.

Zwei weitere Tage verstreichen, und ich checke meinen E-Mail-Account gefühlte 420 Mal, immer wieder *Aktualisieren* und immer wieder nur Mails von Perry, Cherry oder Merry, die mir Viagra verkaufen wollen, aber keine von Dirk. Er schweigt.

Ich beginne zu fürchten, dass Mark zu viel versprochen hat, und besuche ihn erneut, wieder fließt Bier in der Mittagshitze. Mark beruhigt mich, Dirk werde sich hundertprozentig melden, und wieder redet er viel, von Frauen, seiner Arbeit als Journalist und Bier. Kein Interesse daran, dass ich vielleicht auch mal was sagen möchte, der Mann befindet sich komplett im Monolog-Modus. Eigentlich wird mir das alles zu viel, aber ich bleibe, da er mir ja angeboten hatte, im Notfall eigenmächtig das alte Tuk Tuk einzutauschen. Es folgt ein Abend in einer Strandbar und ein weiterer auf einem Nachtmarkt. Die Monologe nerven mich immer mehr. Jedes Mal wenn ich eine Cola kaufe, kommentiert er das mit »Oh, Michael kauft 'ne Cola!«, wenn ich eine Tüte Chips esse, ertönt sofort: »Oh, Chips sind gut!«

Mark ist zwar gebildet und nett, aber die Einseitigkeit der Gespräche macht den Kontakt unerträglich. Es sind mittlerweile dreißig Stunden vergangen, seit die E-Mail an Dirk rausgegangen ist, und entgegen Marks Beteuerungen, glaube ich nicht mehr daran, dass Dirk sich noch melden wird. Ich frage Mark, ob er noch zu seinem Angebot steht, das Tuk Tuk eigenmächtig einzutauschen, und ich biete ihm unzählige Zusatzdienstleistungen an. Mark reagiert verstört und irritiert. Er kann sich an nichts erinnern und wirkt wütend. Scheinbar hat er das Angebot nur aus einer Bierlaune heraus gemacht, es hatte wohl nichts zu bedeuten. Ich bin total gestresst. Zwei Tage lang habe ich seine Monologe über mich ergehen lassen, und jetzt stehe ich vor dem Nichts. Mit einem riesigen Frust im Bauch lasse ich Mark zurück. Ich brauche erst einmal eine gute Portion Schlaf, um das ewige Gerede zu verdauen.

Am nächsten Tag beschließe ich, ein wenig den Traumstrand Ajuna Beach entlangzuwandern, um dort vielleicht in einer der vielen Strandbars mein Glück zu machen. Am Strand treffe ich als Erstes ausgerechnet auf Mark, der sofort von vorne beginnt und beteuert, dass Dirk sich bald melden werde und ich wirklich nicht nach einem anderen Tuk Tuk suchen müsse. Eine weitere Einladung zum Mittagsbier lehne ich ab, da in mir die Wut über sein ewiges Gerede hochkocht. Ihm geht es gar nicht um die Sache, er sucht doch nur ein Opfer für seinen unendlichen Rededrang. Ich gehe einfach weiter und sehe ihn nie wieder.

In einer Strandbar wenige hundert Meter weiter treffe ich Michel, einen deutschen Althippie, der schon in den Siebzigern hierhergekommen und hängengeblieben ist. Er trägt eine auffällig rote Brille, hat kurze blonde Haare und wirkt trotz seines starken Zigarettenkonsums noch ziemlich fit. »Jeden Morgen eine Stunde Schwimmen!«, beantwortet er meine unausgesprochene Frage.

Dann redet er über freie Liebe und dass hier keiner dem anderen gehöre. Er erzählt mir auch, dass die Hippies damals regelmäßig getauscht hätten und dass Geld keine große Rolle gespielt habe. Er unterstreicht aber auch, dass das Tauschen nie als etwas Besonderes wahrgenommen worden wäre, es sei einfach ganz normal gewesen. Niemand hätte das Tauschen als typisch für die Hippie-Kultur betrachtet.

Dann erzählt mir Michel von dem fehlenden Austausch mit seinem Sohn, der in meinem Alter, also auch 34, sei, und in Deutschland sehr bürgerlich lebe und in der IT-Branche arbeite. Er erzählt, dass es seinem Sohn oft unangenehm sei, dass sein Vater als Alt-Hippie in Goa lebe. Und das, obwohl er selber inzwischen längst nicht mehr nur Hippie-Freunde habe. Er sei demnächst auf die Party eines Freundes eingeladen, und der sei sogar Millionär. Wie auch immer, sein Sohn meide den Kontakt mit seinem Vater lieber.

Michel nimmt einen tiefen Zug von seiner indischen Zigarette, die er immer wieder mit einem übergroßen Feuerzeug von fast zehn Zentimetern Länge anzündet, und schaut schweigend und nachdenklich aufs Meer. Ich bekomme den Eindruck, dass ein spannender Mensch neben mir sitzt, der sich vor dreißig Jahren viel getraut hat, weit gereist ist, um ein komplett neues Lebensmodell zu leben. Doch die Konsequenzen seines damaligen Ausstiegs hat Michel sicherlich nicht vorausgesehen.

Ich ziehe mit meinem Sack voll Tee auf den Schultern unter der Mittagssonne auf dem Anjuna Beach weiter, da Michel leider kein Tuk Tuk besitzt, das er tauschen könnte.

Vor einer Ansammlung von Strandhütten, die auf hohen Bambuspfählen stehen und über den Strand emporragen, bleibe ich stehen. Vielleicht finde ich ja in einer der Hütten einen Tauschpartner mit Tuk Tuk. Ich klettere einige der Leitern hinauf und treffe schließlich in einer der Bambushütten auf Toas, einen Fashion Designer aus Berlin, der ein paar Jahre jünger ist als ich. Toas wirkt mit seinen kurzen Haaren und lediglich mit einem orangen Tüll-Tuch bekleidet wie ein asiatischer Mönch auf mich. Zwar hat auch er kein Tuk Tuk im Angebot, er tauscht mir aber ein Kilo Tee gegen eine tragbare Lautsprecherbox.

Mit Box und Tee ziehe ich weiter zur nächsten Strandbar. Die mittlerweile nur noch vier Kilo Tee und die Lautsprecherbox werden in der Mittagshitze immer schwerer, so dass ich den ganzen Sack am liebsten gleich ins Meer werfen würde. Trotz der spannenden Menschen, die ich am Strand treffe, macht mir mein Tauschrausch gerade überhaupt keinen Spaß mehr. Wie soll ich jemals aus diesem Tal der Tränen herauskommen?

An der Strandbar spreche ich Christopher an, einen französischen Aussteiger, dem das wilde Leben anzusehen ist. Er ist vielleicht gerade mal vierzig, aber seine Haut wirkt verlebt, und ihm fehlen ein paar Zähne. Er arbeitet hier als Tandem-Paraglider für Touristen. Und ehe ich mich versehe, befinden wir uns zusammen im Tandemflug mit einem Glide-Schirm hoch in der Luft über Anjuna Beach. Die Aussicht ist einmalig: lange Sandstrände, Palmenwälder und ein offenes Meer, in dem sich die Sonne spiegelt. In luftiger Höhe erzählt mir Christopher, dass er in Frankreich als Ingenieur im Atomprogramm des Landes gearbeitet und somit in gewissem Sinne auch zur Herstellung von Waffen beigetragen habe. Er erzählt davon, viel Geld verdient, aber freiwillig den Wohlstand gegen die

Freiheit am Hippiestrand eingetauscht zu haben. Er erklärt mir, während wir im Zick-Zack-Kurs über den Strand gleiten, dass er heute mit nur ein paar Rupien in der Tasche, dafür aber täglich hoch in der Luft, viel glücklicher sei als damals. Auf meine Frage, ob ein bisschen Geld das Glück nicht doch noch ein wenig steigern würde, lacht er laut und erzählt mir, dass seine iranische Freundin reich genug sei.

Da auch Christopher keinen Tipp hat, wie ich an ein Tuk Tuk kommen könnte, beginne ich damit, herumzutelefonieren, um Kontakt zu Leuten zu bekommen, für die es finanziell keine große Sache ist, ein Tuk Tuk zu tauschen. Also telefoniere ich mit Sabine, einer Freundin aus Köln, die mir die Nummer von Wiebke gibt, die gerade eine Fahrradtour durch Indien macht. Wiebke gibt mir wiederum die Nummer von Tamara, die auch in Goa lebt, und von Uti, die angeblich schon vor Jahrzehnten von Deutschland hierhergekommen ist.

Die vielen Telefonate mit den nicht enden wollenden Erklärungen über meine Tauschrausch-Idee strengen mich an. Aber dann bekomme ich eine Einladung von Uti, sie zu besuchen. Auch Mark, der indische Journalist aus dem roten Haus, hatte mir in einem seiner Selbstgespräche von Uti erzählt. Angeblich habe er früher bei ihr zur Untermiete gewohnt, bevor es zu irgendeinem Eklat gekommen sei. Von Wiebke und Mark weiß ich auch, dass Uti wohlhabend sein soll. Also ziehe ich mit großen Hoffnungen los, um sie zu treffen.

Ich sitze auf der Terrasse eines großzügigen Kolonialhauses und erkläre Uti mein Anliegen. Am Ende steht die Frage, ob sie jemanden kenne, der bereit wäre, ein Tuk Tuk gegen vier Kilo Tee und eine Lautsprecherbox zu tauschen, wenn ich ihm außerdem noch die ein oder andere Dienstleistung dafür anböte, vielleicht Butler-Tätigkeiten oder etwas in der Art.

Uti lässt sich leider gar nicht auf meine Idee ein. Stattdessen erzählt sie mir, wie sie vor 25 Jahren als junges Mädchen nach Goa gekommen ist und als Erstes auf einer LSD-Party landete. Dort hielten sie alle Leute aufgrund ihres goldenen Kleides für ein »Golden Girl«, im Drogenrausch hätten sie sie regelrecht angebetet. Noch Jahre später sei sie in Goa auf der Straße von Hippies ehrfürchtig als »Golden Girl« angesprochen worden, obwohl sie da schon längst eher zu den Wohlhabenden als zu den Hippies gehörte.

Auch wenn ich Utis Geschichte ziemlich lustig finde, merke ich doch, dass ich mit den Gedanken ausschließlich beim Tuk Tuk bin. Mir geht einzig und allein durch den Kopf, wen ich noch kontaktieren könnte, um endlich ans Ziel zu gelangen. Ich erwische mich dabei, wie ich Uti höflich zunicke, aber eigentlich nur noch unzusammenhängende Wortfetzen aufnehme. Und so erinnere ich mich, während Uti weiterredet, plötzlich daran, dass Michel, der deutsche Althippie, davon gesprochen hatte, dass er zu einer Party bei seinem deutschen Freund und Millionär eingeladen sei. Als ich schließlich vor Utis Haus stehe, rufe ich Michel sofort an. »Klar, komm doch auch. Armin besitzt eine Firma in Südindien und ist immer für verrückte Ideen zu haben!«, höre ich Michel sagen, und mir fällt ein großer Stein vom Herzen.

Bei meiner Ankunft in einem dreistöckigen Anwesen mit viel hochwertigem Mobiliar werde ich soeben von mehreren indischen Hausmädchen höflich empfangen, als plötzlich ein deutscher Mittvierziger, der Frank Zander verdächtig ähnlich sieht, laut über den Balkon ruft:

»Ach, der Tauschkönig ist schon da, und gleich zu früh, du solltest wissen, dass der Armin so etwas gar nicht mag!«

Ich gehe die Treppen zum Party-Areal hinauf und bekomme meine zweite Abfuhr, als ich dem Frank-Zander-Lookalike die Hand zur Begrüßung schütteln möchte.

»Aha, der Tauschkönig hält es wohl nicht für nötig, auf dem teuren Boden seine Schuhe auszuziehen!«

Ich bin ziemlich verunsichert. Zwar begleitet Armin dies alles mit überlautem Gelächter, aber selbst wenn das alles als Witz gemeint sein sollte, kann ich darüber nicht lachen.

Kurz darauf trudeln ungefähr zehn Gäste ein, alles Deutsche. Ein Sammelsurium aus deutschen Althippies wie Michel, deutschen Kurzzeitaussteigern wie dem Bodybuilder Uwe und seinem Rugby-Kollegen Roger und deutschen Indien-Auswanderern wie Christine, die seit zwanzig Jahren in Indien soziale Hilfsprojekte organisiert und mir von ihrer Jugend in Deutschland erzählt, die sie teilweise auf der Straße verbracht hat. Dazwischen Armin und wieder Armin, der alle Gäste durch das großzügige Haus mit den statusbewussten Möbeln aus verschiedenen Ländern führt, wobei er betont, was er gerade alles neu angeschafft hat. Zur Krönung holt er einen besonders alten Wein aus dem Schrank und moderiert diesen vor den Gästen so reißerisch an, dass schließlich alle ganz dankbar auf Armin anstoßen.

Ich setze mich neben Armin, um unserem Austausch trotz des gewöhnungsbedürftigen Starts eine Chance zu geben. Bevor ich meinen ersten Satz aussprechen kann, fährt mir Armin über den Mund, wobei er sich aus einem aufwendig geschnitzten Mahagoni-Sessel zu mir vorbeugt. Laut, so dass alle Gäste es auch mitbekommen, fragt er:

»Sag mal, bist du eigentlich auf Facebook?

»Ja, klar. Warum?«

»Weil die Typen auf Facebook total bescheuert sind.«

»Warum?«

»Die machen sich zum Sklaven von Facebook, alle ihre Daten sind überall.«

»Ich weiß, dass es nicht ganz unproblematisch ist, wie Facebook mit dem Datenschutz ...«

»Hör auf zu quatschen, total bescheuert, das biste!«

Nach diesem Gespräch ist klar, dass hier heute Abend bestimmt kein Tuk Tuk mehr getauscht wird, aber leider ist der Zenit von Armins Verachtung noch nicht überschritten. Kurze Zeit später sitze ich neben Christine, die mir gerade über ihr Aussteigerleben in Indien erzählt, als Armin mich auffordert, aufzustehen, da er mit Christine reden wolle.

»Lass den Chef auf seinen Sessel!«

Ich stehe auf, um einen Rausschmiss zu vermeiden, zu sehr interessieren mich die absurden Szenen, die hier ablaufen. Ich sage mir leise, dass ich nichts persönlich nehmen muss, dass der Tauschrausch nur ein Spiel ist und dieses hier nicht meine Freunde sind. So komme ich mit der nötigen Distanz durch den Abend und beobachte, wie man sich definitiv nicht als Deutscher im Ausland verhalten sollte.

Armin zeigt seinen drei indischen Dienstmädchen und auch dem Großteil der Gäste immer wieder, wer hier das Geld und somit das Sagen hat. Selbst seinen Kumpel Achim belehrt er lautstark vor allen Gästen.

»Du bist immer zu gut zu den Menschen, so kommst du nie weiter!«

Achim grinst eingeschüchtert, versucht ihm aber Paroli zu bieten.

»Ja, Hauptsache, bei Armin redet immer nur einer.«

Ich höre zu, wie sich ein älteres Hippie-Pärchen, so um die sechzig und aus München stammend, lallend unterhält.

»Krasse Party, gestern, Mann, was waren wir breit.«

»Ja, voll cool!«

Ich kenne diese Unterhaltungen zur Genüge von mir und meinen Freunden, als wir Anfang zwanzig waren. So etwas aus dem Mund potenzieller Großeltern zu hören kommt mir allerdings vor, als hätte da eine gewisse Entwicklung nicht stattgefunden.

Eine Mutter mit ihren beiden pubertierenden Kindern sitzt neben mir. Irgendwann dreht sie sich einen Joint und geht mit den beiden Kids zum Kiffen auf Armins neuen Balkon. Kurze Zeit später liegt eine der Töchter mit ihrem Freund knutschend im Nachbarzimmer auf dem Bett. Michel empört sich und sagt zu Armin, dass er diese Orgie im Nachbarzimmer nicht akzeptieren würde. Armin lacht laut.

»Lass sie Spaß haben, wir wollen doch alle Spaß. Außerdem sind Swinger-Clubs noch immer der beste Ort für einen echten Austausch.«

Dabei lacht er zynisch zu mir herüber als Anspielung auf mein Gerede vom Tauschen und Austausch. Ich kontere und will ihm erklären, dass er von einem echten Austausch bestimmt keine Ahnung hat. Doch er fällt mir sofort ins Wort. Ich mache es genauso. »Lass mich ausreden!«

Noch bevor ich den Satz beendet habe, fällt er mir wieder ins Wort. Ich kontere sofort.

»Lass mich ausreden, wenn du dich mit mir unterhalten willst!«

Armin murmelt irgendetwas Sinnloses vor sich hin, wobei er aber unsicher grinst.

Kurze Zeit später verlasse ich das Haus, ohne mich zu verabschieden. Ich schaue mich um und sehe Armin oben auf dem Dach ein pompöses Feuerwerk anzünden, während er lauthals lacht und die Gäste klatschen.

Zurück im Hostel, fehlt mir jede Energie, weiter an einen Tuk-Tuk-Tausch zu denken. Wo gerate ich hier eigentlich hinein, nur weil ich etwas tauschen will? Ich hatte mir Goa als liebevollen Ort mit Althippies vorgestellt, die Menschlichkeit und gegenseitigen Austausch leben. Aber scheinbar gerate ich nur an Menschen, die diesen Ort als Plattform für ihre Profilneurosen nutzen.

Nachdem ich das Erlebte einigermaßen verdaut habe, entscheide ich mich dafür, Kontakt zu Tamara aufzunehmen, die mit dem Fahrrad durch Indien fährt. Und tatsächlich möchte Tamara mir einen potenziellen Tauschpartner vorstellen. Also mache ich mich auf nach Palolem Beach in Südgoa. Ich bin erleichtert, Anjuna den Rücken zu kehren und so eine deprimierende Etappe in Sachen Tauschrausch hinter mir zu lassen.

Tamara treffe ich in einer Strandbar, wo sie mir Panta vorstellt, einen 53-jährigen Inder mit der Anmutung eines Gurus. Er wirkt sehr entspannt, redet eher leise und bedacht und hat dieses zufriedene Dauerlächeln im Gesicht.

Wir kommen schnell zur Sache. Panta fragt mich, was getauscht werden soll. Ich erzähle ihm von meinem brennenden Wunsch, durch Tauschen an ein Tuk Tuk zu kommen, und zeige ihm den Sack mit den vier Kilo Tee und die Lautsprecherbox. Während er mich amüsiert anschaut und breit grinst, beobachte ich Tamara neben ihm, die mein Anliegen offensichtlich eher kritisch beurteilt. Sie meint, dass es doch nicht unbedingt ein Tuk Tuk sein müsse und es doch okay sei, wenn Panta selbst bestimmt, was er mit mir tauschen möchte. Ich halte sofort dagegen, da ich Panta auf keinen Fall verunsichern möchte, so positiv wie er meinem Vorhaben gegenüber eingestellt ist. Ich wünschte, Tamara wäre nicht so kritisch, obwohl ich ihr natürlich dankbar bin, dass sie mich Panta überhaupt vorgestellt hat. Also erwidere ich, dass es für mich schon sehr wichtig sei, als Nächstes ein Tuk Tuk einzutauschen, da ich sonst nie mehr aus dem derzeitigen Tal der Tränen herausfinden würde.

»Ja, kann ich verstehen!«, sagt Panta und nickt.

Tamara bleibt bei ihrer Linie, dass es von ein paar Kilo Tee zu einem Tuk Tuk doch nicht unbedingt ein Tauschschritt sein müsse. Vielleicht könne Panta erst mal was anderes, vielleicht was Kleineres tauschen. Ich nicke ihr freundlich zu, bin aber innerlich kurz davor zu platzen. Wie kann die Frau, die mir den einzigen ernsthaften Tauschpartner in ganz Goa vorstellt, diesem nun nahelegen, bloß kein Tuk Tuk einzutauschen? Ich gehe das Risiko ein, ihr gegenüber unhöflich zu wirken, da ich diese Chance bestimmt nicht wieder bekomme. Ich erkläre Panta, dass ich zum Tee und zur Lautsprecherbox noch eine Serviceleistung in die Waagschale werfen kann, zum Beispiel in seinem Yogacenter zwei Tage lang als Clown aufzutreten. Panta lächelt entspannt. Ihm scheint mein Engagement zu gefallen. Deshalb nickt er.

»Ja, warum kein Tuk Tuk. Ich mag deine Ideen. Aber einen Clown im Yogacenter brauche ich ganz sicher nicht!«

Ich bin so erleichtert über diese Fast-Zusage, dass ich sofort nachlege und ihm anbiete, ein Promo-Video für sein Yogacenter zu produzieren. Er nickt, ich strecke ihm die Hand hin, wir schlagen ein, und überraschenderweise nickt jetzt auch Tamara zustimmend.

Es ist geschafft! Nach neun Tagen elender Tuk-Tuk-Tauschpartnersuche ist das Objekt der Begierde in greifbare Nähe gerückt – denke ich zumindest.

Ich vereinbare mit Panta, ihm am nächsten Tag ein ausführliches Skript zu präsentieren, damit er eine Idee davon bekommt, wie ich mir das Promo-Video so vorstelle. Ich sitze den Rest des Tages am Computer und gebe mein Letztes, um mir eine Struktur für das Video auszudenken. Am nächsten Morgen lege ich ihm stolz fast vier Seiten Skript auf den Tisch.

Panta schaut es sich in Ruhe an, grinst dann auf seine entspannte, gurumäßige Art und sagt: »Das ist nicht, was ich suche.«

Er erklärt mir, dass er ein Video über seine Visionen als spiritueller Geschäftsmann und nicht über sein Yogacenter haben möchte. Ich bin frustriert, lasse mir das aber nicht anmerken, sondern verspreche ihm, am nächsten Tag ein neues Skript fertig zu haben.

Dann, am nächsten Morgen um elf, die gleiche Situation. Panta geht ein mehrere Seiten langes Skript durch, das ich aus dem Infomaterial über seine Ziele, Haltungen, Werte und Visionen zusammengestellt habe. Panta liest, grinst mich gurumäßig an und sagt dieses Mal, dass es das sei, was er suche. Ich bin unglaublich erleichtert und biete ihm an, sofort mit dem Dreh zu beginnen. Er schüttelt den Kopf und meint, dass er drei Tage brauchen würde, um sich in Ruhe auf den Dreh vorbereiten zu können. Ich erkläre ihm, dass drei von 200 Tagen ein herber Zeitverlust sind, wenn man sich im Tauschrausch befindet, und bitte ihn, den Dreh vorzuverlegen. Panta reagiert irritiert. Er winkt ab und verschwindet auf seinem Anwesen, ohne viele Worte zu verlieren.

Die nächsten drei Tage kann man als sinnloses Purzelbaumschlagen im Hostelzimmer bezeichnen. Zwar lockt vor dem Hostel ein Traumstrand mit Palmen und Beach-

Bar, aber ich kann einfach nicht entspannen. Ich muss die ganze Zeit darüber nachdenken, wie schnell die Tage vergehen, wie schnell meine Zeit für den Tauschrausch verstreicht. Und wenn meine Mission nicht gelingen sollte, werde ich unverrichteter Dinge nach Berlin zurückkehren, wo der Alltag mich wieder gefangen nehmen wird und ich dieses Projekt als »zumindest versucht« abhaken muss.

Zwar erwartet mich in Berlin ein sehr viel geregelterer Tagesablauf als ich ihn zurzeit habe. Aber die Vorstellung, dass ich am Ende des Tauschrauschs ein Haus in Hawaii beziehen kann, ist natürlich um einiges verlockender. Ich möchte in den Wintermonaten die Wärme auf Hawaii genießen, statt bei minus 15 Grad auf dem eisigen Bürgersteig auszurutschen. Ich muss es einfach schaffen. Mein Ehrgeiz ist mittlerweile riesig, und so ist diese Wartezeit eine echte Qual für mich. Die Zeit zerrinnt in meinen Fingern.

Als die drei Tage endlich um sind, fühle ich mich ausgelaugt und gestresst – im Gegensatz zu Panta, der fröhlich und entspannt mit seinem weißem Turban auf dem Kopf auf mich zukommt und den Tag mit ein paar Witzen beginnt und gleichzeitig mit Besucherinnen seines Yogacenters flirtet.

Letzen Endes drehen wir das Video doch noch, es wird geschnitten, und am nächsten Tag ist die Abnahme. Panta gefällt das Ergebnis. Er nimmt den Tee und die Lautsprecherbox entgegen und führt mich zum Eingangstor des Yogacenters.

Tuk-Tuk-Trauma

Bei dem Anblick, der sich mir dort bietet, denke ich im ersten Moment, dass da wohl jemand sein ausgedientes Tuk Tuk vor der Tür entsorgt haben muss. Bevor ich mich bei Panta über die Unsitte der Inder beschweren kann, ihren ganzen Müll und Schrott einfach auf die Straße zu kippen, zeigt er freudig auf das Tuk Tuk und gibt mir einen Schlüssel. Ups, das ist dann wohl unser Tauschdeal, denke ich und versuche, ihm meine Freude über das in die Jahre gekommene Tuk Tuk zu zeigen. Es ist schwarz, hinten viel Rost, die Plane für das Dach teilweise kaputt, aber es soll wirklich gut fahren, beteuert Panta. Was bleibt mir anderes übrig, als ihm zu glauben.

Um es sofort auszuprobieren, setze ich mich in das Tuk Tuk. Mit einer Art Eisenstange an der linken Seite wird das Gefährt gestartet, man muss sie ruckartig hochziehen. Ich versuche es. Es tut sich nichts. Ich wiederhole den Vorgang geschätzte zwanzig Mal, dann schmerzt mein Arm zu stark.

Zwei junge Yogacenter-Besucherinnen, die gerade angeregt mit Panta plauschen, schauen äußerst irritiert zu mir herüber, da sie der Lärm des kaputten Tuk Tuks bei ihrem angenehmen Gespräch mit dem Guru stört. Ich versuche die Stimmung mit einer lustigen Grimasse aufzulockern, der Gesichtsausdruck der beiden ändert sich nicht. Ein Typ mit einem lauten, stinkenden Tuk Tuk direkt vor dem Eingang des Yogacenters passt wohl nicht in ihr Bild von einem Wellness-Urlaub in Indien. Sie drehen sich von mir weg. Panta dagegen scheint mit mir zu fühlen. Er grinst und macht Zeichen, dass ich nicht nachlassen soll, hält sich mit den beiden Mädels aber lieber auf Distanz (vielleicht auch besser, falls das Tuk Tuk explodieren sollte, man weiß ja nie ...).

Auf jeden Fall springt das Ding nach weiteren fünf Minuten endlich laut knatternd an. Die beiden Mädels ignorieren diese überraschende Wende, da sie damit beschäftigt sind, Panta ihre Adresse in Europa aufzuschreiben. Erfreut drücke ich aufs Gas, aber das Tuk Tuk fährt nur rückwärts! Also ziehe ich mit aller Kraft die Kupplung, schaffe es aber einfach nicht, einen anderen Gang einzulegen, so dass ich stockend immer weiter nach hinten fahre, bis ich mitten im Eingang des Yogacenters stehe. Panta winkt mir freudig zu und verschwindet mit den beiden Yoga-Schülerinnen diskret im Gebäude. Ich weiß nicht wie, aber schließlich finde ich den Vorwärtsgang doch noch und tuckere langsam Richtung Hostel. Die Fahrt gestaltet sich wie nicht anders zu erwarten äußerst schwierig, da mich die hupenden indischen Autofahrer total aus dem Konzept bringen, das Tuk Tuk immer wieder absäuft, der Linksverkehr gewöhnungsbedürftig ist und ich das Spiel zwischen Gas und Kupplung kaum hinbekomme. Was habe ich mir da nur angetan? Ich habe das Tuk Tuk so lange und so intensiv herbeigesehnt. Und nun sitze ich auf einer alten Schrottmühle, die ich kaum fahren kann. Meine anfängliche Euphorie darüber, dass ich mein Zwischenziel endlich erreicht habe, schlägt ganz plötzlich in Panik um. Die nackte Angst erfasst mich, mein Ziel niemals erreichen zu können.

Am nächsten Tag beschließe ich, wieder nach vorne zu schauen, und kaufe Sprühlack in Gold, Silber, Weiß und Schwarz, Klebeband und orange PVC-Folie. Es ist Zeit, das Tuk Tuk wenigstens optisch ein wenig aufzupeppen, wenn ich es irgendwann noch einmal weitertauschen möchte. Und nach nur wenigen Stunden sieht es tatsächlich auffällig und exzentrisch aus. Alle rostigen und dreckigen Stellen sind verschwunden. Das kaputte, schwarze Dach habe ich durch die leuchtend orange PVC-Folie ersetzt. Die Lackierung hat – goldene, silberne, weiße und schwarze Streifen – ein richtiges Space-Tuk-Tuk also. Bereits während meiner Styling-Arbeiten am Fahrzeug haben sich immer wieder Inder um mich und das Tuk Tuk versammelt, um mir erstaunt zuzuschauen. Sie erklären mir, dass sie unter den unzähligen Tuk-Tuk-Taxis, die fast alle schwarzgelb sind, so etwas noch nie gesehen hätten. Das erleichtert mich, ich habe ein Unikat geschaffen!

Wenig später fahre ich mit dem Space-Tuk-Tuk durch Palolem Beach und bekomme beträchtliche Aufmerksamkeit und Zustimmung von Einheimischen und Urlaubern. Winkende und lachende Passanten begrüßen mich mit hochgehaltenem Daumen auf meiner Jungfernfahrt mit dem Space-Tuk-Tuk, das ich durch mein Fahrtraining inzwischen schon mehr als fünf Minuten lang am Tuckern halten kann.

Als ich von Palolem Beach aus zu einem Nachbarort unterwegs bin, geht mein Tuk Tuk inmitten von Feldern und Palmen plötzlich wieder aus. Ich ziehe die Starter-Stange an der linken Seite mit aller Kraft, zehn Mal, zwanzig Mal, dreißig Mal. Aber es hilft nichts. Das Tuk Tuk gibt keinen Laut mehr von sich. Kurze Zeit später helfen mir ein paar Motorradfahrer, das Tuk Tuk im zweiten Gang in der Mittagshitze anzuschieben. Aber auch das hilft nichts. Das Space-Tuk-Tuk schweigt und bleibt stehen. Wir versuchen es noch dreimal, bis ich durchgeschwitzt und keuchend bei 35 Grad auf dem Feldweg sitze und das Tuk Tuk verteufeln könnte. Mein frisches Hemd, das ich extra für die offizielle Jungfernfahrt angezogen habe, ist komplett nass. Ich bin frustriert und am Boden zerstört, da ich ahne, dass das Tuk Tuk mir kein Glück bringen wird. Einer der Männer, die mir geholfen haben, es anzuschieben, erbarmt sich irgendwann und ruft dem frustrierten Europäer am Wegesrand einen Mechaniker, der das Tuk Tuk wenig später abschleppt und repariert.

Mir ist inzwischen mehr als klar, dass dieses Tuk Tuk keinen Blumentopf in irgendeinem Tauschwettkampf mehr gewinnen wird. So lustig es aussieht, es ist einfach alt und reparaturbedürftig. Wer sollte es auch eintauschen wollen? Jeder indische Taxifahrer kennt sich hervorragend mit den motorisierten Dreirädern aus und weiß, dass es technisch nicht viel taugt und für Taxifahrten optisch nicht mehr der Norm entspricht.

Vor lauter Frust beginne ich mich selbst zu beschimpfen. Was habe ich mir bei diesem Styling eigentlich gedacht?

Ich beschließe, mich doch wieder auf meine Kontakte zu stützen, und gehe erneut die Liste mit den Menschen durch, die mir in meiner Situation helfen könnten: Wiebke, Sabine, Tamara, Uti, Mark, Michel usw. In meiner Verzweiflung telefoniere ich einfach wild drauflos und bitte nun alle Leute, die ich vorher gefragt habe, ob sie mir ein Tuk Tuk organisieren können, ob sie es nicht wieder eintauschen wollen. Alle, die ich anrufe, haben ihren Spaß an den Telefonaten – nur ich nicht.

Schließlich ist es Wiebke, die mir hilft. Sie will mit ihrem Kollegen Kalian sprechen, der aus der südindischen Großstadt Bangalore kommt und einen heißen Draht zu einem Seidenproduzenten hat. Tatsächlich ruft der mich kurze Zeit später an und erzählt mir, dass er meinen Tauschrausch wirklich spannend findet und das Tuk Tuk gegen Seide eintauschen möchte. Ich bin erleichtert und überglücklich. So schnell hätte ich nicht mit einem Tausch gerechnet, schon gar nicht übers Telefon, schließlich hat der Seidenproduzent das Space-Tuk-Tuk überhaupt noch nicht gesehen. Aber leider gibt es in Indien die ein oder andere bürokratische Hürde, die solche Möglichkeiten auch schnell wieder zunichtemachen kann, das habe ich ja schon in den Teebergen von Munnar erleben müssen.

Es ist also die indische Bürokratie, die sich zwischen das Space-Tuk-Tuk und den Seidenproduzenten im 600 Kilometer entfernten Bangalore stellt. Raj, der Leiter eines Reisebüros und Transportunternehmer, den ich als potenziellen Helfer kontaktiert habe, erklärt mir, dass Tuk Tuks nicht über die Grenzen der Bundesstaaten transportiert werden dürfen. Ein Tuk Tuk aus Goa darf nur in Goa fahren und ein Tuk Tuk aus Kerala nur in Kerala. Ohne Wenn und Aber. Einmal über die Landesgrenze, und der Spaß ist vorbei, keine Ausnahmen möglich – erst recht nicht, wenn der Besitzer keinen Wohnsitz in Indien hat und das Tuk Tuk nicht gekauft, sondern getauscht wurde. Mir wird klar, dass ich keine Chance habe, dieses Tuk Tuk zum Seidenproduzenten zu bringen. Es ist schon schwierig genug, meine Tausch-Ideen in die Tat umzusetzen, wenn dann aufgrund der unterschiedlichen Kulturen noch unerwartete Schwierigkeiten hinzukommen, erscheint mir mein Vorhaben wie eine riesige Wand, an der ich verzweifelt hochschaue und die einfach immer höher wird, wenn ich mich gerade ein Stückchen hochgezogen habe.

Ich klage Raj erneut meine Probleme, und tatsächlich findet er jemanden, der meine Probleme mit den indischen Gepflogenheiten verstehen kann, da er viel Kontakt mit Europäern hat und ihre Sichtweise kennt. Er hat Mitleid mit mir. Nach langen Gesprächen über die Sackgasse, in der ich mich befinde, bietet er mir tatsächlich an, das Tuk Tuk selbst zu übernehmen, um es zu einem späteren

Zeitpunkt zu verkaufen. Dann ruft er den Seidenproduzenten in Bangalore an und bestellt von seinem Geld für mich so viel Seide, dass sie dem von ihm geschätzten Wert des Space-Tuk-Tuks entspricht. Angeblich kann ich nun nach Bangalore fahren, um die Seide dort abzuholen. Ich bin immer noch vorsichtig und bleibe zurückhaltend. Wer sagt mir, dass sich alle Beteiligten in zwei Tagen noch an dieses Telefonat erinnern können? Wer sagt mir, dass der Seidenproduzent Rajs Anliegen richtig verstanden hat? Und wer sagt mir, dass die Situation in zwei Tagen nicht aus irgendwelchen Gründen schon wieder eine komplett andere ist?

Im Herzen Indiens: Seide, Armut und sechs Jahre Trockenheit

Trotz dieser Zweifel steige ich in den Nachtbus Richtung Bangalore und schlafe auf einer Pritsche ohne Kissen und Decke meine Erschöpfung der letzten Tage aus. Nach einer langen Nachtfahrt mache ich vormittags einen Zwischenstopp in Hampi. Auf über 26 Quadratkilometer liegt eine unüberschaubare Anzahl von Tempeln, die natürlich alle besichtigt werden wollen, denn Hampi war zwischen dem 14. und 16. Jahrhundert die Hauptstadt des bedeutenden hinduistischen Königreichs Vijayanagar und hatte zu seiner Blütezeit fast eine halbe Million Einwohner. Heute leben nur noch ungefähr 2000 Einwohner in der Stadt, die allerdings inzwischen etliche ungewöhnliche Mitbewohner bekommen haben. Überall auf den Tempeln wohnen Horden von Affen, die den Komplex fest im Griff halten.

Als ich mein Hawaii-Bild mit Haus, Hula-Hula-Mädchen und Blumenrahmen aus meinem Rucksack hole, um einen

Hampi-Hawaii-Vergleich zu machen, reißt sofort ein Affe das Bild an sich. Ein wildes Tauziehen um das erträumte Hawaii-Haus beginnt zwischen dem Affen und mir. Was will der Affe nur damit, schließlich hat er doch ein Zuhause? Scheinbar geht es ihm mehr um die Plastikblumen, die den Rahmen des Bildes schmücken. Das Tauziehen findet erst ein Ende, als er merkt, dass die Blumen ziemlich schlecht schmecken und das zerbissene Bild nicht mehr so sexy aussieht. Ich bin ziemlich genervt von diesem Affen, da mich das Aloha-Bild bis zu meinem Ziel auf Hawaii als Motivationshilfe begleiten soll. Einmal draufgeschaut auf das, was mich auf der schönen Insel hoffentlich erwartet, und alle Schwierigkeiten sind verblasst. Nun sieht der Blumenschmuck leider aus wie alte Friedhofsblumen, die wochenlang kein Wasser mehr gesehen haben. Schade.

So geht der erste Tag auf meiner Tauschrausch-Reise, an dem ich mich ganz dem Sightseeing hingegeben habe, zu Ende. Auch wenn das Bild kaputt ist, ich habe diesen Tag genossen. Zum ersten Mal seit Wochen konnte ich mir ein wenig Urlaub gönnen und mich tatsächlich entspannen.

Dann allerdings wird es Zeit, und ich springe in den nächsten Bus, um zwanzig Stunden später in der südindischen Millionenmetropole Bangalore anzukommen. Zur Seidenfabrik fahre ich mit dem Taxi. Während der Fahrt erzählt mir der Taxifahrer von den Lebensumständen in der Region. Er erzählt davon, dass es seit sechs Jahren nicht mehr geregnet habe und dass diese Gegend zu den ärmsten in ganz Indien gehöre. Ein Blick aus dem Fenster liefert mir die Bestätigung für das, was er sagt: verdorrte Landschaften und überall Armut. Die Straßenränder gleichen Müllhalden und Kloaken. Anstelle der vielen Autos, die Goa bevölkerten, sehe ich hier fast nur Fahrradfahrer. Alles wirkt sehr chaotisch. Überall sind Menschen, viele davon unglaublich arm, die sich hier mit irgendwelchen Tätigkeiten das Notdürftigste zusammenverdienen. Ich frage mich, ob ich ausgerechnet an diesem Ort versuchen sollte, mich weiter hochzutauschen. Die Menschen haben hier wirklich andere Probleme.

Mit einem unguten Gefühl betrete ich die Seidenfabrik, in der ungefähr zwanzig Frauen zwischen lautstarken Maschinen, in großer Hitze und bei schlechter Beleuchtung verschiedene Arbeiten in der Seidenproduktion verrichten. Hier geht es ganz offensichtlich nicht um Gewerkschaft, 35-Stunden-Woche oder Betriebsrat, hier sitzen zwanzig Frauen, die einfach das machen, was der knurrige Chef ihnen befiehlt. Der Chef weiß, warum ich hier bin, denn sein Kumpel will den Seidentausch mit mir abwickeln. Daher habe ich freien Zugang zur Fabrik.

Ich entscheide mich mitzuarbeiten, um als zukünftiger Seidenbesitzer auch etwas von Seidenproduktion zu verstehen. Also bekomme ich einen Eimer voller Kokons der Seidenraupe ausgehändigt. Diese Kokons sind circa zwei Zentimeter lang und bestehen aus einem weichen, weißen Flaum, welcher wiederum aus einem einzigen Seidenfaden besteht, der bis zu 600 Meter (!) lang ist. Im Inneren des Kokons befinden sich die Raupen, die in einem heißen Kochtopf abgetötet werden müssen. So stehe ich vor einem der heißen Kochtöpfe und drücke die Kokons immer wieder in das Wasser. Doch irgendetwas läuft schief. Der Vorarbeiter ist nicht gerade begeistert, als ich die Kokons aus dem Wasser hole und wieder hineindrücke, denn alles verklebt, bis ich schließlich nur noch eine weiße, klebrige Masse in Händen halte – so soll das Ergebnis definitiv nicht aussehen. Die Frauen stehen schüchtern im Hintergrund und lachen ängstlich hinter vorgehaltener Hand, da wohl noch niemand die Sache so gegen die Wand gefahren hat wie ich.

Beim nächsten Schritt geht es darum, den Seidenfaden der gekochten Kokons mit Hilfe einer Haspel, einem sich schnell drehenden Rädchen, auf eine Spule aufzurollen. Zu diesem Zweck wirft man den Kokon auf eine bestimmte Art und Weise gegen die Haspel, so dass diese den Anfang des Seidenfadens aufnehmen und ihn aufspulen kann. Das hinzubekommen ist noch um Etliches schwieriger als den Vorgang zu beschreiben, und das fällt mir schon schwer. Genauer gesagt, es ist für mich total unmöglich. Es vergehen zehn, zwanzig, dreißig Versuche, bis ich mit hochrotem Kopf aufgebe und die zwanzig Frauen die Sache mit Gekicher und Getuschel wieder übernehmen. Danach steige ich endgültig aus der Seidenproduktion aus und beobachte, wie der Seidenfaden an großen Webstühlen zu Seidentüchern verarbeitet wird.

Jetzt lerne ich auch endlich den Seidenproduzenten Ravi kennen, der ja mit Kalian, dem Arbeitskollegen von Wiebke, befreundet ist und mir mein Tuk Tuk gegen Seide eintauschen will. Er begrüßt mich höflich, sieht im Vergleich zum Vorarbeiter der Fabrik sauber gekleidet aus und wirkt sehr sympathisch.

»Aha, du bist also der Typ, der die Seide haben will!«, sagt er zur Begrüßung.

Mir fällt ein Stein vom Herzen, dass die Kommunikation mit dem Reisebürobesitzer Raj wirklich geklappt hat, er wohl das Geld für die Seide überwiesen hat und Ravi mir die erhofften Seidentücher ernsthaft geben möchte. Erst mal wird aber gequatscht, um miteinander warm zu werden. So gerne ich zum Thema kommen möchte, ich muss mich gedulden. Zum Glück sprechen wir bald über das Thema Tauschen. Ravi erzählt mir, dass vor 60 Jahren, kurz vor der Revolution unter Ghandi, der Zahlungsverkehr eingestellt und somit die Seide nicht mehr verkauft, sondern nur noch getauscht wurde. Dieses hatte den unerwarteten Vorteil, dass plötzlich jeder mit dem Zahlungsmittel Seide Tauschgeschäfte machen konnte, unabhängig von der Kaste, der er angehörte. Ravi erzählt weiter, dass nach dem Ende dieser Ära der Seidenverkauf wieder rein kastenorientiert ablief, Seide also nur noch innerhalb der Kasten verkauft wurde. Beeindruckend, welch positive Auswirkung der Tauschhandel auf menschliche Beziehungen haben kann!

Jetzt warte ich nur noch darauf, dass das auch zwischen Ravi und mir funktioniert. Ravi, komm schon, lass uns endlich zum Thema kommen, verdammt noch mal, denke ich. Kurze Zeit später dann die Erlösung. Er zeigt mir stolz zwei Saris, die als indische Brautkleider genutzt werden. Ich lächele und bestätige ihm, dass sie mit ihren Pailletten und Stickereien wirklich schön sind, bis mir klar wird, dass das sein Tauschangebot ist. Ich reagiere reserviert, denn indische Brautkleider kann ich in Australien, meiner nächsten Etappe, wohl kaum weitertauschen.

Ich erkläre Ravi die Situation höflich und bitte ihn, doch lieber große Mengen Rohseide gegen das Tuk Tuk zu tauschen. Glücklicherweise versteht Ravi die Problematik und kommt nach einiger Zeit mit 75 Metern angeblich feinster indischer Seide in sechs verschiedenen Farben zurück. Jedes der 12,5 Meter langen Seidentücher ist zu handlichen Päckchen gefaltet, so dass ich die 75 Meter in einem Karton mitnehmen kann. Ich kann zwar nicht mit Sicherheit sagen, ob der Seidentausch nun ein Erfolg war, da ich die Qualität der Seide als Laie nicht überprüfen kann. Aber Ravi scheint einen seriösen Eindruck zu machen, auch wenn ich mir für das Tuk Tuk eher hundert oder 200 Meter Seide gewünscht hatte. Trotzdem schätze ich meine Chance als gut ein, den Stoff in Australien tauschen zu können. Ich habe online recherchiert und erfahren, dass der Marktwert von Seide in Australien ungefähr vier- bis fünfmal höher ist als in Indien. Wenn ich es also schaffe, die Seide in Australien gut weiterzutauschen, kann ich durch den anstehenden Sprung in eine andere Kultur einen wichtigen Schritt nach oben machen.

Unser Luxusschrott im Slum

Bevor ich die Seide auf den australischen Tauschmarkt werfen kann, vergeht noch eine Woche in der 14-Millionen-Metropole Mumbai. Die Fahrt vom Flughafen in die Innenstadt ist nur schwer zu ertragen, da sich am Straßenrand endlose Slums aus Blechhütten aneinanderreihen und überall bettelnde Menschen zu sehen sind. Ich hatte mich nach der Armut um Bangalore herum nicht auf noch schlimmere Bilder eingestellt. Aber das, was Mumbai zu bieten hat, ist einfach nur schockierend. Die nächsten Tage liege ich krank im Bett, wahrscheinlich wegen Bakterien, die durch das Essen in meinen Darm gelangt sind, vielleicht haben die Bilder der Armut meine Anfälligkeit aber auch noch verstärkt. Ich habe kaum Energie, vor die Tür zu gehen, und sehne mir den Flug nach Australien herbei. Doch höre ich mich auch um, wer von den 14 Millionen Menschen in Mumbai etwas mit Tauschkultur zu tun hat. Die Antworten gehen immer wieder in eine Richtung: der Slum. 55 Prozent der Einwohner dieser Stadt, also fast acht Millionen Menschen, leben in Slums, und dort scheint Tauschhandel wohl üblich zu sein.

So besuche ich Dharavi, den größten Slum Asiens, in dem auf gerade mal zwei Quadratkilometern angeblich eine Million Menschen leben sollen. Die Umstände dort sind, wie zu erwarten, desaströs. Armut, Blechhütten, enge Gassen, in denen die Stromleitung bis auf eine Höhe von 1,50 Meter auf die Straßen herunterhängt, stinkende Kloaken und überall Menschen, die mir alle ausgesprochen freundlich begegnen! Kinder wie Erwachsene kommen auf mich zugelaufen und wollen unbedingt mit mir aufs Foto. Wow, was für ein Empfang von Leuten, die wissen, dass ich um so vieles reicher bin als sie.

Später treffe ich Chandarei, eine ältere Frau, die auf ihrem Kopf eine große Schüssel mit Töpfen und Plastikschalen trägt. Sie erzählt mir, dass sie seit vierzig Jahren täglich Schüsseln und Schalen gegen Second-Hand-Klamotten tauscht, um diese dann wiederum gewinnbringend zu verkaufen. Ihre Tätigkeit erinnert mich an Simon, den Barter-Profi aus Köln, der nach einem ähnlichen Prinzip arbeitet, aber nicht im Slum, sondern auf Unternehmensebene in Deutschland. Interessant, so unterschiedlich Simon und Chandarei sind, so sehr ähnelt sich ihr Tauschkonzept. Beide tauschen und verkaufen die Tauschprodukte gewinnbringend an Nischenabnehmer. Ich beobachte, wie Chandarei von Slumhütte zu Slumhütte geht und die Töpfe und Schüsseln anpreist und dann bei Interessenten gegen alte Kleidung eintauscht, wobei sie ständig unzufrieden zu sein scheint. Ihr Kollege erklärt mir, dass das zum Tauschhandel dazugehöre, immer ein Pokerface aufzulegen und so lange Unzufriedenheit vorzuspielen, bis man das Beste aus dem Geschäft herausgeholt hat. Ich kann es kaum glauben, wie professionell und abgebrüht das im Slum abläuft und wie naiv ich mich über jeden Tausch gefreut habe, so dass meine eingetauschten Gegenstände mehr an Wert verloren haben, bis es schließlich nur noch fünf Kilo Tee waren. Kein Wunder, ich war einfach zu ehrlich.

Mit dieser Erkenntnis über die Kunst des Tauschens ziehe ich weiter durch den Slum und besuche die sogenannte Müllstraße, einen völlig surrealen Ort. Eine riesige Pipeline führt überirdisch durch den Slum, sie ist jedoch kaum noch zu sehen, da meterhoch Müll um sie herum aufgestapelt ist, auf dem wiederum Menschen leben. Kleine Kinder stapfen durch Müll, zwischen toten Hunden und Kloaken hindurch. Ich trete versehentlich in der Müllstraße mit meinen offenen Schlappen in eine der Kloaken und bekomme Angst, dass ich mich mit irgendwelchen Krankheiten infiziere.

Dann finde ich mich in einer Gegend wieder, die durch riesige Berge von Recyclingschrott geprägt ist. Überall befinden sich hohe Berge aus alten Computern, Kinderspielzeug, leeren Joghurtbechern und sonstigen Kunststoffprodukten, die wir im Westen weggeworfen haben. Hier wird unser Luxusschrott kostengünstig auseinandergeschlagen und nach Größe und Material sortiert, um schließlich nach einem Verbrennungsprozess in Form von kleinen Plastikkugeln wieder zu neuen Plastikprodukten verarbeitet zu werden.

In den engen Gassen des Slums laufen rußgeschwärzte Menschen mit großen Säcken voller Plastikschrott neben mir her. Ich gehe in eine der Recyclinghallen und beobachte, wie unter schwachem Neonlicht Männer alte Fernseher mit großen Hämmern zerschlagen. Es ist so laut, dass mir die Ohren wehtun. Ich spreche mit ihnen und frage, was genau sie dort machen. Sie erzählen mir, dass der Schrott aus Europa und den USA angeliefert wird und sie ihn für 25 Eurocent die Stunde verarbeiten. Ich schaue in einen der Säcke und finde Kinderspielzeug aus Deutschland, das vor zwanzig Jahren auch in meinem Kinderzimmer gestanden haben könnte. Zwar sind die Raumstation und das Teleskop nicht dabei, aber viele andere kleine Figuren erkenne ich wieder, und die hätten sich sicherlich nicht erträumt, nach einer glücklichen Zeit in einem deutschen Kinderzimmer ein solches Ende im Slum von Dharavi zu finden. Ich frage mich, ob die Entsorgung unseres Luxusschrotts durch billige Slumarbeiter in Indien eine angemessene Form des Austauschs zwischen Europa und Indien ist. Zwar schafft das in Indien Arbeitsplätze, aber es hinterlässt ein sehr ungutes Gefühl, mit anzuschauen, wie unsere Luxusartikel im Hinterhof der Dritten Welt fast kostenlos entsorgt werden – und die Menschen dort buchstäblich *in* unserem Abfall leben.

Ich verlasse Dharavi sehr deprimiert, dieser Ort ist mit so vielen Problemen und einer Schwere belastet, wie ich es bislang noch an keinem Ort der Welt gespürt habe. Und dennoch habe ich inmitten all dieses Elends nur freundliche Menschen getroffen.

Insgesamt habe ich 33 Tage in Indien verbracht, in denen ich vier Mal getauscht habe, und die Tage in Indien haben meine kleine Europareise in puncto Anstrengung weit in den Schatten gestellt. Ich merke, dass ich mich körperlich von den Anstrengungen nicht mehr richtig erhole. Ich habe seit zwei Wochen unerklärliche Rückenschmerzen und seit Tagen Durchfall. Deshalb schütte ich mir literweise Wasser in den Körper, aber die Belastung lässt sich so schnell nicht überwinden. Die Hitze, die Menschenmassen, die Kulturunterschiede, das ungewöhnliche Essen und die langen Tage des Suchens nach Tauschpartnern haben mich einfach fertiggemacht. Ich bin über meine Grenzen gegangen und weiß, dass ich meine Strategie ändern muss. Die Idee, um jeden Preis ein Tuk Tuk eintauschen zu wollen, hat mich einfach zu sehr angestrengt. Anstatt in erster Linie vor Ort nach Tauschpartnern zu suchen, werde ich in Zukunft mehr auf meine Kontakte setzen. Schließlich habe ich schon beinahe siebzig Länder bereist und dadurch eine »Freundesliste« bei Facebook, die kürzlich die 500er-Marke überschritten hat. Freunde können in der Not helfen, warum sollten sie also nicht auch mir in dieser Situation helfen?

*P*arasiten-Tausch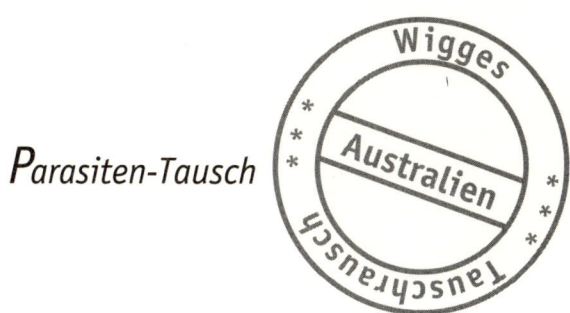

*A*ustralien

*I*ch bin in Perth – endlich! Der Flug nach Australien hat sich wirklich gut angefühlt. Nicht nur, weil ich nach meinem letzten erfolgreichen Tausch 75 Meter Seide bei mir habe, sondern auch, weil ich mir von diesem westlichen Land etwas mehr Geradlinigkeit und Rationalität verspreche. Das sollte mir nicht nur dabei helfen, meinen Tauschrausch erfolgreich weiter auszuleben, sondern auch meine gesundheitliche Angeschlagenheit, die sich in den letzten zwei Wochen eingestellt hat, in den Griff zu bekommen. Beim Arztbesuch in Mumbai und einem kurzen Krankenhausaufenthalt aufgrund meiner miesen Blutwerte konnte keine Ursache für meinen starken Durchfall gefunden werden. Meine Hoffnung ruht nun auf dieser westaustralischen Stadt.

Nachdem ich also meine tägliche Ration Antibiotika geschluckt habe, laufe ich durch die Stadt und kann ihre imposante, gläserne Skyline kaum genießen, da ich mindestens einmal pro Stunde wie vom Blitz getroffen durch die Straßen laufe und peinlich berührte Passanten mit »Toilette, Toilette, Toilette!« nerve. Während meines Besuchs in der Seidenfabrik und der beiden Tage im Slum von Dharavi war es ähnlich: Ich rede mit Leuten und versuche zu tauschen, und schwupps – weg bin ich wieder auf der nächsten Toilette. Inzwischen beunruhigt mich mein Zustand immer mehr, da ich mich schrecklich schlapp, schwindelig und niedergeschlagen fühle. Ich mache mir Sorgen, ob ich mir vielleicht einen Wurm eingefangen habe, der gerade meine Organe langsam verschlingt und sich genüsslich überlegt, wo er als Nächstes hineinbeißen soll. Ich habe solche Reisegeschichten schon öfter gehört und muss selber über meine wilden Fantasien lachen, als ich an einem Sonntag in die Notaufnahmestation eines Perther Krankenhauses gehe. Übertreibe ich? Leider nicht. Der Arzt stellt fest, dass ich mir in Indien Parasiten eingefangen habe, die nur mit einer speziellen Tablettenmixtur aus meinem Darm entfernt werden können. Der Arzt warnt mich, dass mir ein unschöner Tausch bevorsteht: Parasiten gegen einige Nebenwirkungen. Da ich immer nach vorne schaue und mich auch vor unangenehmen Tauschangeboten nicht fürchte, stimme ich zu und schlucke alle vier Tabletten schnell hinunter. Nach zwei Tagen mit gewissen emotionalen Schwankungen ist alles überstanden. Die Parasiten haben das Tauschangebot angenommen und sind hoffentlich für immer verschwunden.

Endlich kann ich mich wieder der Seide widmen und führe den ersten Australiern mein wunderbares Tauschgut vor. Doch die meisten Passanten auf den Straßen von Perth winken ab. Sie scheinen spontan nicht zu wissen, was sie mit 75 Meter Rohseide anstellen sollen. Deshalb drehe ich ein kleines Werbevideo.

»Seide macht glücklich!«

In einer Sporthalle der Stadt lege ich die 12,5 Meter langen und zwei Meter breiten Seidenbahnen hintereinander, so dass eine bunte 75-Meter-Laufstrecke entsteht. Ich sprinte an dieser Laufstrecke im sportlichen Outfit entlang und stoppe meine Zeit: 8,7 Sekunden auf 75 Meter, fast so schnell wie damals im dritten Schuljahr bei den Bundesjugendspielen ...

In einem Park der Stadt wickele ich mir die Seidentücher um den Hals und trage einen bunten Schal von sechzig Zentimeter Dicke. Die vorbeigehenden Australier amüsieren sich über diesen überdimensionalen, äußerst exzentrischen Seidenschal.

Dann spanne ich die Seidenlaken über zwei Parkbänke in der Stadt, so dass ich es mir darunter wie in einem Zelt gemütlich machen kann. Ich höre Passanten über die zunehmende Obdachlosigkeit in Perth tuscheln.

Jetzt folgt der Hüpfsack. Ich überrede eine junge Australierin, sich wie ich in die Seidentücher einzuwickeln und dann einen zwanzig Meter Hüpfwettkampf zu machen. Wir können beide unsere Beine nicht bewegen, da die Seidentücher zu eng und straff um unsere Körper gewickelt sind. Deshalb falle ich schon nach drei Metern um und sehe die Australierin lachend an der Ziellinie stehen.

Und Tauziehen kann man mit der Seide auch. Die Seidentücher werden von mir zu einem Supertau zusammengerollt, und es beginnt vor meinem Hostel ein Wettkampf im Tauziehen, dem die hochwertige Seide mühelos standhält.

100 Doch eines Morgens wird mir klar, wofür Seide in Australien wirklich gut ist. Ich fahre von Perth aus mit einem Mietwagen entlang der Westküste Richtung Norden, um einen sogenannten Prinz Leonard zu besuchen, als ich eine erschreckende Meldung im Radio höre:

»Zwei von drei Australiern bekommen im Laufe ihres Lebens Hautkrebs!«

Ich bin schockiert, dass das Ozonloch, das über Australien schon seit Jahren existiert, solche verheerenden Folgen hat. Also nehme ich die Seidentücher und verdecke die Fensterscheiben im Auto, um die 600 Kilometer, die ich vor mir habe, ohne Sonneneinstrahlung hinter mich zu bringen.

Ein ganzes Land, nicht nur ein Haus

Ich fahre also Richtung Norden, denn ich habe von Prinz Leonard gehört und konnte es kaum glauben: Da hat doch jemand allen Ernstes vor Jahren im Nordwesten Australiens auf einer Fläche so groß wie Hongkong oder Andorra sein eigenes Land eröffnet. Kein Scherz! Eines Morgens hat er sich so über die australische Politik geärgert, dass er überall entlang der Grenze seines riesigen Grundstücks Schilder mit »Grenze« oder »Sie betreten nun das Land ›Hutt River‹« aufstellte. Das muss ich mit eigenen Augen sehen, so jemand ist bestimmt exzentrisch und adelig genug, um sich auch auf ein gutes Tauschgeschäft mit edler Seide einzulassen.

Als ich die »Landesgrenze« passiere, werde ich tatsächlich von einem Grenzschild begrüßt. Und wenig später steht auch schon ein alternder Mann, der sich in einen purpurroten Prinzen-Mantel gekleidet hat, vor einem Gebäude, das die Aufschrift »Regierungsgebäude« trägt. Als ich aussteige, schaut er in meinen Wagen und schüttelt den Kopf darüber, dass dort ein riesiger Berg Seide total zerknüddelt und zusammengefriemelt auf meinem Rücksitz liegt. So werde ich die Seide bestimmt nicht los, stellt der Prinz sofort klar. Doch noch bevor wir weiter übers Tauschen plaudern können, lädt der Prinz mich ins Regierungsgebäude von Hutt River ein, das die Optik einer australischen Farm mit Unmengen von Schmeißfliegen im Inneren hat. Dort zeigt er mir sofort all die Beweise dafür, dass sein Staat auch real ist. Er gibt mir verschiedene Münzen und Geldscheine, die in seinem Land im Umlauf sein sollen. Sie sind äußerst professionell gemacht und tragen die Aufschrift »Hutt River Dollar«. Im kleinen Laden gegenüber dem Regierungsgebäude, das mit der Nationalflagge von Hutt River geschmückt ist, treffe ich die Prinzessin des Staates.

Die 80-jährige Ehefrau des Prinzen nimmt eine Zwei-Dollar-Hutt-River-Münze entgegen und reicht mir dafür eine Cola. Während sie das Geschäft abwickelt, weiß sie zu berichten, dass das Leben als Prinzessin schon ziemlich anspruchsvoll sei. Das Leben als Bäuerin auf einer Farm wäre bestimmt leichter. Aber sie unterstreicht auch, dass sie das Leben als Prinzessin nicht mehr gegen einen anderen Job eintauschen möchte.

Zurück im Regierungsgebäude stempelt der Prinz ganz offiziell meinen Pass ab und führt mich an seinem weißen Rolls Royce vorbei, der mit kleinen Hutt-River-Fähnchen geschmückt ist, zum Parlamentsgebäude. In einem garagenähnlichen Gebäude stehen fünf Stühle um einen unaufgeräumten Tisch herum. Prinz Leonard setzt sich ans Kopfende und bittet mich, am Regierungstisch Platz zu nehmen. Dann erzählt er mir, dass er den Austausch zwischen den Nationen als sehr wichtig erachte, daher würde sein Land auch in verschiedenen Ländern durch seine Konsuln vertreten. Das kann ich sogar selbst bestätigen, zumal ich mit dem Prinzen durch einen gewissen Herrn Slatow in Kontakt gekommen bin, der für ihn in Berlin mehrere Jahre das »Konsulat Hutt River/Deutschland« geleitet hat.

Doch der Austausch von Hutt River mit dem direkten Nachbarn verläuft offensichtlich nicht immer so friedlich. Vor einigen Jahren hatte die australische Regierung das Unabhängigkeitsbestreben des Prinzen wohl satt und forderte ihn auf, das mit Hutt River sofort zu unterlassen.

Prinz Leonard beschreibt, wie er dem Staat Australien daraufhin ganz offiziell den Krieg erklärt hat und mit seiner fünf (!) Mann starken Armee im Rücken jegliche australische Forderungen zurückgewiesen habe. Ich sitze dem Prinzen gegenüber, schaue ihm in die Augen und weiß kaum, wie ich mir das Lachen verkneifen soll. Diese Geschichte ist absolut irrsinnig.

Der Prinz und ich schauen uns mehrere Sekunden schweigend an, weil ich auf ein Lachen von ihm warte, das die Kriegsstory als Witz entlarvt. Er wartet wohl ebenfalls auf meine Reaktion, eine anerkennende, wie ich vermute. Als beides nicht eintrifft, entsteht eine unangenehme Stille, in die hinein ich schließlich frage, ob so eine kriegerische Auseinandersetzung zwischen zwei Nachbarstaaten nicht schrecklich wäre. Der Prinz wiegelt ab, manche Dinge müssten einfach sein, wenn man seine Ziele durchsetzen wolle.

Am Ende meines Besuchs im Reich des Prinzen begleitet er mich zur Verabschiedung zum Grenzschild zwischen Hutt River und Australien. Wir stehen uns am Grenzstreifen, umgeben von weiter Wüste, gegenüber, ich auf australischem Boden und er auf dem Hoheitsgebiet von Hutt River. Ich frage ihn, ob er zum Abschied nicht kurz einen Fuß auf australischen Boden setzen wolle. Doch offenbar ist ihm das bereits zu viel Austausch mit dem verfeindeten Nachbarland. Also biete ich ihm stattdessen ein Symbol des Austausches mit Deutschland an und überreiche ihm einen bayerischen Bierkrug. Im Austausch mit einer Hutt-

River-Flagge wechselt er den Besitzer über den Grenzstreifen hinweg.

Als ich meinen Weg fortsetze, sehe ich den Prinzen noch eine Zeitlang im Rückspiegel, wie er alleine und ein wenig verloren am Grenzschild steht. Ich frage mich, ob der Prinz von seiner skurrilen Staatsgründung in irgendeiner Weise profitiert. Würde er nicht manchmal doch ganz gerne im nächstgelegenen australischen Pub einen Drink nehmen? Wie viel leichter ist das Leben doch, wenn man auf Austausch statt Abgrenzung setzt!

Mit dem Bild des traurigen Prinzen im Kopf fahre ich zurück nach Perth. Gleichzeitig denke ich, wenn ein Farmer irgendwo in Australien einen eigenen Staat gründen kann, werde ich es doch wohl noch zu einem Haus auf Hawaii bringen, oder nicht?

Auf der 600 Kilometer langen Strecke zwischen Hutt River und Perth gibt es übrigens nichts, keine Menschen, keinen Handyempfang, kein Internet. Es ist verrückt, dass ich nach dem absolut überfüllten Indien in einem Land gelandet bin, das ungefähr so groß wie Europa ist, aber nur etwas mehr Einwohner als Nordrhein-Westfalen hat. Zum Glück gibt es auf halber Strecke nach Perth ein kleines Dorf mit einer Tankstelle. So klopfe ich am frühen Abend an eine Haustür, um nach einer Unterkunft zu fragen. Eine korpulente Dame über siebzig namens Betty öffnet mir und bittet mich herein. Sie freut sich, unerwarteten Besuch zu haben, da sie in dieser einsamen Gegend nur wenig Austausch mit anderen Menschen hat, und lädt mich sofort ein, die Nacht in ihrem Haus zu verbringen. Sie erzählt mir, dass die geringe Bevölkerungsdichte im Krankheitsfall zu einem echten Problem wird, da das nächste Krankenhaus mehrere Stunden entfernt ist. »Wenn du eine

Herzattacke hast, bist du auf halbem Weg zum Krankenhaus schon weg!« Sie lacht, wird dann wieder ernst und fügt hinzu, dass sie aus diesem Grund im nächsten Monat in die nächstgrößere Stadt zu ihrer Tochter zieht. In dieser Gegend wird es also wohl auch nichts mit einem Tauschgeschäft, denn zum Tauschen braucht man nun mal andere Menschen. Also schnell wieder zurück nach Perth.

Die Erfahrungen mit dem kriegswütigen Prinzen in der menschenleeren Umgebung haben mich nachdenklich gemacht. Ich entschließe mich, in Perth erst einmal eine kleine Kampagne zu starten, für einen liebevolleren Austausch zwischen Australien und Hutt River im Speziellen und zwischen den Menschen im Allgemeinen. Zu diesem Zweck hole ich das Geschenk einer Freundin aus meinem Rucksack: die Liebes- und Wärmedecke. Eine schöne, kuschelige Wolldecke mit großen roten Herzen, in die man so hineinschlüpfen kann, dass nur noch das Gesicht herausschaut. Wenn das kein Symbol für den Austausch von Wärme und Liebe ist!

So vorbereitet, mache ich mich auf in die Fußgängerzone von Perth. Ich gehe auf Passanten zu, umarme sie innig und erkläre, als Gesandter von Hutt River den Austausch zwischen beiden Staaten verbessern zu wollen. Überraschenderweise kennen alle Passanten den angeblichen Staat Hutt River inklusive Prinz Leonard. So lassen sich viele auf meine Umarmungen ein. Die Passanten lachen und bitten mich, diesem verheerenden Krieg doch endlich ein Ende zu bereiten und Frieden im Staate Hutt River einkehren zu lassen. So vergeht ein Tag im Zeichen des Austausches von Liebe und Wärme mit den Bewohnern von Perth, und vor allem mit vielen jungen und attraktiven Australierinnen. Der Frieden ist wieder hergestellt!

Crocodile Wiggee

Am nächsten Tag telefoniere ich mit Herrn Slatow in Berlin, der mich als ehemaliger »Botschafter« von Hutt River vor der Reise auf den Prinzen aufmerksam gemacht hatte. Ich bedanke mich für den interessanten Kontakt zum Prinzen, erzähle ihm aber auch, dass ich immer noch auf meiner zerknüllten Seide sitze. Ich erkläre ihm, unter welchem Zeitdruck ich stehe, da ich über eine Freundin aus den USA Kontakt zu Jim Rogers, einem Milliardär in Singapur, bekommen habe, der wiederum in weniger als zwei Wochen ein Tauschgeschäft mit mir machen möchte – allerdings nur, wenn ich Jade zum Tauschen mitbringe. Slatow überlegt, wer mir in Windeseile in Australien Jade zum Tausch anbieten könnte, und schlägt mir vor, mich an einen ausgewanderten Österreicher im Norden Australiens zu wenden, der seit Jahrzehnten im Northern Territory die Reiseagentur Travel North leitet.

Einen Tag später sitze ich mit meiner Seidenrolle (alles ganz ordentlich wieder aufgerollt) im Flieger nach Darwin, um Werner Sarny zu treffen. Werner ist schon über siebzig, groß gebaut, optisch an Indianer Jones angelehnt und bereit zu einem Tausch – solange er dabei seinen Spaß haben kann! Nun gut ... Ich frage ihn, wie ich dazu beitragen könne. »Mutproben!«, sagt er und grinst.

»Mutproben? Was denn für Mutproben?«

»Es geht um Krokodile und Schlangen«, antwortet er, ohne mit der Wimper zu zucken.

»Ist das Ihr Ernst?«

»Ja, das wird lustig, du wirst sehen. Und wenn du dann noch kannst, tauschen wir.«

Werner besitzt im Northern Territory mehrere Camping- und Caravanplätze, hat wohl genug Geld in seinem Leben gemacht und freut sich nun über gute Späße. Ich kann nicht so recht glauben, wie sich der Tauschrausch momentan entwickelt, willige aber ein, da ich tauschen muss. Und irgendwie finde ich es auch selbst amüsant, mal was anderes in die Waagschale zu werfen, warum nicht eine skurrile Mutprobe.

Am nächsten Tag stehe ich im Krokodil- und Schlangencenter in Darwin, an der Nordküste von Australien. In dieser Region wurde damals auch der Spielfilm *Crocodile Dundee* gedreht, da es hier nur so von Krokodilen wimmelt.

Bei meiner ersten Mutprobe muss ich dreijährige Krokodile mit einem Stückchen Fleisch an einer Angel ärgern. Die Krokodil-Teenager schnappen wie wild danach, aber es besteht keine wirkliche Gefahr, da eine ein Meter hohe Plexiglaswand genug Sicherheit bietet.

Bei der zweiten Mutprobe muss ich eine riesige Pythonschlange von mehreren Metern Länge mit einer toten Ratte füttern. Diesmal habe ich wirklich Schiss und strecke meinen Arm ängstlich der zischenden Python entgegen, bis sie mit einer unglaublichen Wucht zuschlägt und ich vor Schreck hintenüberkippe. Die Mitarbeiter des Centers halten neben mir die Stellung und haben ein wachsames Auge auf die Schlange, so dass Crocodile Wiggee nicht plötzlich im Rachen der gefräßigen Python verschwindet.

Als ich mich von diesem Schrecken erholt habe, bekomme ich ein Babykrokodil auf den Arm gesetzt, das nur dreißig Zentimeter groß ist, aber trotzdem schon fest zubeißen kann. Irgendwie ist es ganz süß, aber Streicheleinheiten wie bei einem Hundebaby gibt es nicht, da wir leider nicht so richtig warm miteinander werden.

Als vierte Mutprobe bekomme ich die Riesenpython um

den Hals gelegt. Sie ist sehr schwer und lässt mich ihre Muskeln spüren, als sie sich um meinen Hals und meinen Oberkörper schlängelt. Eine Zeitlang kann ich meine Schlangenangst überraschenderweise überwinden, aber als die Schlange mir mit zischelnder Zunge neugierig direkt ins Gesicht schaut, bringt mich das total aus dem Konzept. Da ist einfach zu wenig Abstand zwischen meinem eigenen und dem Schlangenkopf. Die Schlangenexpertin neben mir erkennt meinen starren Blick sofort und nimmt mir die Schlange schnell ab.

Mutprobe fünf wird absolut spannend, aber auch unvergesslich traumatisch: Ich werde im sogenannten »Cage of Death«, einem zweimal ein Meter großen Plexiglaskäfig in ein Krokodilbecken gelassen, so dass ich mit einer Taucherbrille unter Wasser aus zehn Zentimeter Entfernung in ein 127-Zahn-starkes Krokodilmaul eines fünf Meter großen Krokodilmännchens namens Hector schaue, das meine Anwesenheit in seinem Revier ziemlich uncool findet. Lustigerweise sind in den Plexiglaskäfig circa zwei Zentimeter breite Ritzen eingebaut, so dass realer Körperkontakt mit Hector theoretisch möglich wäre (was wohl das Ende dieser Reise bedeuten würde). Hector und ich schauen uns ungefähr eine achtel Sekunde lang an, bis ich mich mit einem Handzeichen bei ihm entschuldigen möchte. Zu dieser Geste der Reue kommt es aber nicht mehr, da Hector mit voller Wucht in den Plexiglaskäfig beißt. Ich fliege vor Schreck durch den (übrigens sicheren) Käfig und verrenke mir meinen Rücken so, dass ich in der nächsten Woche nur noch gebückt gehen kann (kein Scherz). Nach dieser Tortur ist mir klar, dass ich mir einen Highclass-Jade-Seidentausch mit Werner Sarny wirklich verdient habe. Die fünf Mutproben haben mir einiges abverlangt.

Am nächsten Tag fahre ich vorbei am Kakadu-Nationalpark Richtung Katherine, dem einzigen Städtchen in einem Radius von tausend Kilometern um Darwin herum. Dort treffe ich Werner Sarny, um zu tauschen.

Wieder fahre ich durch die endlose Buschlandschaft, Menschen sind weit und breit nicht in Sicht. Werner erzählt mir später, dass hier auf einem Gebiet so groß wie Deutschland nur 18 000 Menschen leben. Unfassbar, die Region ist absolut leer. Wenn Werner Sarny nicht auf das Tauschgeschäft eingeht, werde ich wohl kaum andere Tauschpartner finden, das ist mir inzwischen klar. Ich bin total auf Werner angewiesen. Also signalisiere ich ihm die Dringlichkeit meines Tausches, und er inspiziert geduldig die Seide.

»Ja, gefällt mir schon!«, sagt er schließlich. Ich bin erleichtert! »Trotzdem sehe ich das bislang alles eher als Training. Du könntest noch eine kleine Mutprobe machen!« Der ältere Herr in seinem Crocodile-Dundee-Oufit steht lachend vor mir. Ich kann es kaum glauben! Während mein Videoprojekt für Panta in Indien noch einen ernsten Hintergrund hatte, geht es bei Werner nur darum, ihn zu bespaßen. Bei so wenig Menschen in der Region ist das vielleicht auch nicht ganz unverständlich. Werner hat diesen amüsierten, aber sehr sympathischen Unterton drauf, so dass ich mich schmunzelnd auf die nächste Mutprobe einlasse.

Wir fahren mit seinem Boot nach Sonnenuntergang den Katherine River entlang. Dichte Natur rankt in den Fluss, Mücken stechen munter auf mich ein, und Grillen zirpen fröhlich im tropischen Klima vor sich hin. Ach ja, und ab und zu schauen neugierige Krokodile aus dem Wasser.

»Michael, freust du dich schon? Die sind doch ganz süß!«

Werner lacht, besonders als er merkt, wie verkrampft ich bin. Er schlägt mir kumpelhaft auf den Rücken.

»Komm, das hier wirst du lustig finden.«

Na ja, später vielleicht, aber in diesem Augenblick von Spaß keine Spur. Wir steigen an einem kleinen Strand aus dem Boot, und Werner leuchtet mit einer Taschenlampe auf ein drei Meter großes Krokodil, das am Strand liegt und dessen Maul aus dem Wasser schaut. Er lacht und nennt es liebevoll »Maus«.

»Ist doch süß, die kleine Maus, oder?«, höre ich ihn sagen und kann seinen Humor in dieser Situation nicht wirklich teilen. Ich bekomme ein paar Fleischstückchen zur Fütterung in die Hand. Dann nähere ich mich langsam und mit weit ausgestrecktem Arm dem Krokodil, während Werner amüsiert zuschaut.

»Micha, komm, da kannst du noch ein bisschen näher ran, oder machen wir uns schon in die Hose?«

»Maus« bewegt sich während meiner Annäherung kaum, was mir aber eher wie die Ruhe vor dem großen Sturm vorkommt. Schließlich habe ich am selben Tag von einem anderen Flusskrokodil ein paar Videoaufnahmen gemacht, als es plötzlich in Millisekunden mit aufgerissenem Maul nach oben sprang, um mich zu verjagen. Die Videoaufnahme in Zeitlupe abgespielt wirkt wie ein Filmausschnitt aus *Godzilla*, *Jurassic Park* oder dem *Kettensägenmassaker*, wobei die Kettensäge in diesem Fall aus den berühmten 127 Krokodilzähnen besteht. Deshalb weiß ich, dass ich trotz aller Krokodilerfahrung von Werner mit diesen Mutproben vorsichtig sein sollte. Wie schnell kann das auch schiefgehen. Ich muss an diesen berühmten australischen Tierfilmer Steve Irwin denken, der in einem halsbrecherischen Selbstversuch seinen Kopf vor laufender Kamera zwischen die 127 Krokodilzähne hielt. Der Erfolg war riesig. Seine

Sendungen hatten angeblich bis zu 500 Millionen Zu-
schauer weltweit, viele davon auch in Deutschland. Das
Ganze war lustig, bis auf einmal etwas schiefging und ihn
bei einem seiner Drehs ein Manta-Rochen in den Bauch
stach – ups ... da war er nicht mehr unter uns. Aus diesen Überlegungen heraus bestehe ich darauf, die Fütterung nur mit einem eher kalkulierbaren Süßwasserkroko-
dil und bestimmt nicht mit einem Salzwasserkrokodil wie
Hector zu machen.

Ich nähere mich Maus also langsam, während es mich geduldig anschaut. Langsam schleiche ich mit einem Stück
Fleisch in der Hand ran:
Vier Meter – Maus schaut ruhig, zwei Meter fünzig –
Maus schaut mich immer noch ruhig an. Jetzt ruft Werner im Hintergrund: »Komm Michael, näher ran, da geht
noch was!« Ich bekomme Angst und muss immer wieder
an Steve Irwin denken, der durch den Erfolg leichtsinnig
geworden ist. Nein, ich will nicht so enden, auf gar keinen Fall. Aber dann wieder Werner von hinten »Michael,
los, die kleine Maus wartet schon!«. Ich wage mich Knie
schlotternd weniger als einen halben Meter an Maus heran, werfe das Fleischstück schnell auf den Strand und
renne blitzschnell wieder weg. Wäre das Krokodil währenddessen hochgeschossen, wäre wohl auch mein halber Meter Abstand zu wenig gewesen. Aber glücklicherweise beschränkt sich das Tier darauf, seine ganze Power
immer erst dann zu zeigen, wenn ein Fleischklumpen auf
dem Strand aufschlägt. Der Fleischbrocken verschwindet schneller, als ich gucken kann, und Maus ist in einer kaum wahrzunehmenden Schnelligkeit im Fluss verschwunden. Mir bleibt fast das Herz stehen – Werner vor
lauter Lachen auch. Werner umarmt mich kumpelhaft und

111

gesteht mir, dass Maus schon öfter Touristen gesehen hat und dadurch sehr berechenbar sei. Er lacht weiter, und ich bin nach abfallendem Adrenalinspiegel einfach nur noch fertig.

Danach wird es entspannter, und ich verbringe noch mehrere schöne Stunden unter einem äußerst intensiven Sternenhimmel, wie man ihn wegen der starken Lichteinflüsse in Europa kaum zu sehen bekommt. Werner und ich grillen Steaks und trinken Rotwein. Er schmunzelt und beschwichtigt mich, dass er während der sechs Mutproben wusste, dass mir nichts passieren konnte.

Am nächsten Morgen treffe ich Werner auf seiner Farm in der Katherine Gorge, einer traumhaften Schlucht, die wie eine Winnetou-Filmkulisse mit hohen gelben Wüstenfelsen aussieht. Werner wartet in Krokodiljägermontur auf mich und grinst schon bei meiner Ankunft.

»Na, gut geschlafen?«, fragt er sofort.

»Ja, ja. Hab von Krokodilen geträumt, war ja kaum anders zu erwarten.«

»Dann hab ich das Passende für dich, damit du unsere kleinen Spielereien auch in Erinnerung behältst!«

Werner nimmt meine große Rolle mit den 75 Metern Seide entgegen und drückt mir eine weiße Rolle ähnlicher Größe, aber viel leichter, in die Hand. Ich soll sie öffnen. Auf einem seiner Tische vor der Farm rolle ich ein Gemälde von über zwei Metern Länge aus. Es ist vom Aborigines-Maler Barra Barra entworfen, der auf Ausstellungen in London und Deutschland internationalen Erfolg hat. Auf dem großen Gemälde sind drei große Krokodile in Erdfarben abgebildet. Unglaublich! Das Gemälde ist wunderschön, und mir ist sofort klar, dass ich mich bei diesem Tausch wirklich hochgetauscht habe. In einer Broschüre, die neben dem Gemälde liegt, steht ein vierstelliger Dollarbetrag, der den aktuellen Marktwert widerspiegelt. Wow, der Sprung von Indien nach Australien und die sechs Krokodil-Mutproben haben sich gelohnt! Nach weniger als zwei Monaten Tauschrausch bin ich gut im Geschäft. Die schwierigen Wochen in Indien sind nun endgültig vergessen, und die Anspannung der letzten Tage fällt von mir ab. Werner und ich freuen uns beide über den tollen Tausch.

Bei meiner Abreise beobachte ich Werners Frau Patricia dabei, wie sie eines der Seidentücher als Tischdecke ausprobiert. Warum nicht, auch eine Möglichkeit, daran hatte ich gar nicht gedacht ...

Verloren in der westlichen Welt

So sehr ich mich auch freue, das Gemälde in Händen zu halten, in sechs Tagen wartet der Milliardär Jim Rogers in Singapur auf mich, und ich habe ihm Jade versprochen. Ich weiß, dass dieses Ziel kaum noch zu erreichen ist, trotzdem mache ich mich zu einem Verzweiflungstauschversuch auf zu den Aborigines, den australischen Ureinwohnern im Northern Territory. Vielleicht freuen sie sich ja über ein Gemälde einer ihrer berühmten Künstler und haben rein zufällig ein paar Jade-Steine herumliegen? Aber es stellt sich heraus, dass ich noch nicht einmal in ihre Dörfer fahren soll. Einheimische reagieren sehr irritiert auf meine Anfrage, die Aborigines besuchen zu wollen. Schnell merke ich, dass die Ureinwohner ein Tabuthema sind und vieles zwischen den weißen Australiern und den Aborigines nicht so gut läuft. Auf der Straße fallen mir viele Ureinwohner auf, die am helllichten Tag mit großen Bierflaschen herumlaufen. Andere wiederum sitzen zugedröhnt auf Parkbänken oder vor Gebäuden.

Statt mit den Aborigines selbst zu reden, treffe ich schließlich Petranny, eine weiße Australierin, die in einer Galerie Kunst der Aborigines ausstellt und dort mehrere Ureinwohner als Künstler arbeiten lässt. Manuel, ein dunkelhäutiger Mann, Mitte vierzig und mit weißem Bart, ist einer von ihnen. Er malt in einem ähnlichen Stil wie Barra Barra und erzählt mir gemeinsam mit Petranny, dass sich der Austausch zwischen den weißen Australiern und den Ureinwohnern zwar gebessert habe, aber die Integration einfach nicht klappen will. Zu unterschiedlich seien die Mentalitäten beider Völker. Während weiße Australier, ähnlich wie Europäer und Amerikaner, leistungsorientiert, pragmatisch und rational leben, dreht sich bei den Aborigines immer noch vieles um ein Leben mit der Natur und ihre Naturreligion, die von den Australiern einfach für Aberglauben gehalten wird. Deshalb ist es kaum verwunderlich, dass die Sozialhilfeprogramme der Regierung oft an den Adressaten völlig vorbeigehen, da viele Aborigines das Geld nicht so sinnvoll investieren, wie sich der weiße Mann das wünscht.

Petranny erklärt, dass die australische Regierung Steuergelder lockermacht, dafür aber erwartet, dass die Aborigines einen westlichen Lebensstil führen, in die Schule gehen und arbeiten wie wir. Aber so einfach läuft das nicht. Vielen der Ureinwohner kommt unser Lebensstil absolut fremd vor, sie geistern völlig verloren durch die australischen Städte und werfen die staatliche Förderung für einen schnellen Genuss aus dem Fenster. Zwar hat man begonnen, den Aborigines etwas von ihrem Stolz zurückzugeben, es hat Landreformen gegeben, durch die die Ureinwohner Land zurückerhalten haben, und es hat offizielle Entschuldigungen von Seiten der Regierung gegeben. Aber die beiden Gruppen wirklich zu gleichberechtigten Einwohnern Australiens zu machen scheint schwierig zu sein.

Petranny erzählt, dass sie in ihrer Kunstgalerie Ureinwohnern wie Manuel Arbeit gibt, um sie von der Straße und vom Alkohol wegzuholen, aber sie erzählt auch, dass sie oft verzweifelt. Sie beschreibt, dass sie von ihren Angestellten eine westliche Arbeitshaltung erwartet, wie die Einhaltung von Abgabefristen und eine zuverlässige Arbeitsweise, und dass sie darin regelmäßig enttäuscht wird.

Manuel bietet mir an, mir – und damit auch dem deutschen Publikum – die Traditionen der Aborigines etwas näherzubringen, damit man sie besser verstehe. Zuerst bringt er mir bei, ein *Didgeridoo* zu spielen. Anfangs ist es nicht mehr als ein albernes Herumgetröte, bis ich lerne, die Luft so durch meine Lippen zu pressen, dass richtige Töne entstehen. Dann zeigt er mir, wie man mit zwei Holzstückchen und etwas Stroh Feuer macht. Ich reibe das eine Holzstöckchen senkrecht auf dem flachliegenden Stöckchen und drehe und drehe, bis mir die Arme abfallen. Manuel ermutigt mich, weiterzumachen, bis ich meine Arme fast nicht mehr spüre. Aber mit etwas Unterstützung von ihm erscheint ein Funke zwischen den Hölzern. Wenig später, nach einer letzten Highspeed-Drehsession, fängt ein Holzscheit etwas Feuer, den ich dann ins Heu lege und solange puste, bis es brennt!

Dann zeigt Manuel mir Holzspeere der Aborigines, die man mit Hilfe eines Bumerangs wirft, der am Ende des Speers befestigt ist, um ihn zu stabilisieren. Beim ersten Versuch werfe ich den Bumerang so, dass er einfach nur zu Boden fällt. Manuel lacht sich schlapp. Dann verstehe ich die Konstruktion: Ich nutze den Bumerang als Stabilisator und Schwunggeber für den Speer und halte ihn nach Abwurf noch fest in der Hand, so dass er mit voller Wucht in ein Papp-Känguru knallt und es durchbohrt. Manuel ist zutiefst beeindruckt und erklärt, dass das doch ein erfolgreicher Austausch zwischen Deutschen und Aborigines gewesen sei. Ich bekomme den Eindruck, dass Manuel sich wünscht, die Australier mögen sich mehr für die Kultur der Aborigines interessieren, dann würde es mit der Verständigung vielleicht besser klappen.

Da Manuel und Petranny das Gemälde nicht gebrauchen können, mache ich mich auf ins Internet und rufe auf meiner Facebookseite und in meinem Tauschrausch-Reiseblog um Hilfe:

»Wer kennt einen Jadehändler, der spontan an einem Tauschgeschäft mit mir interessiert ist? Bitte, bitte, ich tu auch alles!«

In den nächsten zwei Tagen erhalte ich viele Antworten, in der Regel mit dem Tipp, dass ich nach Neuseeland fliegen soll, da die Maori, die dortigen Ureinwohner, angeblich Jade-Profis sein sollen und Neuseeland durch seine Lage am Feuerring, der Erdbebenspalte um den Pazifik herum, ein vorzügliches Jade-Land sei.

Um die Wartezeit zu überbrücken, gehe ich in Darwin auf einen Hippiemarkt und treffe dort einen Kartenleger. Er sitzt vor einem Klapptischchen und legt Karten mit Totenköpfen, dunklen Wolken und mystischen Zeichen. Ob er mir auch so viel Mut für den Tauschrausch machen kann wie die Wahrsagerin in Deutschland? Er dreht verschiedene Karten um, die alle sehr negativ aussehen. Auf einer sehe ich ein Skelett. Als ich gerade überlege, lieber sofort wieder zu gehen, rät er mir schnell und sehr konkret ein paar Sachen, ohne vom Tauschrausch zu wissen.

»Plane besser in den nächsten Monaten, sonst wirst du dein Ziel nicht erreichen!

Fixiere dich nicht nur auf das Ziel. Der Weg ist das Ziel.

Du wirst alles schaffen, aber nicht in der Zeit, in der du es dir wünscht!

Du wirst dein Ziel erreichen, aber anders als erwartet. Ich sehe Geld!«

Was hat er gesagt? Er sieht Geld? Also, wenn ich es schaffe, auf Hawaii 500 000 Dollar für einen Tausch zu bekommen, für die ich mir ein Haus kaufen kann, wäre das ja auch nicht schlecht. So ganz schlau werde ich aus seinen Worten allerdings nicht. Trotzdem nehme ich die Ratschläge an, besser zu planen und den Weg als Ziel zu betrachten.

*H*ilfe am Ende der Welt

Nach der kleinen Tauschwettervorhersage handele ich, da ich nur noch 100 Stunden habe, um Jim Rogers in Singapur zum Jade-Tausch zu treffen. Da ich online keine weiteren Tipps bekomme, steige ich einfach ins Flugzeug. Einen Tag später stehe ich zwischen beeindruckenden Hochhausfassaden in Auckland, die man in den USA nicht besser hinbekommen hätte. Ich rolle mein Krokodilgemälde auf dem Bürgersteig aus und frage Passanten, ob jemand Kroko gegen Jade tauschen wolle. Doch so spontan ist der Neuseeländer nun auch wieder nicht.

Wenig später beobachte ich eine Demonstration von Maoris, die mit großen Bannern gegen Ölbohrungen in ihren Gebieten zwischen den Glasfassaden von Auckland demonstrieren. »Keine Ölbohrungen in unseren Gebieten!« oder ganz einfach »Lasst uns einfach in Frieden!« So richtig heile Welt scheint hier zwischen den weißen Siedlern und den Ureinwohnern wohl auch nicht zu sein. Ich drängele mich unauffällig mit meinem Krokodilgemälde zwischen die Demonstranten. Ganz so, wie ich es auf der Anti-Atom-Demo in Köln bereits geübt habe, rufe ich mit den Sprechchören: »Hört endlich auf mit den Ölbohrungen in unseren Gebieten!«

Viele Maori schauen mich verwundert an, ein Weißer, der den Weißen zuruft, endlich aus seinem Gebiet, was ihm doch gar nicht gehört, zu verschwinden. Aber viele Maori haben auch ihren Spaß an dem Auftritt des ungewöhnlichen Gasts und klopfen mir anerkennend auf den Rücken. Irgendwann frage ich einen jungen Maori-Demonstranten, ob er weiß, wo ich Jade eintauschen kann. Er findet zuerst nicht ins Thema, da seine Gedanken wohl bei den Ölbohrungen sind, hat dann aber einen heißen Tipp: »Geh ins Dorf Rotorua, wo die Maoribevölkerung am stärksten ist!«

Ich folge seinem Ratschlag und mache mich auf ins Dorf der Maori. Auf dem Weg dorthin kämpfe ich mich mit dem großen Gemälde, das ich wie einen Umhang über die Schultern geworfen habe, durch endlose Schafwiesen. So weit ich schauen kann, besteht Neuseeland aus weiten, leuchtend grünen und hügeligen Graslandschaften. Ein toller und entspannter Anblick – wären diese Wiesen nicht voller blökender Schafe. So weit das Auge reicht, Schafe! Sie schauen mich und das große Krokodilgemälde über meinen Schultern verstört an und laufen wild blökend weg. Scheinbar mögen sie keine Krokodile. Ich komme mir vor wie ein Schafhirte inmitten tausender Schafe, die alle auf einmal nach Hause getrieben werden müssen. Doch eigentlich will ich ja nur tauschen und bin erleichtert, als ich endlich im Maoridorf ankomme.

Ich werde von heißen Quellen empfangen, aus denen riesige schwefelhaltige Rauchfontänen aufsteigen, wie man sie von Islandfotos kennt. Mir ist klar, dass sich das Maoridorf auf einem Vulkan befindet. Vor dem Meeting House des Dorfes treffe ich Te Rangintirio Rekawaway Te Moanaoaoaku. Wow, das nenne ich einen ordentlichen Namen. Mein Name haut Te Rangintirio Rekawaway Te Moanaoaoaku dagegen nicht gerade vom Hocker.

»Oh, noch ein Weißer, der Michael heißt!«

Te Rangintirio Rekawaway Te Moanaoaoaku ist Ende dreißig, hat braune Haut, trägt ein Holzfällerhemd und eine dunkle Sonnenbrille. Er erzählt mir, dass er fast zwanzig Jahre in Australien gelebt hat und nun, nach dem Tod seiner Eltern, seinen Pflichten als Familienoberhaupt bei den Maori nachkommen muss. Er erzählt mir, dass auch in Neuseeland die kulturellen Unterschiede zwischen den Ureinwohnern und den Weißen groß sind, die Integration aber besser klappe. Er erzählt von einer großen Landreform in den Neunzigern, bei der den Maori viele Gebiete zurückgegeben wurden, die die europäischen Siedler ihnen abgenommen hatten. Er sagt, dass die Kinder der Maori zum Großteil zur Schule gehen und dass Alkoholismus bei Weitem nicht so ein Problem wie bei den Aborigines in Australien sei. Er erzählt aber auch, dass die Weißen seit diesen Reformen keine Jade mehr in Neuseeland abbauen dürfen, da die Jade-Vorkommen ausschließlich in den Maorigebieten lägen. Das habe ich nicht gewusst! Ich muss also definitiv über die Maori gehen, wenn ich an Jade kommen will.

Also komme ich schnell zur Sache und breite vor dem mit mystischen Holzgesichtern geschmückten Meeting House das Gemälde auf dem Boden aus. Te Rangintirio Rekawaway Te Moanaoaoaku findet es spannend, endlich mal etwas von der Urbevölkerung der großen Nachbarinsel im Dorf zu haben, kann aber meinem Wunsch nach einem Jade-Tausch nicht nachkommen.

»Du musst wissen, dass wir unsere Jade nur innerhalb der Familie von Generation zu Generation weitergeben. Selbst wenn ich wollte, könnte ich dir keine Jade geben!«

Ich kann es nicht fassen, ich bin völlig blauäugig nach Neuseeland geflogen! Hätte ich mich im Vorfeld genauer erkundigt, säße ich nun nicht vollkommen deprimiert vor dem Meeting House neben Te Rangintirio Rekawaway Te Moanaoaoaku. Aber dann hätte ich wohl auch nie den Mann mit dem interessantesten Namen kennengelernt, den ich je gehört habe.

Zum Glück habe ich noch eine weitere Option in der Hinterhand. Auf meinen Facebook-Jade-Aufruf hin hat sich eine Freundin von mir gemeldet, die John & John von Jade Mountain, zwei Jadekünstler aus Neuseeland, kennt, die wiederum zugesagt haben, dass ich mal vorbeikommen darf.

So sind es nur noch weniger als drei Tage bis zu meinem Abflug nach Singapur zu Jim Rogers, einem der 1000 reichsten Menschen des Planeten. Ich stehe vor der Jadeschleiferei von John senior und John junior und sehe durch eine große Fensterfront, wie sie zusammen mit zahnarztähnlichen Bohrern Jade zu Kunstobjekten und Schmuck verarbeiten, zwei weitere Familienmitglieder unterstützen sie dabei.

John & John wirken ziemlich entspannt, wie wohl die meisten Neuseeländer. Kein Wunder, wenn man weit weg vom Rest der Welt auf zwei großen Inseln lebt, umgeben von weniger als fünf Millionen Menschen (und mindestens so vielen Schafen) inmitten einer gewaltigen Natur. John & John zeigen mir ihr Jade-Lager, in dem tonnenschwere grüne Steine stehen, die aber alle aus China importiert sind, da der Jade-Abbau hier ja nicht mehr erlaubt ist. Mir gefällt ein tiefgrüner und mehrere Kilo schwerer, roher Stein. Ich halte John senior die Hand zum Tausch hin. Er ist vollkommen überrumpelt und schlägt ein. »Super, der Deal ist gemacht!«, sage ich und lache. John lacht zwar mit, aber dann erklärt er mir, dass die Dinge so einfach nicht laufen. Schade eigentlich!

Wir inspizieren zusammen in seiner Werkstatt das große Krokodilgemälde. Und ich habe Glück. John senior sammelt Kunst und hat am Gemälde großes Interesse. Ich erkläre ihm die ganze Story mit dem Haus auf Hawaii und dass ich in weniger als drei Tagen Jim Rogers treffe, der Jade für einen Tausch wünscht. John senior hat Verständnis für meine Situation und bietet mir zwei Jadefiguren zum Tausch an, ein etwa zehn Zentimeter großes Objekt zum Aufstellen und ein Maori-Amulett, das man an einer Kette tragen kann. John erwähnt, dass beide Jadestücke zusammen einen vierstelligen Wert haben. Ich bin aber zurückhaltend, da die beiden Kunstwerke zwar wunderbar anzuschauen sind, aber vielleicht doch kaum Wert haben, schließlich hört man immer wieder von falscher Jade in der Szene (ich hab mich eingelesen). Ich erinnere mich auch an die Tauschfrau aus dem Slum von Dharavi, die mir den Tipp gegeben hat, immer Unzufriedenheit vorzutäuschen, um den Tauschdeal zu verbessern. So tue ich vor John & John äußerst enttäuscht, obwohl mir dieses Schauspiel nicht wirklich gefällt.

John überlegt, während ich argumentiere, dass das Bild etwas wirklich Besonderes sei und gleichzeitig eine Wertanlage. Und wer möchte sich nicht Krokodile ins Wohnzimmer hängen? (Ich übrigens nicht, nach dem ganzen Kroko-Stress.)

John lässt sich überzeugen. Er geht ins Lager und kommt zurück mit dem drei Kilo schweren Jadestein, mit dem ich vor einer Stunde noch durchbrennen wollte. Ich bin völlig fertig. Der rohe Jadestein ist circa 30 x 25 Zentimeter groß und tiefgrün. Ich bin unendlich dankbar. Damit hätte ich im Leben nicht gerechnet

Und die Glückssträhne reißt noch nicht ab. John junior mischt sich ein und bietet mir an, mit ihm in die Werkstatt zu gehen, um selbst eine kleine Jadefigur zu fräsen. So stehe ich kurze Zeit später mit Schutzbrille, Lärmschutz, Kittel und Zahnarztbohrer vor einem kleinen Jadestein, den ich mit Johns Hilfe zu einem circa fünf Zentimeter großen Häuschen fräse. Es ist das lang ersehnte Traumhaus auf Hawaii.

John & John erklären mir, dass sie so großzügig sind, weil sie meine Tauschrausch-Reise gut finden, aber auch weil sie so weit weg vom Weltgeschehen leben. John senior erklärt, dass selten Leute mit verrückten Projekten im ländlichen Neuseeland auftauchen. Wow, ich hätte nie gedacht, dass sich die Isolation Neuseelands so positiv auf meinen Tauschrausch auswirken würde.

John senior nennt einen weiteren Grund, nämlich, dass das Tauschen von Jade in der Geschichte Neuseelands eine große Bedeutung hatte, als die Maori noch zwischen den Inseln hin und her reisten und ihre Jadefunde tauschten, um ihren Lebensunterhalt zu bestreiten. Zwar kommt die Jade inzwischen aus Russland und China, aber man fühle sich der Tradition immer noch verpflichtet.

Mein erster Milliardär-Kumpel

Singapur

*N*ach 65 Tagen Tauschrausch sitze ich voll bepackt mit Jade im Flieger, und das wirklich auf den letzten Drücker. Jim Rogers, der Milliardär aus Singapur, hatte mir vor Wochen versprochen, mir am 25.5. um genau 11.10 Uhr, dreißig Minuten seiner kostbaren Zeit zu widmen, solange ich Jade mitbringe. Und die habe ich nun!

Ich vergegenwärtige mir kurz noch einmal die wichtigsten Fakten über Jim:

- zieht sich mit 37 aus dem Finanzgeschäft zurück, weil er an der Börse erst mal genug Geld verdient hatte
- Umzug von New York nach Singapur, denn er sieht als Spekulant und Investor dort die Puppen tanzen
- verheiratet mit einer jungen Blondine
- zwei große Weltreisen, eine davon auf dem Motorrad, dabei Weltrekord eingestellt: in weniger als drei Jahren über hundert Länder besucht!

Jetzt wird mir auch klar, warum ich eine Audienz bei ihm bekomme. Jim mag Abenteuerreisen, über die er auch Bücher geschrieben hat, mit vielsagenden Titeln wie *Investment Biker* oder *Adventure Capitalist*. Ich freue mich riesig auf diesen Termin und bereite mich vor. Ein Treffen mit einem Milliardär ist schließlich *die* Chance, mich endlich richtig hochzutauschen. Dazu habe ich folgenden Plan geschmiedet: Zuerst biete ich nur die beiden Jade-kunstwerke an, lege dann mit dem großen Stein nach und, wenn ich schon einen ziemlichen Batzen aus dem Tausch-geschäft herausgeholt habe, kommt – ZACK! – noch das kleine Jade-Hawaii-Häuschen auf den Tisch. Und dann, wenn mir das auch noch mal ein hübsches Sümmchen eingebracht hat, wird Jim Rogers das Häuschen umdre-hen und – PENG! – auf der Rückseite die Gravur »for Jim« entdecken, die ich dort in weiser Voraussicht angebracht habe. Wer würde da nicht weich werden?

Es ist der 25.5., genau 11.10 Uhr, als ich an Jim Rogers' Haustür oder besser gesagt, an der Tür seines Anwesens in Singapur klingele. Ein Hausmädchen führt mich in ein Be-sprechungszimmer, das mit asiatischen Kunstgegenstän-den geschmückt ist. Ich warte zehn Minuten, bis ein knapp 1,65 Meter großer, älterer, aber recht sportlicher Mann den Raum betritt, Hallo sagt und sofort zur Sache kommt:
»Hast du die Jade mitgebracht?«
»Ja!«
»Lass mal sehen.«
»Hier, zwei wirklich schöne Kunstgegenstände aus Jade.«
»Sieht nicht gerade nach guter Jade aus.«
»Doch, hier sind die Zertifikate.«
»Die sind unwichtig!«
Nicht zu fassen! Wie sicher war ich mir gewesen, dass sich hier ein total euphorisches Tauschgespräch entwi-ckeln würde, unterbrochen nur von dem Geräusch knal-lender Champagnerflaschen und dem Auftritt attraktiver Hausmädchen, die mir unaufdringlich kleine Kaviarhäpp-chen in den Mund schieben.
Und dann das. Ein knallhartes Geschäftsgespräch, bei

dem man höllisch aufpassen muss, nicht mit leeren Händen nach Hause zu gehen. Ich merke, dass Jim alles schlechtreden wird, was ich ihm anbiete, um seine eigene Position zu stärken. Aber glücklicherweise taucht sofort das Bild der Frau vor meinem inneren Auge auf, die in Dharavi Slum in Mumbai Schüsseln tauschte. Und sie flüstert mir ins Ohr:

»Benimm dich bei jedem Tauschhandel immer so, als wärst du total unzufrieden!«

Ich bekomme sofort Gelegenheit, diese Worte in die Tat umzusetzen, denn Jim bietet mir soeben zwei Goldtaler an, jeder eine Unze Gold. Wenn man bedenkt, dass eine Unze Gold einen Wert von ungefähr 1500 US-Dollar besitzt, ist das gar nicht mal so wenig. Trotzdem besinne ich mich auf die Worte der Frau im Slum und gebe mich unzufrieden. Im selben Zug lege ich – ZACK! – mit dem Drei-Kilo-Jade-Stein nach, der sich plötzlich und wie von Zauberhand vor uns auf dem Kristalltisch befindet. Jim schaut mit großen Augen auf die Jade. Mit einem Nachschlag hat er nicht gerechnet. Jetzt bröckelt die Schale des knallharten Geschäftsmanns, denke ich, als er sagt:
»Was ist *das?*«
»Drei Kilo Jade.«
»Sieht nicht gerade nach guter Jade aus.«
»Doch, hier sind die Zertifikate.«
»Ach, der würde mich 10 000 Dollar zum Schleifen kosten.«

Ich bekomme eine kleine Krise, aber zum Glück verschwindet Jim wieder wortlos in seinem Gold- und Silbertaler-Kabinett und legt mir eine dritte Unze Gold auf den Tisch.

Wow! Das macht nun fast 5000 US-Dollar in Gold, und das werde ich sehr gut weitertauschen können, da Gold weltweit einen festgelegten Wert hat, und somit viel besser ist als Jade. Und das Schönste ist, ich habe meinen Trumpf noch in der Hand. Der Moment ist gekommen – PENG! –, ich lege das kleine, selbst geschliffene Jade-Haus wortlos auf den Tisch, im selben Moment, als Jim schon höflich, aber etwas ungeduldig zur Tür blickt, denn meine 30 Minuten Milliardärs-Audienz sind abgelaufen.

»Und was ist *das* jetzt wieder?«

»Ein selbst geschliffenes Hawaii-Haus aus Jade, für dich.«

Ich sage nichts, erwähne kein Zertifikat, sondern drehe nur ganz ruhig das kleine Häuschen um. Dann blicke ich Jim direkt in die Augen und sage mit meiner betörendsten Stimme:

»Ich habe es extra für dich gemacht. Es hat eine Widmung, hier steht es: *For Jim*.«

»Eine Widmung? Für mich? Das ist ...«

Uns stehen beiden gefühlt die Tränen in den Augen. Einen Moment lang haben die Emotionen über die knallharte Geschäftsatmosphäre gesiegt. Und so verschwindet Jim ein drittes Mal wortlos in seinem Gold- und Silbertaler-Kabinett. Es dauert einen Moment, aber dann kommt er mit drei Unzen Silber zurück, die er mir ohne viele Worte zu verlieren, aber lächelnd in die Hand legt. Er bringt mich schnell zur Tür, wahrscheinlich, um nicht zu riskieren, dass ich sehe, wie er sich die Tränen der Rührung aus den Augen wischt. Oder einfach, damit ich nicht noch ein Stück Jade aus der Tasche zaubern kann.

Wow, ich hab einen guten Deal gemacht und sitze nun mit drei Unzen Gold und drei Unzen Silber in einem Hostelzimmer im schwül-warmen Singapur, das direkt am Äquator liegt. Der Stadtstaat zeichnet sich durch eine imposante Skyline aus und durch eine Atmosphäre der Ordnung und Sauberkeit, die sogar Deutschland in jeder Hinsicht übertrumpft. Tolle Stadt, aber leider mit ziemlich strengen Regeln. Ein Taxifahrer erzählt mir, dass jede kleinste Ordnungswidrigkeit sofort mit Gefängnis bestraft wird. Ich frage mich sofort, ob ich überhaupt mit sechs Unzen Gold und Silber in der Tasche in Singapur herumlaufen darf, und recherchiere eilig nach einem anderen Tauschland und entscheide mich für Thailand.

*D*as große Tausch-Aus

Thailand

Mit den diskret in meinem Portemonnaie versteckten Gold- und Silbertalern laufe ich durch Patong auf Phuket. Patong kann als das Mallorca Asiens bezeichnet werden, mit dem kleinen Unterschied, dass hier vor einigen Jahren der große Tsunami durchgerauscht ist, wovon der Ort sich immer noch nicht ganz erholt hat. So stehen hunderte von Massage-Girls am Straßenrand und versuchen, einen der wenigen Farangs (= Ausländer) in ihre Kabinen zu zerren. »Farang, Farang! Sehr hübscher Mann! Farang, komm hier, schöne Massage. Mach dich ganz happy!«

Auf der Suche nach Tauschpartnern in Phuket fällt mir auf, dass viele der Massage-Mädchen eigentlich gar keine Mädchen, sondern Ladyboys sind, Jungs, die durch Hormone, Schönheitsoperationen und ein bisschen geschicktes Make-up ihr Geschlecht getauscht haben. Der Tausch des eigenen Geschlechts ist vielleicht das faszinierendste Tauschthema seit Beginn meiner Reise, vor allem, weil dieser Tausch so endgültig erscheint. Deshalb unterhalte ich mich mit den Massage-»Girls« Linda und Amy. Sie sind beide Mitte zwanzig und sehen verblüffend weiblich aus, wie hübsche, junge Frauen. Sie erzählen mir, dass es viele Gründe gibt, warum man sich dazu entscheidet, sein Geschlecht zu tauschen, und dass das im Moment in Thailand sehr viele junge Männer tun.

Linda erzählt mir, dass weibliche Hormone in Thailand sehr leicht und günstig in der Apotheke zu kaufen sind, etwas, das in vielen anderen Ländern undenkbar ist. Amy fügt hinzu, dass man als schwuler Junge in Thailand kaum akzeptiert wird. Beim Thema Schwulsein lächelt im Land des Lächelns also kaum jemand. Als Ladyboy wird man dagegen erstaunlicherweise sehr wohl akzeptiert. Die thailändische Gesellschaft behandelt, nach ihren Aussagen, Ladyboys praktisch wie normale Frauen, auch wenn Ladyboys einige offizielle Jobs wegen ihrer Geschlechtermischung nicht annehmen dürfen. Im Happy-Massage-Business mit den Touristen allerdings können sie viel mehr Geld verdienen, als sie es jemals als Junge schaffen könnten. Linda erzählt, dass sie am Tag locker 2000 bis 3000 Baht verdienen kann, was siebzig Euro entspricht. Das ist mehr als viele Thailänder in einem ganzen Monat verdienen. Deshalb gibt es neben dem persönlichen Wunsch, weiblich sein zu wollen, auch einen wirtschaftlichen Aspekt, warum eine Menge Jungen in Thailand ihr Geschlecht tauschen. Das alles wird zusätzlich erleichtert durch die gute gesellschaftliche Akzeptanz der Ladyboys und die leichte Verfügbarkeit von Hormonen.

Da ich jedoch nicht beabsichtige, mein Geschlecht zu tauschen, muss ich weiter versuchen, mein Gold an den Mann zu bringen. Offensichtlich erwischt mich hier in Thailand das große Tausch-Aus. Es geht einfach nichts mehr. Niemand scheint an Gold und Silber interessiert zu sein. Ein Europäer, der auf offener Straße Gold tauschen will, ist wohl für die höflichen Thailänder zu viel. Es scheint an der Zeit, weiterzuziehen.

*A*frika – bis zum Umkippen!

Tansania

Afrika steht noch aus und ist nicht weit entfernt. Aber in Afrika gibt es so viele Länder, dass ich erst einmal überlegen muss, welche überhaupt für einen Tauschrausch in Frage kommen. Noch so einen Fauxpas wie in Thailand möchte ich mir nicht leisten.

Ich sitze vor der Karte Afrikas und fahre mit dem Finger durch die einzelnen Länder.

Libyen, die Elfenbeinküste und der Sudan kommen für mich aufgrund der politischen Lage erst einmal nicht in Frage. Dann sind da Südafrika und Tunesien, die ich früher schon besucht habe, und ich würde gerne neue Länder kennenlernen. In Mosambik und Angola wird Portugiesisch gesprochen, das ich nicht beherrsche, genauso wenig wie Französisch, weshalb auch etliche westafrikanische Staaten nicht in Frage kommen. Dann sind da die Länder der westlichen Sahara, durch die jahrzehntelang die Rally Paris-Dakar geführt hat, die später aber aus Angst vor islamistischen Extremisten auf unbestimmte Zeit nach Südamerika verlegt wurde. Also bleibe ich da auch lieber weg.

Einige Länder Afrikas, die zu den ärmsten der Welt gehören, wie das schöne Malawi oder Äthiopien, das mir aus den 80er und 90er Jahren mit traurigen Bildern von unterernährten Kindern auf Spendenaufrufen noch gut in Erinnerung geblieben ist. Tauschaktionen mit Gold und Silber wären hier wohl mehr als zynisch. Somalia macht eher wegen eines zerrütteten Staates und wegen der Piraten auf sich aufmerksam, die Frachtschiffe entführen und sicher nicht auf Tauschaktionen stehen. Und dann ist da noch Simbabwe, dessen Präsident Mugabe eine Abneigung gegen weiße Besucher ausgelöst hat. Ach, lieber auch nicht ...

Ich bin verzweifelt. Ich blicke auf die Karte eines riesigen Kontinents, vielleicht ist es der schönste überhaupt, mit fantastischen Naturparks, Flüssen, Bergen, Tieren und bestimmt unendlich vielen freundlichen Menschen. Und ich weiß nicht, wo ich mich hinwenden soll, wenn ich nichts falsch machen möchte. Also bitte ich mal wieder um Hilfe im Tauschrausch-Blog:

MANN, WO SOLL ICH NUR HIN IN AFRIKA? BITTE HELFT!

Die Entscheidung fällt zwei Tage später: Ostafrika! Die Länder Tansania und Kenia sind beide touristisch gut erschlossen, es gibt dort aktuell keinerlei politische Unruhen, und – ich gebe es zu – es gehört auch zu einem dieser Träume meiner Kinderzeit, eines Tages einmal von der Spitze des Kilimandscharos hinunterzuwinken.

Acht Stunden später steige ich auf dem Kilimandscharo-Airport aus dem Flieger. Der große, weiße Berg, der unter den deutschen Kolonialherren, als Tansania zur Kolonie ›Deutsch-ost-Afrika‹ gehörte, Kaiser-Wilhelm-Spitze hieß, begrüßt mich schon auf dem Rollfeld des Flughafens mit seiner imposanten Schneekuppe, die in den Wolken verschwindet. Ich spüre jetzt schon, dass ich hier vier spannende Wochen verbringen werde. In einem Hostel in Arusha bereite ich mich sofort auf meinen ersten Tauschversuch vor. In gewohnter Weise sammele ich einige Argumente für die anstehenden Tauschgespräche. Ich überlege, wofür die Gold- und Silbermünzen sonst noch zu gebrauchen sind, falls man sie nicht als schnödes Zahlungsmittel einsetzen möchte:

1. *Goldtaler als Sonnenuhr:* Stelle eine Zigarette senkrecht auf einen der Taler und leuchte sie mit einer Taschenlampe an.
2. *Goldtaler als Stöpsel fürs Waschbecken:* Lege einen Taler in die Abflussöffnung. Unglaublich, Goldtaler haben die gleiche Größe wie genormte Waschbeckenabflussöffnungen!
3. *Goldtaler als Ersatz für Mühle- oder Damespielsteine:* Falls man (z.B. auf einer langen Tauschrausch-Reise) einzelne Brettspielsteine verloren hat.
4. *Goldtaler als Malhilfe:* Umfahre einen Goldtaler mit einem Bleistift. Wenn man zum Beispiel eine Sonne oder die Reifen eines Autos malen möchte, bekommt man so einen ordentlichen Kreis hin.
5. *Goldtaler als Stabilisierung für wackelige Tische:* Stapele drei Münzen übereinander, lege sie unter das zu kurze Bein, und der Tisch hat wieder seine Ruhe.

So ziehe ich mit meinen Münzen, die ich sicherheitshalber in ihren durchsichtigen Hüllen an der Innenseite meiner Jacke eingenäht habe, durch Arusha, um ein Gefühl für einen potenziellen Goldtausch in Afrika zu bekommen. An einer Autowerkstatt versammeln sich sofort zwanzig Afrikaner, die alle neugierig die drei goldschimmernden Taler in der Innenseite meiner Jacke bestaunen. Die Neugierde bei so viel Glitzer ist groß, bis jemand Zweifel anmeldet. »Ich glaube dir kein Wort, die Taler sind nicht echt!«

Ich kontere, dass es echtes Gold sei und ich diese Taler gegen etwas anderes tauschen möchte. Die Menge lacht und einer zeigt sogar mit dem Finger auf mich. Ich werde als weißer Hochstapler geoutet und trotz High-Five-Handschlägen und viel Gelächter kann ich meine Glaubwürdigkeit nicht mehr herstellen. Wenig später treffe ich Onzen am Straßenrand. Er sieht aus wie der halbseidene und recht unseriöse Verkäufer an der Straßenecke, dem man NICHT trauen sollte. Eine zehn Zentimeter lange Narbe über der linken Wange tut ein Übriges. Unseriös trifft Unseriös, denke ich mir, da muss doch was gehen!

Ich zeige ihm vorsichtig die drei Goldtaler in meiner Jacke und biete sie ihm zum Tausch an. Onzen schaut interessiert und zeigt mir zwei Edelsteine, Tansanite, die blau-lila funkeln und mir wirklich gefallen. Ich habe in verschiedenen Reiseführern über diese Edelsteine gelesen. Sie werden seit den 60er Jahren ausschließlich in Tansania abgebaut und haben in westlichen Ländern angeblich oftmals den doppelten Wert wie in Tansania selbst. Ich bin neugierig, aber Onzen wiederholt ständig: »Geld, Geld, gib mir Geld dafür!«

So geht der Tag mit weiteren Absagen dahin. Ich treffe Kinder mit einem Fahrrad, die es nicht mal gegen 5000 Dollar in Gold eintauschen möchten, und eine Gruppe junger Männer, die selbst ihre Sportschuhe dafür nicht hergeben würden. Die Erklärung ist immer dieselbe: Erstens sehen sie mich als potenziellen Hochstapler, der ihnen Fälschungen andrehen will, und zweitens tauschen sie nicht gerne, sondern brauchen Geld. Ich entscheide mich, das Goldanbieten auf der Straße abzubrechen, da ich hier niemandem auf die Füße treten möchte.

Mein Taxifahrer Baraka erklärt mir die Situation. Die Passanten in Tansania tauschen grundsätzlich nicht gerne, da Geld für sie einen viel größeren Wert darstellt als irgendwelche Waren. Was hilft ihnen bei ihrem tagtäglichen Kampf ums Überleben irgendein Tauschgegenstand, wenn sie sich damit nicht direkt ein Mittagessen kaufen können. Das Land gehört zu den dreißig ärmsten Ländern der Welt. Das monatliche Pro-Kopf-Einkommen liegt bei gerade mal hundert Euro, und jeder dritte Bürger lebt unter der Armutsgrenze. Hier Gold tauschen zu wollen ist also mehr als unpassend.

Baraka rät mir, nach Kenia zu reisen, da es als potenzielles Tauschland sicher geeigneter sei – immerhin herrsche dort ein florierender Tourismus mit zahlungskräftigen Besuchern.

Ich merke, dass sich etwas in mir sträubt, mein Scheitern anzuerkennen, eigentlich möchte ich nicht so schnell aufgeben und schon wieder in ein anderes Land reisen. Wenn es aber unbedingt nötig sein sollte, über die Grenze zu gehen, dann will ich mir zumindest eine neue Herausforderung stellen – ganz so leicht will ich mir die Sache nicht machen.

Schließlich ist es der Kilimandscharo, der mich ruft. Zwischen dem Ort Arusha, in dem ich mich gerade befinde, und dem ungefähr achtzig Kilometer entfernten Kenia befindet sich nämlich der Kilimandscharo, Afrikas höchster Berg. Über diesen Berg nach Kenia einzureisen wäre ein verrücktes und sicher unvergessliches Abenteuer (das wie gesagt auch zu einem dieser Kinderträume gehört, in die ich mich beim Betrachten meines Schulatlasses hineinsteigern konnte). Darüber hinaus würde es mir das Risiko ersparen, an der Grenze zu Kenia mit den Gold- und Silbertalern Zollprobleme zu bekommen, sofern man meine Taler finden würde. Der Weg über den Kilimandscharo wäre zumindest in dieser Hinsicht der einfachere: Man gehe über die Umbwe-Route bis auf unglaubliche 5895 Meter hinauf, nehme dann auf der Kuppe die alte Schmugglerroute hinunter auf die andere Seite und gehe von dort aus auf der Rongai-Route, die schnurstracks nach Kenia hineinführt – nervige Zollkontrollen entfallen.

Ein bisschen Bammel habe ich schon, dass die paar Trainingstage, die ich in einem örtlichen Fitnesscenter verbracht habe, vielleicht doch nicht ausreichen könnten. Den höchsten Berg Afrikas zu überqueren, ist kein Kinderspiel. Mit seinen 5895 Höhenmetern und dem ewigen Eis auf seiner Kuppe (und das direkt am Äquator) steckt er Europas höchsten Berg, den über tausend Meter niedrigeren Mont Blanc (4807 Meter), leicht in die Tasche. Deutschlands höchster Berg, die Zugspitze (2963 Meter), passt gleich zweimal hinein, und der höchste Berg des Sauerlands, der Kahle Asten (841 Meter), verschwindet ganze sieben Mal im Kilimandscharo.

Ich denke, dass die örtliche Bevölkerung ihren Spaß daran haben könnte, dem verrückten Deutschen zum Abschied bei seinem vorbereitenden Training zuzuschauen. Also beginne ich mich auf dem gutbesuchten Früchtemarkt von Arusha, angetan mit Stirnband und Trainingskleidung, für die große Überquerung vorzubereiten. Auf dem Markt gibt es keine Stände, die Verkäufer bieten ihre Waren in Körben an, die sie teilweise einfach auf dem Kopf balancieren. Es herrscht ein wildes Durcheinander, als ich in aller Seelenruhe mein Trainingsprogramm starte: Sit-ups, Liegestütze, Trizeps-Übungen und ein wenig Jogging – das sind die bekannten Grundlagenübungen, die die afrikanischen Verkäufer und Kunden auf dem Markt ziemlich zum Schmunzeln bringen. Schließlich passiert es nicht alle Tage, dass der einzige Weiße weit und breit auf dem

143

schlammigen Straßenboden alberne Übungen macht. Aber erst, als ich zum großen Mango-Gewichtheben (17 Mangos in einer Schüssel) ansetze, können sich die Marktbesucher vor Lachen kaum noch halten, ich werde von allen Seiten angefeuert und erkläre jedem, der es wissen will, dass ich mich auf eine wichtige Mission vorbereite, die Überquerung des Kilimandscharos. Das Misstrauen, das bisher mir gegenüber vielleicht noch vorgeherrscht hatte, scheint sofort vergessen, sobald deutlich wird, dass dieser Weiße Humor und Selbstironie mitbringt. So vergeht ein äußerst sportlicher Nachmittag auf dem Früchtemarkt, der mir das letzte Quäntchen Fitness für die große Kilimandscharo-Überquerung bringt – hoffe ich zumindest.

Kaiser-Wilhelm-Spitze, du tust so weh!

Dann ist es so weit! In meinem Repertoire an typisch deutschen Gegenständen, die ich zwecks Kulturaustausch (der Bierkrug ist ja inzwischen in Hutt River gut untergekommen) mit mir führe, darf natürlich auch ein Wander-Outfit nicht fehlen. Das hat jetzt seine große Stunde.

Als ich mich auf den Weg mache, den Kilimandscharo zu besteigen, trage ich Lederhose, kariertes Hemd, rote Kniestrümpfe und einen bayerischen Wanderhut. Der afrikanische Lastenträger Eric lacht bei meinem Anblick sofort laut los.

144 »Du siehst aus wie einer der Deutschen, die vor über 130 Jahren hier ins Land kamen.«

Oje, darüber hatte ich nicht wirklich nachgedacht, zumal ich nicht die Kolonialgeschichte verherrlichen möchte, sondern ich im Auftrag des Kulturaustauschs unterwegs bin. Ich verwickele mich in umständliche Erklärungen darüber, warum ich so gekleidet bin. Zum Glück scheint Eric mir meinen Aufzug nicht wirklich übel zu nehmen, denn wir unterhalten uns ausgesprochen gut, während wir auf 2000 Höhenmetern durch den Regenwald wandern und Eric einen 25 Kilo schweren Sack auf dem Kopf trägt, den er sich von mir auf gar keinen Fall abnehmen lassen will. Er erzählt mir, dass er ziemlich genau über die Kolonialgeschichte Bescheid wisse, auch darüber, wie der Kilimandscharo damals hieß und dass er am Ende des 19. Jahrhunderts zum ersten Mal von dem Deutschen Hans Meyer bestiegen wurde.

Auf meine Frage, was er über die Kolonialzeit unter den Deutschen denkt, meint Eric zu meiner Überraschung, dass der Austausch mit den Deutschen in Tansania viel Positives gebracht habe, zum Beispiel eine bessere Infrastruktur und ein weitläufiges Eisenbahnnetz. Dann erzählt er noch, dass es auch einen Austausch von Wörtern in den jeweiligen Sprachen gegeben habe. So wird im Kisuaheli immer noch das Wort »Schule« verwendet, und Karotten heißen auf Kisuaheli »Karotti«. Aber ein Austausch wäre kein Austausch, hätte nicht auch die andere Seite etwas aus der fremden Sprache übernommen. So benutzen wir in Deutschland beispielsweise das Wort »Safari«, das aus dem Kisuaheli stammt und dort ganz einfach »Reise« heißt.

Eric und ich marschieren durch den schwül-warmen Regenwald den Berg hinauf und tauschen uns die ganze Zeit über angeregt aus. Eric erzählt mir, dass er als Lastenträger circa zehn Euro für sechs Tage bekommt, was ich erschütternd wenig finde, zumal ich tausend Euro an den Tourorganisator zahlen musste. Er erzählt mir, dass er eigentlich gerne Jura studieren würde, was allerdings 800 Dollar im Jahr koste und für ihn unerschwinglich sei. Deshalb sieht er seine Zukunft am Berg – mit 25 Kilo hoch, mit 25 Kilo runter und mit 25 Kilo wieder hoch! Ich frage ihn, wie man wohl drauf ist, wenn man das zwanzig Jahre lang macht. Eric antwortet: »Dann bist du einfach nur tot.«

Es schockiert mich, in diesem Moment einsehen zu müssen, dass auch ich Teil dieser Strukturen bin, wenn ich Erics Dienste in Anspruch nehme. Ich fange an zu überlegen, wie ich Eric unterstützen kann, finde zu diesem Zeitpunkt aber noch keine Antwort. Um die Stimmung etwas aufzulockern, hole ich mein goldenes Waldhorn aus dem Rucksack, das mein Wander-Outfit abrundet, aber auch ein gutes Versteck für meine Gold- und Silbertaler abgibt, um diese unauffällig über die Schmugglerroute nach Kenia bringen zu können. Ich habe sie im Vorfeld deshalb in der großen Hornöffnung unter einem goldfarbenen Klebeband unauffällig versteckt. Als Eric das Waldhorn sieht, ruft er begeistert: »Wow, eine Vuvuzela!« Ich muss lachen, da ich die afrikanische Vuvuzela erst seit der Fußball-Weltmeisterschaft aus Südafrika kenne, wo sie jedes Fußballspiel in eine Geräuschhölle verwandelt hat. Aber ein deutsches Waldhorn und eine afrikanische Vuvuzela scheinen sich bis auf die Form doch ziemlich zu ähneln. Eric und ich pusten nun abwechselnd in das Waldhorn, womit wir andere Lastenträger, die ebenfalls mit Touristen den Kilimandscharo besteigen, durch den Lärm (ja, die Töne sind bei uns beiden grausam) anlocken. Ungefähr fünfzehn Minuten später haben bestimmt zwanzig afrikanische Träger diese ungewöhnliche Vuvuzela ausprobiert, so dass wohl auch der letzte Vogel im Wald weiß, dass gerade ein Deutscher den Kilimandscharo besteigen beziehungsweise überqueren möchte. Kurzum: Ein deutsch-afrikanischer Kulturaustausch hat an diesem ersten Tag eindeutig stattgefunden.

Der zweite Tag gestaltet sich ein wenig schwieriger, da ich mich bei Eric vortaste, wie es wohl aussähe, wenn sich plötzlich ein Tourist über die Schmugglerroute nach Kenia absetzen würde. Eric erklärt mir sehr eindringlich, dass man mit hohen Strafen zu rechnen hat, wenn man den Berg nicht wieder auf tansanischer Seite hinuntersteigt. Ich gebe zu bedenken, dass man beim Nationalparkbüro einen Touristen, der sich abgesetzt hat, doch einfach nicht erwähnen bräuchte. Inzwischen hat sich Erics Miene deutlich verfinstert. Kurz angebunden erklärt er, dass die hohen Strafen sowohl für den Touristen als auch für den Träger gelten und deshalb nicht die geringste Chance bestünde, dass ein Porter ohne seinen Touristen zurückkehre.

Ich überlege den ganzen Tag, wie ich mich dennoch diskret nach Kenia absetzen kann, ohne dabei Eric zu schaden. Ins offene Messer möchte ich ihn auf gar keinen Fall laufen lassen.

Aber da gibt es keine einfache Lösung, und so geht es am Tag drei auf mittlerweile 4000 bis 4500 Höhenmetern unerbittlich weiter über den Wolken Richtung Schneekuppel des Kilimandscharos. Die Luft wird von Meter zu Meter dünner, so dass ich erste Zweifel bekomme, ob ich überhaupt dazu in der Lage bin, die Bergspitze zu erreichen. Jeder Schritt wirkt wie ein Schritt unter Wasser, als wären Gewichte an meinen Füßen befestigt. Auch das Luftholen fühlt sich an wie das Atmen durch einen Taucher-Schnorchel, denn es gibt jetzt kaum noch Sauerstoff. Ich hechele und schnaufe, während Eric mit den 25 Kilo locker den Berg hochtänzelt und aus Langeweile ab und zu in mein Waldhorn trötet. Der vierte Tag gestaltet sich ähnlich, abgesehen davon, dass Eric mir nun immer mal wieder unter die Arme greifen muss, damit ich nicht japsend den Rückweg antrete. Ohne seinen freundschaftlichen und motivierenden Einsatz hätte ich das wahrscheinlich auch getan.

Am Ende des vierten Tages schlafen wir im letzten Lager auf 4700 Höhenmeter, um von dort am folgenden Vormittag den Gipfel der Kaiser-Wilhelm-Spitze zu erreichen. Zum Glück gehen Touristen diese letzte Etappe in der Regel ohne ihren Träger, da es kaum Sinn macht, 25 Kilo auf die Spitze und sofort wieder hinunter ins letzte Höhenlager zu schleppen. So habe ich genau jetzt die einmalige Chance, mich abzusetzen. Aber mein Gewissen sagt mir: »TU DAS NICHT!«

Mit gemischten Gefühlen verabschiede ich mich um Mitternacht bei minus 10 Grad in einen dicken Skianzug gehüllt und mit einer Bankräuberstoffmaske, die mir Eric leiht. Er bemerkt meine Melancholie und fragt mich, ob ich wirklich hoch auf die Spitze wolle. Ich nicke nur kurz und verschwinde im Dunkeln, um weitere sechs Stunden lang Steigungswinkel von 30 bis 50 Grad zu überwinden und von 4700 bis knapp 6000 Höhenmeter zu gehen beziehungsweise zu wanken.

Warum ich den Aufstieg um Mitternacht beginne? Darüber habe ich ehrlich gesagt überhaupt nicht nachgedacht, ich habe einfach getan, was hier jeder tut. Ich habe mich völlig ahnungslos den anderen Bergsteigern angeschlossen, die die letzte Etappe um Mitternacht starten, um den Sonnenaufgang auf der Spitze zu genießen. Das klingt ziemlich romantisch, ist es aber nicht, denn die sechs Stunden bis dorthin sind die absolute Hölle. Man stolpert durch Geröll und hat keinen blassen Schimmer mehr, wo oben und wo unten ist. Und obwohl ich stolz bin, das alles geschafft zu haben, bleibt es mir bis zum Schluss ein Rätsel, worin der Reiz bei dieser Quälerei besteht.

Während dieser Tortur wird mir absolut klar, dass ich

Eric mit Sicherheit nicht hängen lassen werde, da freundschaftlicher Austausch klar vor Hochtauschen geht. Ich weiß, dass ich noch heute zurück ins Lager kehren werde. Aber erst mal auf den Gipfel, ein langer Traum von mir, bei dem ich die Anstrengungen nie bedacht hatte.

Nach stundenlangem innerlichen Gefluche über meine Schnapsidee, Kenia über den Kilimandscharo erreichen zu wollen, geht endlich die Sonne auf. Ich stehe auf 5500 Höhenmetern und schnappe nach Luft wie ein Hundewelpe direkt nach der Geburt. Der Anblick hier oben ist dann aber wirklich wahnsinnig, 3000 Meter über den Wolken sieht ein Sonnenaufgang wirklich viel besser aus, als irgendwo an der Costa Brava oder irgendwo auf dem Prenzlauer Berg.

So geht es in warmer Morgensonne den letzten halben Höhenkilometer hinauf bis auf das Dach Afrikas, an riesigen Gletschern vorbei und durch eine Atmosphäre, die der auf dem Mond wohl sehr ähnelt. Und dann stehe ich auf 5895 Metern total kaputt vor einem Holzschild, während ich nur noch schwachsinniges Zeug in Form von Selbstgesprächen in meine Kamera brabbele.

Ja, ich bin überaus glücklich, diesen Berg bestiegen zu haben, und hole meine deutsche Vuvuzela aus dem Rucksack, um dem deutsch-afrikanischen Kulturaustausch auf der ehemaligen Kaiser-Wilhelm-Spitze ein Ständchen zu tröten, doch selbst das gelingt mir kaum. Ich bekomme lediglich ein leises trööötäää heraus, und dann ist Schluss. Waldhorn spielen ist auf fast 6000 Metern nicht mehr wirklich möglich.

Und da sehe ich sie, zwischen den Gletschern, die alte Schmugglerroute. Soll ich doch dort hinuntergehen? Inzwischen gibt es keinen Zweifel mehr an meiner Antwort: NEIN, DAS WERDE ICH NICHT TUN!

Ich wäre körperlich überhaupt nicht mehr in der Lage, den Berg alleine hinunterzusteigen, und noch viel wichtiger: Ich kann Eric nicht im Stich lassen. Was wäre ich für ein Kollegenschwein, wenn ich das täte? Deshalb geht es die nächsten zwei Tage mit Eric zurück ins Tal, zwar ohne Tausch, aber dafür mit einem neuen Freund, was mir auch viel wichtiger ist. Ich entschließe mich letztendlich dazu, Eric das Jurastudium zu finanzieren.

Ein Pfeifchen in Ehren

Zurück in Arusha beginnen nun neben einem fünf (!) Tage anhaltenden Muskelkater in den Beinen mehrere Tage des Zweifels an meinem Unterfangen. Ich bewege mich seit Wochen auf der Stelle, habe nicht einmal getauscht und sitze nach wie vor in Tansania, das sich nicht wirklich für Tauschaktionen eignet. So fällt mir nur noch eine Lösung ein: das Mutterschiff! Schließlich heißt es doch immer, dass in der Not der Staat einspringt, wenn man irgendwo in der Welt Hilfe braucht. Zwar bin ich glücklicherweise nicht in körperlicher, geistiger oder finanzieller Not, dafür stecke ich aber in einer ernsthaften Tauschkrise. Ich setze mich an den Computer und recherchiere nach der deutschen Botschaft in Tansania und werde kurzerhand zum Honorarkonsul in Arusha weitergeleitet. Ich beschreibe ihm in einer Mail mein Anliegen, und kurze Zeit später antwortet der Honorarkonsul mit einer Einladung zu einem Treffen. Schnell duzen wir uns, und Ulf nimmt sich meiner Tauschkrise an. Offensichtlich fühlt er sich wirklich für mich verantwortlich.

Auf meine Frage, wo ich in Tansania denn mit meiner Tausch-Idee ansetzen könne, rückt er erst einmal meinen

Blick auf den deutsch-afrikanischen Austausch in der Kolonialzeit zurecht. Kolonialisierung sei nie ein echter Austausch, schließlich wäre das keine Basis für Gleichberechtigung, und es ginge immer nur um die Interessen der Kolonialmacht. Da würde es auch nichts ändern, wenn dabei am Ende eine Eisenbahnlinie oder Ähnliches herausspringt.

Dann erzählt er mir, dass die jüngere Geschichte des Landes von vielen Krisen geprägt sei. In diesen Situationen habe der Staat Tansania die komplette Kaffeeernte gegen Öl eingetauscht, um die Wirtschaft Tansanias am Laufen zu halten. Seinen Aussagen zufolge ging es dabei um riesige Mengen an Tauschgütern, die jeden persönlichen Tausch weit in den Schatten stellen. Da kann ich mit meinen paar Goldstücken wahrscheinlich auch nicht wirklich mithalten.

Eine echte Tauschkultur auf privater Ebene gebe es nur noch bei den unzähligen Stämmen des Landes, da sie oftmals weit weg von größeren Städten wohnten und teilweise keine Infrastruktur hätten, so wie wir sie kennen. In ihren Traditionen spiele das Tauschen daher oft noch eine große Rolle. Das hört sich jetzt doch sehr interessant an. Bei den Stämmen hier in Tansania könnte ich vielleicht meinen Tauschrausch auch ein wenig ausleben, denke ich und frage Ulf, den deutschen Honorarkonsul, wie er das sieht. Inzwischen stehen wir vor einem offiziellen gelben Schild mit der Aufschrift »Bundesrepublik Deutschland«. Ulf führt mich über sein Grundstück, das also offizielles Hoheitsgebiet unseres Landes ist. Dann zeigt er mir seine Kaffeeplantagen, denn wenn Ulf nicht gerade als Honorarkonsul unterwegs ist, handelt er mit Kaffee.

»Ich könnte dir helfen«, wirft er plötzlich ein. Zu meiner großen Überraschung bietet er mir zwei Dinge an:

1. Einen Tausch: Kaffeesäcke gegen meine Arbeitskraft.
2. Seinen Jeep als Leihgabe für eine Tauschreise zu den Volksstämmen Tansanias.

Ich stimme sofort zu und bin überglücklich, dass der Tauschrausch weitergeht.

Einen Tag später stehe ich vor hundert Kaffeesäcken, die jeweils sechzig Kilo wiegen und die ich zu einem ungefähr 25 Meter entfernt stehenden LKW tragen soll, um meinen Teil des Tauschs »Kaffeesäcke gegen Arbeitskraft« zu erfüllen. Meine Stimmung ist sofort auf dem Nullpunkt, da ich seit Anfang des Tauschrauschs mit akuten Rückenschmerzen zu kämpfen habe, die gerade erst etwas abgeklungen sind. Aber als ich zu Ulf hinüberblicke, ist mir klar, dass hier ohne Säckeschleppen nicht getauscht wird.

So trage ich einen Sack nach dem anderen vom Lager bis zum LKW, mal auf der Schulter, mal auf dem Rücken und zwischenzeitlich selbst auf dem Kopf. Aber jeder Sack ist wie ein Schlag ins Gesicht beziehungsweise ein Schlag auf den kränkelnden Rücken. Selbst andere Tragepositionen wie »Sack hinter mir herziehen« oder »Sack auf der Brust, während ich mich rückwärts über den Fabrikboden robbe«, helfen nichts. Das Gewicht der Säcke lässt meinen gerade verheilten Rücken vor Schmerz wieder aufheulen. Bei Sack siebzehn muss ich den Job schließlich an den Nagel hängen.

Ulf schaut mich kritisch an. Ich kann seine Gedanken lesen: »Ja, ja, Tauschrausch-Reporter mit großen Zielen und wenig Durchhaltevermögen!«

Aber er ist ein höflicher Mann und unternimmt nichts, was darauf hindeutet, dass er meine Story mit den Rückenschmerzen bezweifelt. Ich darf sechs Säcke Kaffee für den Tausch behalten und bekomme seinen Jeep für eine Woche, ohne die verbleibenden 83 Kaffeesäcke auch nur berührt zu haben – das nenne ich diplomatisch!

Mit den Säcken auf dem Dach und den Gold- und Silbermünzen geht es einen Tag später auf zur großen Abenteuertauschtour durch Tansania. Ich kann zwar nur unter heftigen Schmerzen in den Jeep ein- oder aussteigen, da mein Rücken keine weiteren Belastungen mehr zulässt. Dafür ist die Reise umso schöner. Ich fahre durch unglaubliche Landschaften mit hohen Bergen, Savannen und einer unglaublichen Tierwelt. Einmal muss ich aufgrund eines Zebrastaus auf einer Straße im Schritttempo fahren, um die gemütliche Zebraherde nicht unnötig aufzuschrecken. Einen Tag später lande ich auf der Suche nach dem Stamm der Hadzabe beim Stamm der Datoga. Viele neugierige Gesichter erscheinen am Fenster von Ulfs Jeep und schauen mich genauso erstaunt an wie ich sie. Die groß gewachsenen Männer und Frauen tragen viel aufwendig gearbeiteten Schmuck um den Hals, um die Handgelenke und um ihre Fußknöchel. Gekleidet sind sie in Tücher, die zu Mänteln um ihre Körper gewickelt sind, ihre Gesichter sind ausdrucksstark und äußerst attraktiv mit hohen Wangenknochen und ausdrucksstarken Augen.

Ich halte die Zeichnung eines Bekannten in der Hand, auf der der Weg zu den Hazabe beschrieben ist. Man sieht lediglich einen Baum, eine Hütte und eine Linie, die die Route zum Stamm darstellen soll. Die Männer der Datogas drehen die »Karte« in den Händen hin und her und können mit ihr genauso wenig anfangen wie ich, was zwar schade ist, aber mich auch beruhigt. Doch dann können die Datoga mir doch noch helfen. Alex, eines der Stammesmitglieder, schwingt sich in den Jeep, um mir den

Weg ohne lästigen Papierkram zu zeigen. So komme ich bei den Hadzabe an. Dieser Volksstamm ist vom Aussterben bedroht und umfasst kaum 1000 Menschen. Durch die geringe Zahl der Stammesmitglieder kommt es nach Aussagen von Experten zur Fortpflanzung mit zumindest entfernten Verwandten. Dadurch schleichen sich genetische Fehler ein, und dadurch kommt es tragischerweise zu einer hohen Geburtensterblichkeitsrate.

Die Hadzabe sind nur circa 1,50 Meter groß und leben so ursprünglich, dass sie noch mit Pfeil und Bogen auf die Jagd gehen und unter Bäumen anstatt in Häusern wohnen. Sie kleiden sich kaum und lehnen moderne kulturelle Errungenschaften ab. Dafür rauchen sie gerne und viel, und damit meine ich nicht Tabak, sondern sage nur: »Amsterdam oleee!«

Ich werde zusammen mit einem Übersetzer vom Dorfchef Onuas freundlich begrüßt, so dass ich mich in die Runde der Stammesmänner setze, um mich einem positiven, interkulturellen Austausch zu widmen. Aber es kommt zu Problemen: Die Hadzabe-Männer sitzen rauchend mit großen Pfeifen zusammen und ziehen sich ein lustiges Pfeifchen nach dem anderen rein. Ihre große, aus Holz geschnitzte Pfeife geht reihum. Regelmäßig wird in der großen Pfeife das Rauschmittel nachgestopft, damit auch bloß niemand in der Runde leer ausgeht. Nachdem jeder der Stammesmitglieder exzessiv an der Pfeife gezogen hat, beginnt ein großes Hustenkonzert, das nicht gerade gesund klingt. Onuas hustet und keucht und hustet und keucht. Ich bekomme Angst, dass dieser kleine Mann, der angeblich 57 Jahre alt sein soll, was aber niemand so genau weiß, keine Luft mehr bekommt. Ich versuche ihm brüderlich auf den Rücken zu klopfen, was in der Runde

154

aus zehn hustenden und keuchenden Hadzabe-Männern aber gar nicht gern gesehen wird, da das Husten als Ritual für eine gute Gesundheit dient.

So versuche ich mich im Zuge des kulturellen Austauschs an der Rauch-Orgie zu beteiligen. Schließlich wird man so bei uns zumindest in jeder Hippie-Kommune oder Hip-Hop-Gang am schnellsten akzeptiert. Doch ich lerne in diesem Moment, dass sich die Hadzabe darin wohl deutlich von solchen westlichen Subkulturen unterscheiden: Ein Neuling bekommt nämlich nichts ab! Sosehr ich auch versuche, mein Interesse zu bekunden, die Pfeife beim Herumwandern zu erhaschen oder in einer unmissverständlichen Zeichensprache (große Augen machen, Pfeife symbolisieren und so tun, als ob ich rauche), sie ignorieren meinen Wunsch. Die Pfeife wird nicht geteilt, Ende aus!

So beginnt der erste Abend bei den Hadzabe ziemlich enttäuschend für mich und ohne weiteren Austausch. Ich sitze im Sonnenuntergang am Lagerfeuer unter einem ihrer Bäume und lausche sehr gerührt ihren Gesängen, bis ich einschlafe.

Am nächsten Morgen wird um sechs Uhr aufgestanden. Ich bin zwar Frühaufsteher, doch nach einer Nacht auf hartem Boden hätte ich mich gefreut, den Tag etwas gemütlicher angehen zu lassen. Aber da unterscheidet sich wohl der Lebensstil in der Natur total von unserem.

Onuas und die Männer zeigen mir beim Sonnenaufgang am Lagerfeuer ihre Pfeile und Bögen, die sie zweimal täglich zur Jagd einsetzen. Es gibt drei verschiedene Pfeile: den Holzpfeil für Vögel und andere Kleintiere, den Metallpfeil für Affen und den Metall-Giftpfeil für Giraffen und andere Riesentiere. Ein Giftpfeil zufällig im Po bedeutet das sofortige Aus. Deshalb warnt mich Onuas, mit dem

155

Giftpfeil sehr verantwortungsbewusst umzugehen. Und er warnt mich vor Schlangen, die auf der bevorstehenden Jagd durch das Gebüsch gleiten könnten. Mir sind die Verantwortung für den Giftpfeil und die Aussicht auf giftige Schlangenbisse doch ein wenig zu viel, und daher schlage ich vor, während der Jagd doch besser die Stellung unterm Baum mit den Frauen und Kindern zu halten. Doch Onuas lacht nur. Es ist wohl im Stamm noch nie zu einer derart peinlichen Situation gekommen, ein Mann, der sich weigert, an der Jagd teilzunehmen. Aber dann beruhigt mich Onuas, was die drohenden Giftschlangenbisse angeht. Sicherheitshalber tragen die Männer nämlich Gegengifte bei sich. (Da bin ich ja erleichtert, wenn ich nach einem dreiwöchigen Schlangenbisskoma vielleicht doch noch aufwache.)

Ich bekomme ein Probetraining im Erlegen von Tieren mit Pfeil und Bogen. Wir schießen immer wieder auf einen kleinen Gegenstand, den selbst der achtjährige Enkel von Onuas mit seinen Pfeilen leicht trifft – ich aber leider nicht.

Bevor wir zur Jagd aufbrechen, setzen wir uns alle wieder in eine große Runde, und die famose Pfeife wandert munter durch die Runde. Jeder der Hadzabe-Männer zieht wieder kräftig, hustet, keucht und gibt sie weiter zu seinem Nachbarn. Wie soll das gleich auf der Jagd gut gehen, wenn zehn Männer mit tödlichen Giftpfeilen im Anschlag berauscht durch den Busch ziehen? Ich fühle mich wie in einem total verrückten Film, weil irgendwie gar nichts zusammenpasst. Deshalb lehne ich das unerwartete Angebot, heute früh mitrauchen zu dürfen, auch nicht ab. Was soll's ... Verrückter kann es doch eh nicht mehr werden, denke ich mir. Beim Durchziehen der Pfeife bekomme ich einen gigantischen Hustenanfall, da mein Körper und meine Lunge an so viele Rauschstoffe auf einmal wohl nicht gewöhnt sind. Also geht es breit auf die Jagd.

Während ich vorgebeugt und hustend vor einem Gebüsch stehe, höre ich die Männergruppe im Hintergrund laut lachen. Sie wundern sich über mich wohl genauso wie ich mich über sie. Wenig später ziehen wir in Schussposition durch das Gebüsch der Region. Ich habe den Metallpfeil ohne Gift im Anschlag und bin hauptsächlich damit beschäftigt, mich nicht mit dem Giftpfeil in meiner rechten Hand versehentlich zu verletzen beziehungsweise ihn versehentlich in einen der Männer zu stechen. Kurzum, ich bin total gestresst und halte mich nur mit den Gedanken an mein eigentliches Ziel aufrecht: ein Haus auf Hawaii!

Ich schleiche also gerade im Rausch und mit Pfeil und Bogen durch den afrikanischen Busch, als ich merke, wie weit ich von meinem eigentlichen Ziel entfernt bin. Deshalb frage ich Onuas flüsternd, ob sein Stamm gerne tauscht. Onuas, der gerade einen Vogel abschießen wollte, dreht sich zu mir um, runzelt die Stirn und fragt mich kopfschüttelnd, ob ich den Tag heute gerne ohne Essen verbringen möchte. Ich schweige und genieße, soweit es geht, den Rausch der Pfeife.

Eine Stunde später kommen wir an einem Baum an, und Onuas und Gefolge brechen seine Rinde auf, um einen großen Honigfund herauszuholen. Ich bin beeindruckt, welche Mengen Honig in einem Baum versteckt sein können. Als wir alle den Honig mit klebrigen Händen verschlingen, kommt Onuas auf meine Tauschfrage zurück und erklärt mir, dass die Hadzabe mit ihrem Nachbarstamm, den Datogas, in der Regel diesen Honig gegen Pfeilspitzen eintauschen. Die Hadzabe haben nämlich keine Möglichkeit, Metall zu bearbeiten.

Der zweite Teil der Jagd wird noch ungemütlicher als

der erste, da wir uns durch dichtes Gebüsch schleichen müssen. Für die 1,50 Meter großen Hadzabe-Männer kein Problem, aber für einen 1,85 Meter großen Deutschen, der immer noch von starken Rückenschmerzen geplagt wird, ist es ein ziemlich uncooles Unterfangen. So quetsche ich mich unter Ästen hindurch, während ich immer mehr den Anschluss verliere. Schnell weiß ich nicht mehr, ob die Männer sich auf meiner linken oder rechten Seite, vor oder hinter mir befinden. Ich bekomme Angst und Paranoia, dass mich plötzlich einer ihrer (Gift-)Pfeile treffen könnte. Also rufe ich nach Onuas, wenig später kommt Onuas' achtjähriger Enkel zu mir durch das Gebüsch gelaufen und fängt mich wieder ein. Während ich mit den Zweigen und meinem Rücken gekämpft habe, hat der kleine Enkel einen Vogel und ein Eichhörnchen geschossen, die er mir stolz zeigt.

Kurze Zeit später sitzen wir alle am Lagerfeuer, um die spärliche Ausbeute gegrillt zu essen. Nach einem Biss ist mein Anteil dann auch schon verschwunden. Ich biete Onuas meine Streichhölzer an, als wir gemeinsam mit zwei Holzstöckchen versuchen, das ausgegangene Feuer wieder anzuzünden. Doch er lehnt ab und möchte bei der traditionellen Methode bleiben. Bei den Hadzabe steht Tradition in der Werteskala höher als technische Errungenschaften: das Leben unterm Baum und nur mit Pfeil und Bogen als freie Entscheidung.

Später stehen wir am Jeep von Honorarkonsul Ulf. Ich biete Onuas an, für eine Spritztour Platz zu nehmen. Er schaut etwas verwundert, da er wohl noch nie von Motorkraft fortbewegt wurde. Die Fahrt durch den Busch findet er aber toll und stimmt ein Liedchen dazu an. Ich frage ihn, ob er ein Auto, anders als Streichhölzer, dann doch annehmen würde. Onuas erklärt mir, dass so ein Auto schon toll sei, da man damit viel schneller zur Wasserstelle käme, wofür die Frauen für Hin- und Rückweg von Sonnenaufgang bis Sonnenuntergang brauchen. Aber dann lehnt Onuas diese Hilfe genauso wie die Streichhölzer ab. Er erklärt mir, dass neben Tradition auch Natürlichkeit ganz oben auf der Wertskala der Hadzabe stehe. Also alles, was nicht traditionell und nicht natürlich ist, gilt bei den Hadzabe als relativ uncool. So steigen Onuas und ich wieder aus dem Jeep aus, ohne dass er dem Wagen einen weiteren Blick schenkt.

Als wir bei einer Abschiedspfeife wieder unter dem Baum sitzen, beobachte ich einen weiteren Hadzabe-Mann mit einer sehr auffälligen Fellmütze. Er erklärt mir, dass es eine Affenschwanzmütze sei, die nur aus Affenschwänzen bestehe, die er selbst geschossen habe. Weiter erzählt er, dass eine Affenschwanzmütze bei den Hadzabe-Frauen ziemlich gut ankäme, da sie für Männlichkeit stehe. Ich bin beeindruckt und denke an meinen Tauschrausch. Schließlich bin ich im Tauschen mittlerweile schon geübt und biete ihm meine Kappe im Tausch gegen die Affenschwanzmütze an. Keine Chance! Er erklärt mir, dass die Affenschwanzmütze nicht getauscht werden dürfe.

Ich erkenne, dass ich hier tauschend nicht weiterkomme, und bedanke mich bei allen Stammesmitgliedern für den tollen Einblick in ihre Kultur. Zum Abschied singen alle Stammesangehörigen mir ein Lied, und ich werde in einen Hadzabe-Abschiedstanz eingebunden, bei dem Onuas die Strophen vorsingt und die restlichen Dorfbewohner sie mit einem Refrain beantworten. Alle Dorfmitglieder singen, tanzen und klatschen im Kreis. Als die Stimmung sich aufheizt, springen die ersten Männer in den Kreis, um zu tanzen. Der Tanzstil hat etwas von Breakdance, vielleicht nicht ganz so durchchoreografiert. Ich springe mit in den

159

Kreis und spüre eine tiefe Freude darüber, diesen unvergesslichen Moment miterleben zu dürfen.

Dann fahre ich weiter zu den Massai, obwohl mein Herz noch bei den Hadzabe ist. Der Massai-Stamm ist international viel bekannter als die Hadzabe oder Datoga, nicht zuletzt durch einschlägige Lektüre wie *Die weiße Massai*. Ich habe bei meinen Recherchen herausgefunden, dass die Tauschkultur bei den Massai noch viel ausgeprägter als bei anderen Stämmen sein soll.

Daher halte ich in einem ihrer Dörfer, die aus kleinen Lehmhütten mit minikleinen Schlitzen als Fensterluken bestehen. Auch hier werde ich wieder fröhlich musikalisch begrüßt. Allerdings ausschließlich von Frauen, die ähnlich wie die Datoga mit auffälligem Schmuck und Tüchern bekleidet sind. Sie sagen mir, dass alle Männer zu einem Fest verreist sind und ich deshalb wichtige geschäftliche Dinge gleich mit ihnen regeln könne. Ich erkläre ihnen von meinem Tauschrausch und dem Interesse an Tauschkulturen. Zwei Frauen des Dorfes, Ngonamuna und Naningoi, erklären mir, wie weit das Tauschen bei den Massai funktioniert.

Sie beide wurden zu ihrer Volljährigkeit von ihren Vätern gegen vier Kühe getauscht. Ich denke, dass ich mich aufgrund der sprachlichen Hürden verhört habe und frage noch einmal höflich nach. Die Antwort ist klar. Bei den Massai ist es gang und gäbe, dass Frauen gegen Kühe eingetauscht werden. Und wenn eine Frau gegen vier Kühe getauscht wird, heißt das, dass sie ein recht gutes Exemplar ist.

Ich denke an *Die weiße Massai*, in dem eine Deutsche beschreibt, wie sie aus Liebe zu einem Massai in seinen Stamm zieht. Diesem Beispiel sind später wohl etliche

160

Der Anbiss in Mainz

Ausbeute bei der Anti-Atomkraft-Demo in Köln

Schöne Stunden mit Hermann im Süden von Deutschland

Aufruf zum Höhenkickerduell auf dem Weg in die Schweiz

Wigges
Indien
Tauschrausch

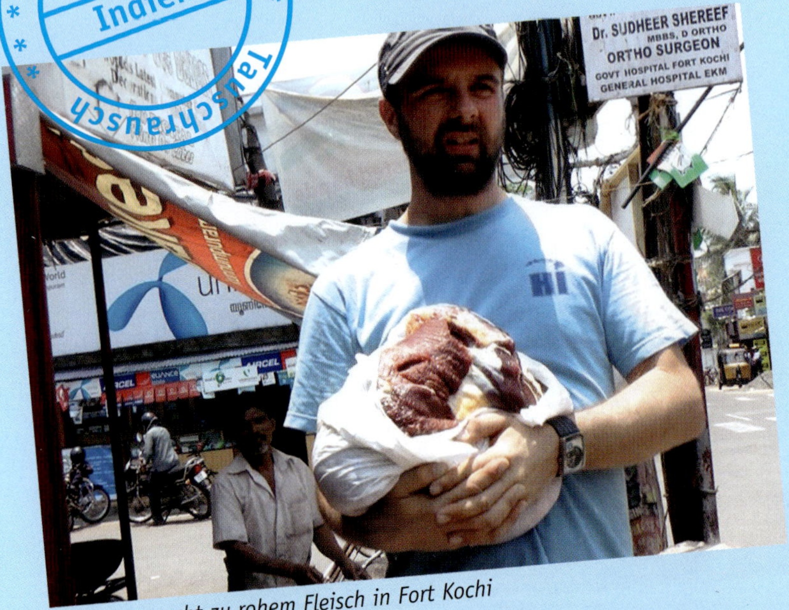

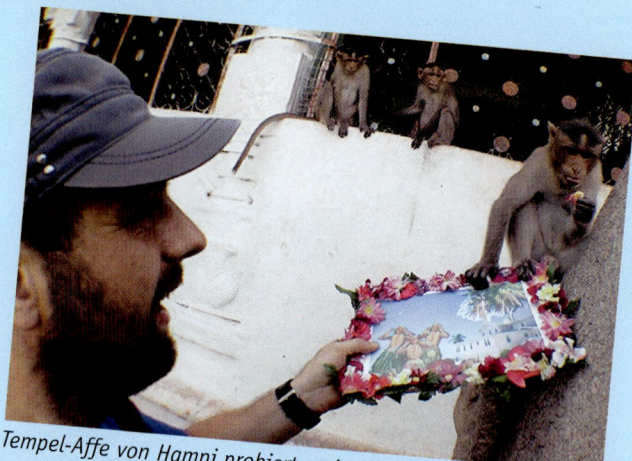

Runtergetauscht zu rohem Fleisch in Fort Kochi

Tempel-Affe von Hampi probiert mein Hawaii-Bild

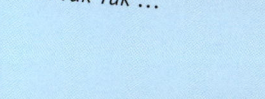

Goa: Tuk Tuk …

… wird zu Space Tuk Tuk!

Wigges

Australien

Tauschrausch

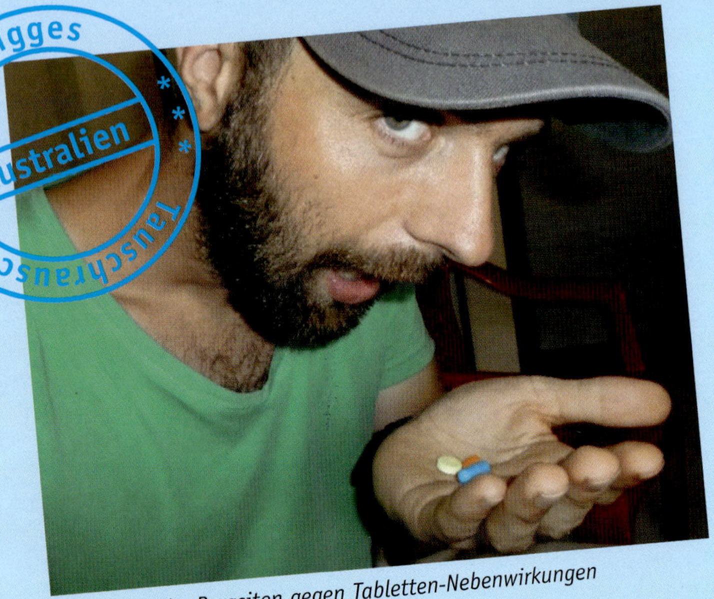

Perth: Tausche Parasiten gegen Tabletten-Nebenwirkungen

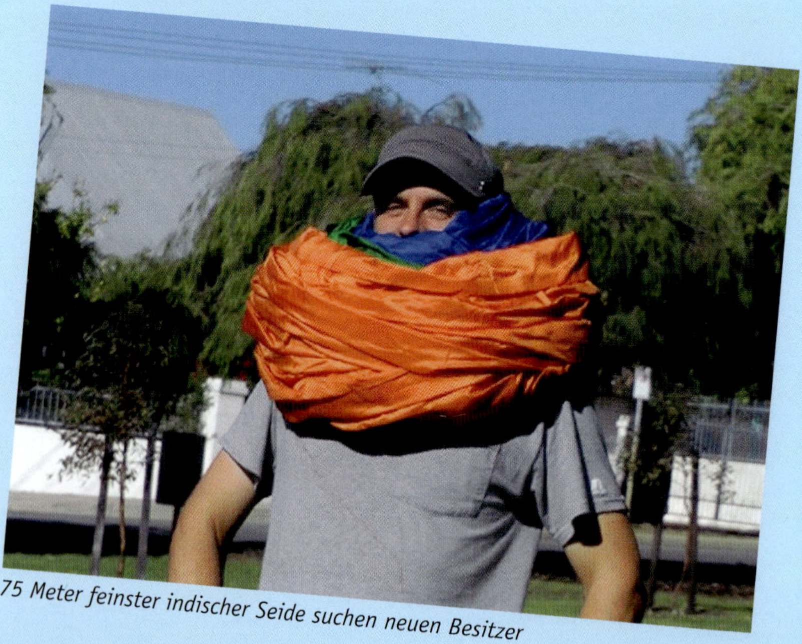

75 Meter feinster indischer Seide suchen neuen Besitzer

Darwin: Crocodile Wiggee bei seiner ersten Mutprobe

Wigges Neuseeland Tauschrausch

Mit Krokodilgemälde unterwegs zum Maoridorf

3 Kilo Jade für meinen ersten Milliardärs-Kumpel, Jim Rogers

Mit Eric und Wald-
horn-Vuvuzela
auf dem Weg
zum Gipfel

5895 Meter über dem Meer – das Dach Afrikas! Der Kilimandscharo!

Wigges

Kenia

Tauschrausch

Kenya vs Germany im altehrwürdigen Stadion von Eldoret

Die 300 Jahre alte Bibel in Odessa

Geheimtausch mit Ruslana in Kiew

Deutschtum in Pomerode

Fahrrad ohne Gangschaltung gegen VW Käfer von 1966

Wigges

USA

Tauschrausch

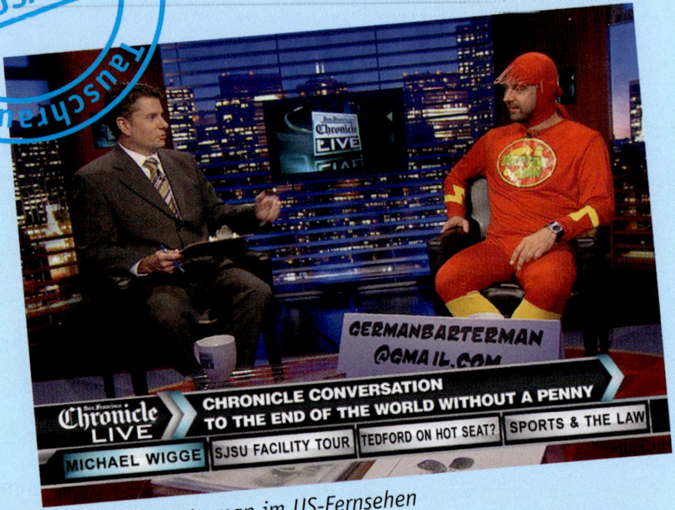

Als German Barterman im US-Fernsehen

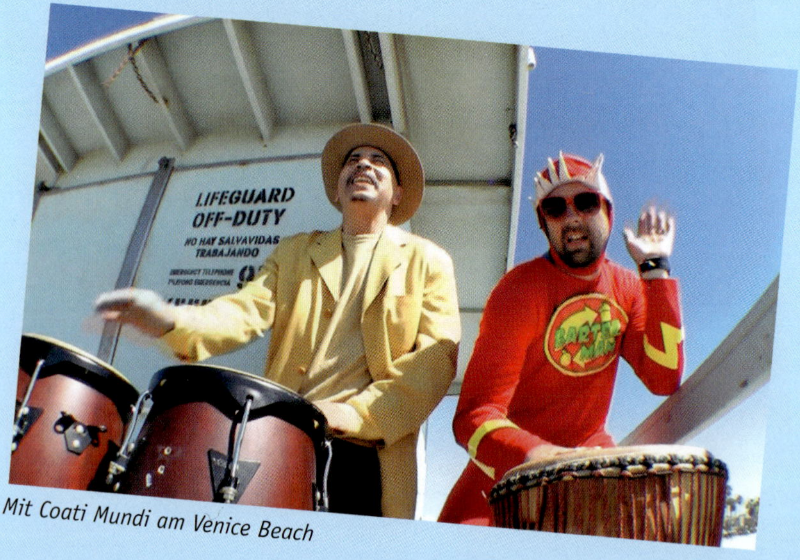

Mit Coati Mundi am Venice Beach

David mit seiner feuerspeienden Tuba auf dem Burning Man Festival in Nevada

Burning Man-Tauschtrophäen

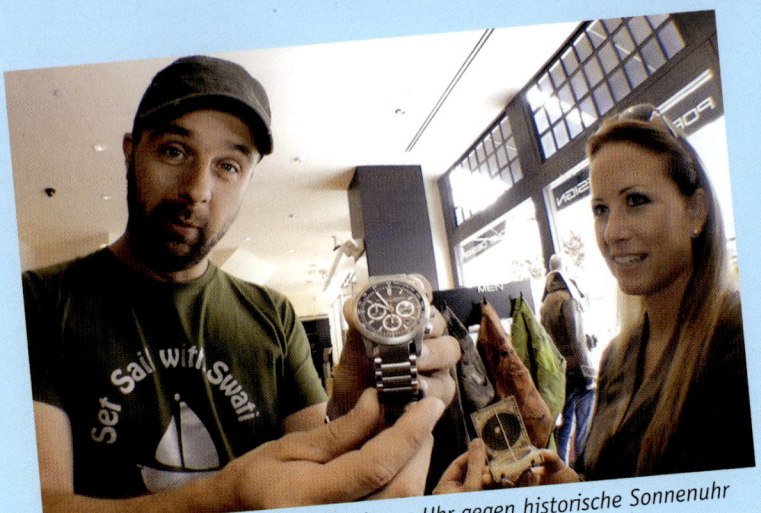

Set Sail with Swati
MEN
Im Porsche Store in Beverly Hills: Luxus-Uhr gegen historische Sonnenuhr

Wigges
Hawaii
Tauschrausch

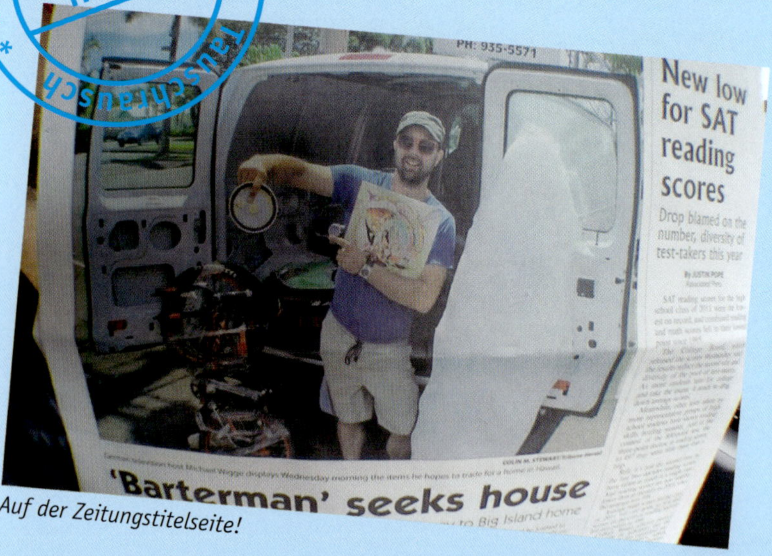
PH: 935-5571
New low for SAT reading scores
Drop blamed on the number, diversity of test-takers this year
'Barterman' seeks house
Auf der Zeitungstitelseite!

Das Pick-Up-Traumhaus unterwegs zum ...

... paradiesischen Grundstück in spe.

Fleißige Helfer machen's möglich ...

... mein Haus auf Hawaii!

weiße Frauen gefolgt. Ich höre hier in Afrika nämlich immer wieder davon, dass in vielen der Massai-Dörfer plötzlich westliche Frauen aus Amerika, England oder Deutschland leben und dort mit einem Massai-Krieger verheiratet sind. Ob sie sich der oben beschriebenen Tauschpraxis wohl vorher bewusst waren?

Schließlich gehe ich zum Geschäftlichen über und zeige Ngonamuna und Naningoi mein Gold, Silber und die Kaffeesäcke. Sie lachen (ähnlich wie Onuas das mehrfach tat) und erklären mir, dass Kaffeetrinken bei den Massai überhaupt nicht in sei. So verlasse ich auch dieses Dorf, ohne einen weiteren Tausch verbuchen zu können.

Kampf ums blaue Gold

Nach einer unglaublich spannenden Woche in Tansania bin ich von meinem nächsten Tausch noch genauso weit entfernt wie vorher. Ich habe zwar viel über Honig und Speerspitzen oder »Tausche-Frau-gegen-Kuh-Kultur« gelernt, aber mit dem Tauschrausch bin ich dadurch keinen Schritt weitergekommen. Ich sitze in meinem fensterlosen Hostelzimmer 108 in Arusha und bekomme wieder dieses unangenehme Ich-hab-mich-übernommen-Gefühl, das sich schon in Indien beim großen Tuk-Tuk-Drama in meinem Bauch entwickelt hatte. Es ist ein ungutes Gefühl, das mir einzureden versucht, die ganze Reise sei sowieso eine Schnapsidee gewesen.

Nach einem Durchhängertag reiße ich mich zusammen und frage in meinem Hostel herum, wie und wo man in Tansania vielleicht doch noch tauschen könne. Die Rezeptionistin Pauline nimmt sich meiner an und ruft mir die nur in Tansania zu findenden Tansanite zurück ins Gedächtnis. Ich finde die Idee ziemlich gut. Jedes Mal, wenn ich mich erfolgreich hochgetauscht habe, handelte es sich um etwas, das für die jeweilige Kultur typisch war: Seide in Indien, Aborigines-Kunst in Australien, Kaffee in Tansania. Dadurch, dass Seide in Australien einen viel höheren Marktwert als in Indien hat, konnte ich den Wert meines Tauschgutes vervielfachen. Also scheint mir die Sache mit den Tansaniten eine gute Idee zu sein. Pauline nennt mir drei Kontakte, um einen Ausgangspunkt für einen Tansanit-Tausch zu haben.

1. Limo, der Taxifahrer, der angeblich jeden kennt.
2. Mr. Buado, der sogenannte Gott im Tansanit-Geschäft.
3. Ein Tansanit-Händler der Massai, den ich vorsichtshalber schon an dieser Stelle in Hans Günther umbenennen möchte, da der Kontakt zu ihm zur Gefahr für mich wurde.

Bis es so weit kommt, treffe ich erst mal Limo, den Taxifahrer, der mich eine Runde um den Block fährt, während wir über die Tansanit-Szene in Arusha quatschen. Er warnt mich vor Trickbetrügern, da gerade Touristen häufig falsche oder schlechte Steine angedreht werden. Deshalb empfiehlt er mir Punit, einen indischen Tansanit-Händler, der sich in seinem Geschäft hinter einer großen Vitrine voller leuchtend blauer Edelsteine versteckt. Wir reden, und er findet eine Tauschaktion gegen Gold, Silber und Kaffee auch ziemlich gut. Limo und ich verabreden einen Tag Bedenkzeit, da so ein Tausch aufgrund der möglichen Risiken wohl überlegt sein muss.

Und so spreche ich am folgenden Tag auch noch mit Hans Günther, dem Tansanit-Händler, der mir auch von Pauline empfohlen wurde. Er warnt mich sofort energisch vor Punit und nennt ihn einen Trickbetrüger, der gerne mal Touristen überteuerte Edelsteine andreht. Ich glaube ihm und bin vorsichtig. Deshalb nehme ich von einem Tausch mit Punit erst mal Abstand.

Ich habe ja noch einen dritten Tauschkontakt, den ich nun unter die Lupe nehme. Mr. Buado, der berühmt-berüchtigte Tansanit-Tauschgott! Ich treffe ihn in seinem Büro, das von Leibwächtern bewacht wird. Ein recht schmächtiger Mann mit Sonnenbrille sitzt hinter einem Schreibtisch und wirkt auf mich irgendwie unerreichbar, selbst nachdem wir die ersten Worte gewechselt haben. Ich erzähle ihm von meinem Tauschinteresse, er schaut sich die Goldmünzen an.

»Sehr schön. Die nehme ich zur Qualitätsprüfung dann erst mal mit nach Hause!«, sagt er dann.

»Ne, das nun wirklich nicht«, antworte ich reflexartig, und das kurze Tauschgespräch mit Mr. Buado ist beendet.

Wenig später werde ich an einer Straßenecke von einem jungen Mann angesprochen. Da ich so verzweifelt bin, gehe ich darauf ein. Er sagt, dass er mir helfen könne, und führt mich in ein schmuddeliges Hinterzimmer in einer schmuddeligen Gegend. Das schmuddelige Hinterzimmer ist das Büro des Minenbesitzers Mr. Kotago, der hinter einer großen Schreibtischlampe mit einer Lupe über einem Haufen Edelsteine sitzt. Die Atmosphäre in diesem Raum wirkt wie in einem Gangsterkrimi, denn Mr. Kotago hat zwei Kollegen neben sich, die mich mit ernstem und misstrauischem Blick mustern. Das dämmrige Licht und die wenigen Worte, die gewechselt werden, tun ihr Übriges.

163

Mr. Kotago streicht stolz über den großen Haufen Tansanite auf seinem Schreibtisch. Aber leider sind die Steine alle braun und nicht strahlend blau. Auf meine Nachfrage, warum die Steine diese sonderbare Farbe hätten, bekomme ich keine Antwort und verziehe mich somit leise und ohne weitere Forderungen.

Wenig später bin ich wieder bei Hans Günther und trinke einen Kaffee mit ihm. Er bietet mir nun konkret an, mit ihm Gold, Silber und Kaffee zu tauschen. Ich bin begeistert, aber bleibe auf der Hut. Er redet davon, dass er mir einen achtkarätigen Tansanit geben könne, der in Afrika 5000 Dollar wert sei und in westlichen Ländern sicherlich das Doppelte. Das ist genau das, was ich brauche. Trotzdem bitte ich ihn, mir den Stein mitzugeben, um seine Echtheit prüfen zu lassen, so wie es auch kurz vorher Mr. Buado mit dem Gold versucht hat.

Hans Günther ist unerwartet offen und vertrauensvoll. Er bietet mir an, den achtkarätigen Stein inklusive Echtheitszertifikat eines renommierten Tansanit-Instituts am nächsten Tag für eine Überprüfung zur Verfügung zu stellen.

Am nächsten Morgen halte ich also einen circa 1,5 Zentimeter großen und strahlend blauen Stein in der Hand. Irgendwie ist er so klein, dass man seinen Wert gleich wieder vergisst. Aber ich bedanke mich bei Hans Günther für die 24-Stunden-Testfrist. So sitze ich nun in meinem Hostelzimmer mit dem Stein und einem Haufen Broschüren, die erklären, wie man den Wert eines Tansanits bestimmen kann: Farbe, Schliff, Form, Gewicht, Oberfläche sind wichtige Kriterien, die den Wert sofort stark nach oben oder unten schnellen lassen können. Ich merke, dass ich vollkommen überfordert bin. Der Stein könnte eine Million oder auch einfach nur zwei alte D-Mark wert sein, ohne dass ich einen Unterschied bemerken würde.

Deshalb gehe ich zu Hilde, einer Deutschen in Arusha, die im Tourismus arbeitet. Ich lege ihr und ihrem Exmann den Stein vor. Beide sind Laien, sagen aber sofort, dass sie nicht glauben, dass der Stein acht Karat habe. Ich zeige ihnen das offizielle Zertifikat, das dem Stein acht Karat und die höchste Qualität, AAA, bestätigt. Hildes hochgezogene Augenbrauen beim Anblick des Zertifikats veranlassen mich, das Institut aufzusuchen, das dieses Zertifikat erstellt hat, allerdings unter falschem Namen. Sollte dieser Stein nicht den angegebenen Wert haben, bleibt nur eine Option. Hans Günther muss den Prüfer vom Zertifizierungsinstitut bestochen haben.

Deshalb betrete ich das Institut als *Mike from America*. Derselbe Prüfer, der auch seine Unterschrift unter das Zertifikat von Hans Günther gesetzt hat, begrüßt mich freundlich und nimmt den Stein unter die Lupe. Nachdem er Gewicht, Form, Farbe und Schliff getestet hat, zeigt er mir auf einem Taschenrechner den exakten Marktwert von 2835 Dollar. Der Stein ist also nur halb so viel wert wie von Hans Günter und dem Zertifikat behauptet. Ich frage den Prüfer, warum er den Stein ursprünglich auf 5000 Dollar geschätzt und mit AAA bewertet habe. Er wird sichtlich nervös, schaut mich erschrocken an und redet sich damit raus, dass 2835 der lokale Preis und 5000 der Touristenpreis sei. Ich merke, dass er lügt, da er mich sehr eilig und nervös zur Tür hinausbegleitet. Hans Günther muss den Prüfer bestochen haben, anders kann ich es mir nicht erklären.

Ich bin einerseits erleichtert, dass ich den Tausch noch nicht gemacht habe, andererseits bin ich aber auch ziemlich beunruhigt, was wohl passieren wird, wenn ich ihn mit dem Betrugsversuch konfrontieren werde. Ich bekomme Angst, mich mit den falschen Leuten eingelassen zu haben, und entscheide mich für eine diplomatische Lösung.

Ich treffe Hans Günther und gebe ihm den Stein zurück mit der Erklärung, dass ich den Tausch erst mal verschieben möchte. Beim Treffen wirkt er gefasst und professionell und verschwindet ohne viele Worte. Doch am folgenden Tag bekomme ich eine Droh-SMS von ihm, dass er mich verklagen wolle, weil er seine Arbeitszeit an mich verschwendet habe. Er fordert mich in der SMS auf, umgehend die Stadt zu verlassen, um weitere Probleme zu vermeiden. Mich beunruhigt diese Drohung von einem halbseidenen Edelsteinhändler, der selbst Prüfungsinstitute besticht, ziemlich. Was kann mir passieren? Eine Klage oder vielleicht einfach einen auf die Nuss, entweder von ihm oder einem seiner drei Hip-Hop-Bodyguards, die immer wortlos neben ihm hergehen?

Ich entscheide mich, schnell die Stadt zu verlassen, aber frage vorher noch bei einem Profi um Rat, um eine weitere überhastete Fehlentscheidung zu vermeiden.

In einem Bergdorf besuche ich den angesehenen Massai-Wahrsager Yotasariwaki Samson, der in einer kleinen Lehmhütte wohnt. Ich bitte ihn, mich im Hinblick auf die anstehenden Entscheidungen zu beraten. Seine Ratschläge sind eindeutig: 1. Ruf alle Leute an, die du in Tansania kennengelernt hast, und bitte sie erneut um einen Tausch! 2. Nix wie weg nach Kenia!

Ich befolge seinen Rat und stelle eine Liste mit all den Leuten zusammen, die ich in Tansania kennengelernt habe:

- Ulf, der Honorarkonsul
- Pauline, die Rezeptionistin meines Hostels
- Eric, der Träger am Kilimandscharo (kommt nicht in Frage, sein Leben ist auch so schon hart genug)

- Hilde und Ex-Ehemann
- das Tansanit-Prüflabor (kommt auch nicht in Frage, da betrügerisch)
- die Hadzabe (kommen nicht in Frage, da fehlender Telefonanschluss, ebenso die Datoga und die Massai)
- Baraka und Limo, Taxifahrer Herr Kotago aus dem Hinterzimmer
- Herr Buado, der angebliche Tansanit-Gott
- der Inder Punit
- Hans Günter (kommt nicht in Frage wegen Versendung von Droh-SMS)

Dann rufe ich alle an, die nicht von vornherein rausfallen, obwohl mir das mehr als unangenehm ist. Die Antworten ähneln sich: »Hmmm«, »Na ja«, »Ah nö«, »Bin so busy«, »Das Wasser kocht über, muss weg«, »Hallo, ich kann dich nicht verstehen.«

So geht es munter weiter, bis ich Hilde am Apparat habe. Völlig unerwartet lädt sie mich mit meinen drei Unzen Gold, den drei Unzen Silber und den Kaffeesäcken in ihr Büro ein.

Ein Stück Papier für 10 000 Dollar

Hilde, eine Frau in den Fünfzigern, ist schon vor 25 Jahren aus Deutschland ausgewandert, weil sie sich ihren Kindheitstraum erfüllen wollte, regelmäßig mit einem eigenen Jeep durch die Serengeti zu brausen. Und das hat sie seitdem auch regelmäßig getan und ganz nebenbei eine Reiseagentur in Tansania eröffnet. Dort sitzt sie nun in ihrem Reisebüro, das man als *retro* bezeichnen kann. Neben älterem Mobiliar, einer Schreibmaschine aus den Siebzigern und einem dazugehörigen Telefon aus einer ähnlichen Zeit fallen mir viele 70er-Jahre-Farben auf, wie Braun oder Knatsch-Orange. Sie selbst ist dagegen gar nicht retro, sie ist eine Frau, die immer viel jünger wirkt, als sie in Wirklichkeit ist. Sie kleidet sich jung, scheint einen sehr frischen Humor zu haben und wirkt ziemlich unkompliziert, wenn es ums Thema Tauschen geht.

Im Gespräch erzählt sie mir, dass sie selbst gerne tauscht. So hat sie ihrem Kindermädchen im Gegenzug zu ihrer Arbeitsleistung ein Haus bauen lassen. Ich bin von diesem recht großzügigen Tauschbeispiel beeindruckt und merke, dass ich nach der Tauschpechsträhne hier die große Chance habe. Ich zeige ihr symbolisch einen der sechzig Kilo schweren Kaffeesäcke und lege ihr die drei Gold- und drei Silbertaler in die Hand. Hilde schaut sie sich interessiert an und setzt sich hinter ihren Schreibtisch. Sie fängt an, die Gold- und Silbertaler auf der Glasplatte wie Kreisel zu drehen, wobei die Taler immer wieder auf das Glas knallen. Ich zucke jedes Mal zusammen, da ein Kratzer auf der Münze einen herben Wertverlust darstellen könnte. Ich erkläre ihr höflich, dass das Kreiselspiel vielleicht gerade nicht so gut sei, aber Hilde grinst und erklärt mir, dass sie die Münzen gerne behalten würde. Ich bin ziemlich erleichtert und bespreche mit ihr sofort die Gegenleistung.

Sie bietet mir einen Reisegutschein für zwei Leute an, die auf Hildes Kosten eine dreiwöchige Abenteuerreise durch Tansania machen können. Nach gerade mal drei Minuten Verhandlung haben wir ein Reisepaket zusammengestellt, das es dem interessierten Tauschwilligen ermöglicht, meine eigene Tansania-Reise nachzuerleben. Schließlich fasse ich das Ergebnis in Form einer Collage auf einem großen Plakat zusammen.

Reisegutschein auf Wigges Spuren im Wert von 10 000 US-Dollar/7000 Euro

Für 2 Personen:
- *Flüge nach Tansania*
- *6 Tage Kilimandscharo-Besteigung mit meinem Waldhorn und der Lederhose – Eric wird auch mit von der Partie sein*
- *Ein Wildlife-Safari-Tag*
- *Besuch der Hadzabe, Massai und Datoga; inklusive gemeinsamer Jagd-Übernachtungen in meinem (fensterlosen) Zimmer 108 mit selbstgefertigten Wandmalereien*
- *Höhentraining mit meinem Stirnband inklusive Mango-Stemmen auf dem Markt in Arusha; Besuch des Massai-Wahrsagers*
- *Original Kaffeesäcke-Tragen beim Kaffeeproduzenten*
- *Tansanit-Händler treffen und sich über den Tisch ziehen lassen*
- *Dauer der Reise knapp drei Wochen*

Ich bin absolut begeistert über diese Entwicklung. Mit diesem Tausch habe ich den Wert von Gold, Silber und Kaffee verdoppelt und das, obwohl ich ihn noch vor kurzer Zeit bei Hans Günther mit dem gezinkten Edelstein fast halbiert hätte.

169

Und außerdem bin ich mir sicher, dass ich diesen Gutschein bei einem kleinen Zwischenstopp in Deutschland leicht weitertauschen kann. Mit einem Zwischenstand von 10 000 US-Dollar zur Halbzeit meiner Tauschrauschreise habe ich beste Aussichten, es am Ende bis zum Haus auf Hawaii zu schaffen. Mein angebissener Apfel hatte einen Wert von 79 Cent, also ungefähr einem Dollar, den ich nun verzehntausendfacht habe.

Nachdem ich Hilde vor Dankbarkeit noch schnell um den Hals gefallen bin, packe ich sofort meine Sachen, um Arusha schnell zu verlassen. Schließlich will ich nicht in die pistolenbestückten Arme (so zumindest meine Vorstellung) von Hans Günther fallen, damit er mir dankbar den 10 000-Dollar-Reisegutschein abnimmt.

Endlich kann ich guten Gewissens nach Kenia weiterreisen, wie es mir der Massai-Wahrsager geraten hatte. Zwar rechne ich mir dort keine Chance auf einen Tausch mehr aus, aber bei dem guten Zwischenstand kann ich mich einige Tage meinem Auftrag widmen, mehr über den Austausch zwischen den Kulturen und das Tauschen zu lernen.

Weltklasse-Läufer unter sich

Kenia

Ich fahre über Nairobi zur Bergstadt Eldoret, die ziemliche Berühmtheit dadurch erlangt hat, dass sie so viele schnelle kenianische Hochlandläufer hervorgebracht hat. Fast alle kenianischen Läufer, die sich bei Olympischen Spielen Goldmedaillen über 800, 3000, 5000 und 10 000 Meter oder über die Marathondistanz um den Hals hängen konnten, kommen hierher. Eldoret liegt auf fast 2000 Metern in den Bergen, und die meisten Einwohner gehören zum Stamm der Nandi. Die Mischung aus Höhe und sportlich und konditionell begabten Einwohnern bringt eine weltweit einzigartige Klasse von Sportlern hervor, die alle anderen Nationen ziemlich alt und ziemlich langsam aussehen lässt.

Ich kontaktiere Frank, einen TV-Satelliteninstallateur, der jeden Goldmedaillengewinner der Stadt kennt, da die Läufer natürlich zur finanziellen Oberschicht der Stadt gehören und somit auch gerne Satellitenfernsehen für sich in Anspruch nehmen. Frank hilft mir, drei der besten Sportler zu treffen, um mit ihnen darüber zu reden, was ihre Karriere ihnen an interkulturellem Austausch gebracht hat, und ob sie – rein hypothetisch – jemals ihre Goldmedaillen eintauschen würden.

Als Ersten treffe ich Joseph Keter, der bei den Olympischen Spielen in Atlanta 1996 im 3000-Meter-Hindernislauf die Goldmedaille gewonnen hat. Er ist Anfang vierzig, recht humorvoll und wohnt in einem überraschend bescheidenen Haus. Es steht in einer Landschaft, die ich so in Kenia nicht erwartet hätte. Durch die Höhenlage ist die Region sehr regenreich, fruchtbar und klimatisch sehr gemäßigt, fast wie in Deutschland. Man sieht Wälder, Wiesen und Kühe, eigentlich wie im Schwarzwald oder Sauerland, nur lustigerweise liegt das alles hier direkt am Äquator, und eine Kuckucksuhr habe ich natürlich auch nirgends gesehen.

Joseph scheint trotz olympischer Goldmedaille ein ganz normaler und sympathischer Typ geblieben zu sein, mit dem man ziemlich gut rumalbern kann. Doch mein Auftrag gebietet mir, wieder ernst zu werden.

Joseph erzählt mir, dass ihn seine Sportkarriere in über fünfzig Länder gebracht hat und er in so viel andere Kulturen und in Kontakt mit vielen technischen Entwicklungen gekommen sei, die es in Kenia bislang noch nicht gibt. Somit hat ihm der kulturelle Austausch persönlich viel gebracht, und er kann sein Wissen an Leute aus den umliegenden Dörfern weitergeben, damit zum Beispiel in der Landwirtschaft Fortschritte gemacht werden können.

Ich sehe in seinem Wohnzimmer eine edle Holzschatulle. Darin muss sich die Goldmedaille befinden, denke ich. Joseph nimmt die Holzschatulle und grinst mich an. Sie ist leer, keine Medaille. Er erklärt mir, dass sie in der Bank liegt, damit niemand auf die Idee kommt, sie zu klauen. Auf meine Frage, ob er diese Goldmedaille jemals eintauschen würde, schüttelt er heftig den Kopf. Sie soll seine Kinder motivieren, auch gute Leistungen zu bringen.

Dann bietet er mir an, einen guten Freund von ihm, der gleich um die Ecke wohnt, zu besuchen. Paul Bitok ist ebenfalls Goldmedaillengewinner bei Afrika-Meisterschaften und zweimaliger Silbermedaillengewinner bei den Olympischen Spielen 1992 und 1996 über 5000 Meter.

Wir fahren über matschige Lehmpisten zu einem sehr ärmlichen Dorf, an dessen Rand auffällig große Bauten stehen. Es sind die Miethäuser von Paul, der sein Geld, wie viele andere Läufer auch, in Immobilien angelegt hat. Es ist ein ungewöhnlicher Anblick, zwischen den ärmlichen Häusern und Hütten plötzlich fünfstöckige Bürogebäude zu sehen.

Paul erinnert mich daran, dass er 1992 im 5000-Meter-Finale bei den Olympischen Spielen auf der Zielgeraden von einem Deutschen geschlagen wurde. Richtig, die Goldmedaille gewann damals völlig überraschend Dieter Baumann. Ich kann mich an die Szene noch sehr gut erinnern, als ich als 15-Jähriger das Finale zu Hause live am Fernseher mitverfolgt habe, wie so viele andere Deutsche auch. 150 Meter vor der Ziellinie lag Dieter Baumann auf dem vierten Platz hinter den afrikanischen Läufern. Es war wohl allen klar, dass unser Mann bei dem kenianischen Staraufgebot keine Chance hatte, zumal die Bestzeiten der Afrikaner um einiges besser waren als seine eigene. Doch Baumann war bekannt für seinen starken Endspurt, und so schaffte er es auf den letzten fünfzig Metern, durch eine kleine Lücke nach vorne zu preschen und Paul Bitok überraschend zu schlagen. Die Freude in Deutschland war damals riesig, da die Kenianer als praktisch unschlagbar galten.

174 Als mir Paul mit einem Foto von der Zielgeraden in der Hand diese Geschichte erzählt, wird die Stimmung sentimental und ein bisschen traurig. Schließlich musste Paul noch im letzten Moment seine olympische Goldmedaille gegen eine Silbermedaille tauschen, und das, obwohl Gold schon in greifbarer Nähe war. Ich frage ihn, ob das einen

gewissen Frust bei ihm hinterlassen habe. Aber Paul sieht alles sehr positiv und freundschaftlich. Er erklärt mir, dass Platz zwei doch viel besser sei als jeder Platz dahinter. Ich bin beeindruckt, dass er nicht, wie so viele andere, nur über eine Goldmedaille glücklich sein kann. Schließlich sehen doch viele Sportler und auch Fans schon den zweiten Platz als Niederlage an. Nur Gewinner werden gefeiert, so kommt es mir zumindest oftmals vor in unserer Gesellschaft. Ich frage Paul, warum er und seine Kollegen damals auf der Zielgeraden eigentlich eine Lücke für Baumann gelassen haben, schließlich hätte man diese auch problemlos schließen können. Paul erklärt mir, dass doch der Schnellste gewinnen soll und es dafür keinen Grund gegeben habe. Diese Aussagen rühren mich regelrecht, so dass ich mir etwas schäbig vorkomme, als ich wegen eines hypothetischen Medaillentauschs nachfrage. Und Paul erklärt mir, dass er seine Medaillen nicht für eine Million Dollar eintauschen würde, da ihr persönlicher Wert unschätzbar sei.

Ich lasse ihn auf meinem selbstgefertigten 10 000-Dollar-Reisegutschein unterschreiben, um den Wert noch ein bisschen zu steigern, und fahre mit Satelliten-Installateur Frank zurück nach Eldoret, wo ich den Meister aller Meister, den Champ, den Guru der Leichtathletik, ganz einfach den Besten der Besten treffe: Moses Kiptanui, siebenfacher Goldmedaillengewinner und siebenfacher Weltrekordler. Ich kann mich an seine Karriere noch genau erinnern, als er in den Neunzigern die Leichtathletikwelt auf längeren Distanzen einsam dominierte.

Ich treffe Moses in einem riesigen Bürogebäude, im Zentrum des ärmlich wirkenden Eldoret. Alle Bewohner der Stadt wissen, dass sie diese Investition dem Helden der Stadt verdanken. Im fünften Stock empfängt mich seine

Managerin, die mich in sein Büro führt, wo ein freundlich grinsender Mann im Anzug sitzt. Es ist Moses, den ich als Teenager auf so vielen Meisterschaften gesehen habe, wo er viele Weltklasse-Läufer sehr alt hat aussehen lassen. Es kommt sofort zur Tauschfrage:

»Moses, würdest du deine sieben Goldmedaillen gegen etwas Tolles tauschen?«

»Bestimmt nicht!«

»Angenommen es käme jemand mit einem 10 000-Dollar-Reisegutschein vorbei.«

»Dafür ganz sicher nicht!«

»Kann man doch mal drüber nachdenken.«

»Hör mal zu, Goldmedaillen werden bestimmt nicht getauscht. Sie sind das Symbol für meine herausragenden Leistungen, die ich vollbracht habe, und sie sollen den anderen Leuten im Ort als Vorbild dienen.«

Moses signiert zwar den Gutschein, aber getauscht wird hier natürlich nicht. Was will man in Kenia auch mit einem Tansania-Reisegutschein. Das wäre ungefähr so, als würde man in Köln einen Düsseldorf-Gutschein eintauschen wollen.

Gut, gut, verstanden, Medaillen werden nicht getauscht, sondern dienen als Motivation für andere!

Nach diesen bewegenden Begegnungen mit echten Goldmedaillengewinnern fahre ich zurück ins Hostel, um meine Sachen zu packen. Mein Reisegutschein muss nach Deutschland gebracht werden. Doch noch auf dem Weg ins Hostel klingelt mein Handy. Es ist Joseph Keter, der noch einmal in sich gegangen ist, anscheinend sehr viel Humor besitzt und nun die Schmach des olympischen Finales 1992 gegen Dieter Baumann ungeschehen machen möchte. Er sagt mir, dass es ja eigentlich die Chance für ihn ist, endlich einen Deutschen in Kenia zu erwischen. Es soll eine Revanche geben, und ich soll sie ausfechten. Völlig überrumpelt und verwirrt, frage ich nach, was Joseph meint. »Du trittst gegen mich an, 800 Meter, nur du und ich. Oder traust du dich nicht?«

Ich soll gegen einen ehemaligen Goldmedaillengewinner antreten! Unglaublich. Natürlich werde ich Deutschland würdig vertreten, da gibt es keine Frage. Wer würde eine solche Herausforderung zu einem Weltklasse-Rennen schon ablehnen.

Wir treffen uns im altehrwürdigen Stadion von Eldoret, wo so viele Talente, Medaillengewinner und Weltrekordler ihre Karriere begonnen haben. Das Stadion setzt aber eher auf Understatement, es gibt lediglich eine Aschebahn, ein kleines Holzgerüst als Tribüne, eine Kuh auf dem Fußballfeld und einen Bauern, der mit seinem Traktor aus mir unbekannten Gründen ständig auf- und abfährt und die Läufer stört. An diesem Nachmittag ist außerdem eine Gruppe Inhaftierter aus dem Gefängnis von Eldoret im Stadion und zupft das Unkraut aus der Laufbahn. Sie tragen klassische weiß-schwarz-gestreifte Gefängniskleidung, wie ich sie nur aus Filmen kenne, angekettet sind sie aber nicht. Ihr Vollzugsbeamter erklärt mir, dass er allen Inhaftierten vertraue, auch wenn einige von ihnen Schwerverbrecher seien.

177

Zwischen Kuh, kaputter Tribüne, Bauer mit Traktor und den Inhaftierten ohne Kette sehe ich allerhand berühmte Leute, wie zum Beispiel den 800-Meter-Weltrekordler Rudisha, der munter vor sich hin trainiert. Ich spreche mit

verschiedenen Läufern, die alle Mittel- und Langstrecken-
zeiten laufen, von denen viele deutsche Profisportler nur
träumen können.

Dann sehe ich Joseph, der in Trainingskleidung langsam ins Stadion geht, so als wäre er in Zeitlupe aufgenom-
men. Die Zeitlupeneinstellung wird nur von einigen Leuten unterbrochen, die aufgeregt mit ihm sprechen, da er
einer der ganz Großen in Eldoret ist und für viele ein Vorbild.

Joseph schüttelt mir die Hand und fragt mich zwin-
kernd, ob ich gut vorbereitet sei. Ich erzähle ihm, dass ich
zu Trainingszwecken kürzlich erst den Kilimandscharo bestiegen hätte, aber an seine Leistungen wohl nur knapp
herankäme. Joseph grinst. Ich frage ihn, ob wir das Rennen ein wenig fairer gestalten könnten. Joseph ist fair und
stimmt zu. Wir einigen uns darauf, dass er während des
Rennens meinen Reiserucksack trägt, bestückt mit sechzehn Ein-Liter-Wasserflaschen, also 16 Kilo Wasser plus
Flaschen plus Rucksack, insgesamt mindestens 17 Kilo.
Ich finde es nur gerecht, dass wir so beide mit demsel-
ben Gewicht starten, ich mit 80 Kilo Körpergewicht, er mit
63 Kilo Körpergewicht und 17 Kilo im Rucksack.

Nun beginnen wir damit, uns gegenseitig eine halbe
Stunde lang Angst einzuflößen. Joseph läuft sich warm,
macht professionelle Dehnübungen, alberne Sprünge und
sonstige Sachen, wie man es normalerweise wohl vor einem Olypmiafinale tut. Mir fällt nichts Besseres ein, als
die Sprintbahn hoch und runter zu laufen und zwischen-
durch sogenannte Klappmesser zu machen. Das hab ich
mal auf Bayern 3 in einer morgendlichen Gymnastiksen-
dung gesehen und dabei zugehört, wie eine Frau mit Stirnband davon redete, dass man auch noch mit fünfzig wie
zwanzig aussehen könne, wenn man diese Übung regel-

mäßig machen würde. Joseph beeindrucken meine Klapp-messer-Übungen ziemlich wenig. Er möchte endlich los-rennen, um die durch Dieter Baumann erlittene Schmach ungeschehen zu machen. Wir stehen an der Startlinie, um die 400-Meter-Bahn zweimal zu laufen. Einer der drei Zu-schauer gibt das Startzeichen, und los geht es. Der Kom-mentator bei einer Live-Übertragung dieses grandiosen Rennens hätte sich ungefähr wie folgt angehört:

Auf die Plätze – fertig – los!

Wigge prescht in einem ungeheuerlichen Tempo nach vorne und grinst bereits siegessicher. Denn Keter hat Schwierigkei-ten, kämpft mit seinen sechzehn Wasserflaschen. Keter liegt bereits jetzt schon unglaubliche dreißig Meter zurück. Wigge rennt und rennt. Der Rückstand vergrößert sich, fünfzig Meter, sechzig Meter Rückstand für Keter, der jetzt einhändig läuft, um den Rucksack festzuhalten. Was für eine grandiose Titel-verteidigung im Namen Dieter Baumanns und für Deutsch-land. Außenseiter Wigge muss heimlich trainiert haben.

Aber jetzt, Wigge lässt sich durch den Traktor – was macht dieser Traktor hier? – ablenken und kommt aus dem Rhythmus. Keter nutzt seine Chance sofort, die Fans jubeln, selbst die Inhaftierten staunen, Keter holt langsam auf, und Wigge wird nervös. Er hat sich übernommen. Keter nun kom-plett ohne Armbewegungen, was für ein ungewöhnlicher Laufstil. Nur noch zwanzig Meter Rückstand. Wigge schaut sich um, Keter kommt weiter heran, er sieht die Lücke – wie damals Dieter Baumann. Wigge mach zu, Wigge mach zu! Aber nein, Keter zieht vorbei und schlägt Wigge. Wigge stürzt auf der Zielgeraden und Deutschland ist geschlagen. Kenia hat seine Ehre wiederhergestellt. Und Deutschland ist geschlagen ...

Ich liege absolut kaputt, keuchend, schwitzend und wild atmend kurz hinter der Zielgeraden, als Joseph grinsend und entspannt zu mir herüberkommt und mir zur deutsch-kenianischen Versöhnung die Hand reicht und mich freudig umarmt.

Ein toller Moment, zumal er uns beide glücklich macht. Mich, weil ich es mir nie erträumt hätte, gegen einen echten Goldmedaillengewinner nur um wenige Zehntelsekunden zu verlieren, und Joseph natürlich, weil er die Schande von 1992 endlich hinter sich lassen kann. Was könnte man Besseres zum internationalen Austausch beitragen?

Home sweet home

Deutschland

So sitze ich mit meinem Reisegutschein und einem heftigen Muskelkater in einer Linienmaschine von Nairobi nach Frankfurt. Ich bin guten Mutes, da ich mir gute Tausch-Chancen während meines kurzen Zwischenstopps in Deutschland ausrechne. Schließlich habe ich mehrere Strategien, wie ich die Menschen auf die große Reisegutschein-Tausch-Chance aufmerksam machen kann.

1. *Das Internet:* Ich produziere einen Videoaufruf, den ich in meinen Reiseblog stelle, um dort die Leser mit attraktivem Bewegbild von meinem Tausch zu überzeugen. Dasselbe Video poste ich auch in Facebook (habe mittlerweile schon 651 »echte« Freunde). Zusätzlich setze ich Tauschaufrufe in über zwanzig Reise- und Tauschforen.
2. *Die Straße:* Nach vier Monaten Tauschrausch ist dieser Ort mein Spezialgebiet. Leute ansprechen, Leute festhalten und Leute zum Tausch überreden. Ich bin voller Selbstvertrauen und fühle mich der Herausforderung gewachsen.
3. *Die Medien:* Ich arbeite nun seit zehn Jahren in der Medienbranche und habe einige Kontakte. Deshalb schicke ich an zwanzig Zeitungen, Radiostationen und IV-Sender Anfragen, zwecks Tauschaufruf in einem Interview.

»Was soll bei so einem breitgefächerten Masterplan überhaupt noch schiefgehen?«, frage ich mich.

Im sommerlichen Berlin vergehen fast zwei Wochen im
immer gleichen Rhythmus: Computer an, Blog nach Kommentaren checken, rein in die Reiseforen und checken,
Mails an Medien verschicken, Facebook checken, frustriert den Computer wieder ausmachen. Und dann tue ich,
was ich so gar nicht tun wollte. Um mir die enttäuschen-
den Tage ohne Tauschangebote zu verschönern, fange ich
wieder an zu rauchen! Ein unglaublicher Fauxpas, mit 34
solch ein Rückfall! Aber die Enttäuschung über fehlende
Tauschangebote hat mich kalt erwischt. So sammeln sich
auf meinem Schreibtisch leere Bierflaschen und haufenweise Zigarettenstummel – das Bild eines total frustrierten Tauschreporters.
    Als einfach keine Angebote auf dem elektronischen Weg
eingehen wollen, greife ich zu Strategie 2, die Straße.
Ich stehe am Brandenburger Tor, im Sony Center, vor dem
Reichstag, am Potsdamer Platz und wo auch immer mit
dem 1,50 x 1 Meter großen Gutschein in der Hand und rufe
immer wieder das Gleiche in die Menschenmassen:

»Reisegutschein nach Afrika für zwei Personen! Drei Wochen! Kilimandscharo-Besteigung inklusive! Ja, Sie haben
richtig gehört! Kilimandscharo! Kilimandscharo! Kilimandscharo!«

Und während ich da so stehe und in die Menge rufe, bemerke ich, wie in meinem Kopf gehässige und übellaunige
Stimmen die Regie übernehmen:

»Ja, nehmt sie nur, diese blöde Kilimandscharo-Reise. Diese verdammte, anstrengende Reise, die Reise, auf der ich sechs Tage lang diesen Berg bestiegen habe, obwohl ich Wandern hasse. Diese Reise, auf der mich die Edelsteinhändler reihenweise über den Tisch ziehen wollten. Ach ja, und nehmt doch auch die Reise, auf der ich von den Hadzabe ausgelacht wurde, nur weil ich ihre große Rauschpfeife nicht richtig rauchen konnte. Nehmt sie nur, diese Reise ...«

Es kommt mir vor, als mache sich in meinem Kopf ein einziger großer Schrei breit: »Nehmt die Reise, dann bin ich sie endlich los!« Und dann denke ich: So bin ich doch gar nicht. Woher kommt nur diese Verbitterung nach all den tollen Erlebnissen, die hinter mir liegen. Eins wird mir jedenfalls klar, in dieser Stimmung werde ich die Reise ganz sicher nicht an den Mann oder die Frau bringen. Wenn ich ausstrahle, was ich hier gerade denke, wird nie jemand anbeißen.

Und ich merke in diesem Moment, dass ich total erschöpft bin und eigentlich eine Pause brauche, um mich wieder an alles Schöne zu erinnern und das dann auch so rüberzubringen. So jedenfalls nicht, das wird mir jetzt klar, und ich beende diesen Straßenk(r)ampf.

Da über das Internet bislang nur uninteressante, beziehungsweise unseriöse Tauschangebote eintrudeln, wende ich mich meinen Medienkontakten zu. Ich schreibe alle möglichen Redakteurs- oder Moderatoren-Kollegen bei Radio 1LIVE, Radio Fritz, Funkhaus Europa, Sat1 *Frühstücksfernsehen*, MTV, Berliner Verlag, *WAZ*, *TV Total* an. Ich bitte um ein spannendes Interview über den Tauschrausch der letzten vier Monate, in dem ich meinen Tauschaufruf loswerden kann.

Ich höre, wie ich zu den Kollegen sage, dass »wir uns ja mal wieder auf einen Kaffee treffen könnten«, höre mich fragen »Wie läuft's denn so?« oder »Was treibst du denn gerade?«. Und ganz ähnlich wie schon auf der Straße spüre ich eigentlich nur Müdigkeit und eine unheimliche Leere. Ich merke, dass ich nicht ehrlich bin. Ich mag all die Leute, mit denen ich spreche, aber eigentlich habe ich unter dem aktuellen Zeitdruck überhaupt keine Lust zu einem gemütlichen Kaffeeklatsch und keine Energie, mir die Geschichten der anderen anzuhören. Und natürlich merken das die anderen. Das Ergebnis lässt nicht lange auf sich warten. Zwei Tage später finde ich zwei Absagen im Briefkasten, und sonst herrscht Stille im Postfach.

Der Tauschrausch scheint niemanden zu interessieren, nicht einmal im Juli, mitten im Sommerloch.

Langsam werde ich nervös, ich habe nur noch wenige Tage in Deutschland, dann geht mein nächster Flug, diesmal in die Ukraine. Ich checke ein weiteres Mal alle Online-Plattformen und rauche wie Rudi Carrell und Helmut Schmidt in ihren besten Zeiten. Dann bekomme ich über meinen Blog erste interessante Zusagen. Eine Leserin möchte ihren 230er-Mercedes aus den Neunzigern eintauschen, und eine ältere Dame möchte ihre alten Münzen aus der Südsee für die Afrikareise hergeben. Aber bei beiden Angeboten muss ich passen.

Der Mercedes ist logistisch eine zu schwierige Aufgabe. Was passiert, wenn ich ihn in der Ukraine nicht loswerde? Schließlich steht Südamerika noch auf der Liste, soll ich den Atlantik im Mercedes überqueren? Von all den Einfuhrbestimmungen in den verschiedenen Ländern einmal ganz zu schweigen. Bei den Südseemünzen dagegen muss ich passen, da der ideelle Wert für die Besitzerin zwar hoch sein mag, sie stammen von einer lange zurückliegenden Hochzeitsreise, für mich allerdings haben die Münzen keinen adäquaten Gegenwert.

Als ich um 15 Uhr schon meine zweite Schachtel Kippen an diesem Tag anbrechen will, kommt eine Zusage für ein Interview von Radio Fritz, dem Jugendsender des RBB in Potsdam Babelsberg, hereingeweht. Ich bin erleichtert, dass doch noch irgendjemand diese Geschichte halbwegs gut findet. So sitze ich freitagabends mit einem jungen, lustigen Moderator im Radiostudio und erzähle von meiner Krokodil-Mutprobe in Australien, vom Tuk-Tuk-Wahnsinn in Indien und von der fast geglückten Kilimandscharo-Überquerung Richtung Kenia. Der Moderator ist außer sich und räumt mir Zeit in seiner Sendung für einen Tauschaufruf ein. Ich werbe, ich bitte, ich fordere, ich übertreibe, ich begeistere, ich tue in meinen 45 Sekunden Tauschrausch-Aufruf einiges, um den Gutschein unters Volk zu bringen.

Einen Tag später wieder gähnende Leere in meinem Postfach. Ist Deutschland einfach kein Tauschland? Oder ist die Reise, die ich in Afrika vorgelegt habe, einfach nicht attraktiv genug, um dafür 7000 Euro auf den Tisch zu legen?

Jedenfalls merke ich, dass meine anfängliche Euphorie, was den Reisegutschein angeht, offensichtlich nicht gerechtfertigt war. Ich werde das Ding einfach nicht los.

Zwei Tage vor dem Abflug gehe ich lustlos noch einmal alle Reiseforen durch, in denen ich zum Tausch aufgerufen habe. Und dann das:

»Ich möchte mit dir tauschen. Schöne Grüße. Diana!«

Vor lauter Schreck und Überraschung fällt mir die Zigarette auf die Tastatur und hinterlässt dort eine dauerhafte Tauschrausch-Erinnerung.

Kurze Zeit später führe ich ein Telefonat, in dem mir Diana erzählt, dass sie Künstlerin sei und gerne ihre Gemälde eintauschen würde. Kunst ist zwar ein sehr kritisches Tauschobjekt, da der Wert immer subjektiv ist, trotzdem stürze ich mich in meinen Wagen und fahre nach Salzgitter in Niedersachsen.

Im Keller ihrer Oma zeigt mir Diana ihre Gemälde. Alle sind über einen Meter mal 1,30 groß, auf Leinwand gemalt und finden großen Gefallen vor meinem Laienauge. Im Tauschgespräch erzählt mir Diana, dass sie ihre Kunstkarriere für einen Job als Kunsttherapeutin aufgegeben habe und international nicht bekannt sei.

Ich spüre, wie die Sorgen meine Seele überfluten. Was, wenn ich die Bilder nicht loswerde? Was, wenn ich nach den letzten 85 Tagen meiner Reise mit *nichts* nach Hause komme? Was, wenn mich die Neureichen in der Ukraine auslachen? Ich gehe in mich und sage Diana ab, so leid es mir auch tut.

Diana beeindruckt das nicht im Geringsten, sie zeigt mir eine Urkunde über einen gewonnenen Kunstpreis und diverse Flyer von Ausstellungen. Ich muss leider hart bleiben.

Doch dann, ganz plötzlich, kommt mir eine Idee. »Lass uns doch einfach deine Kunst gegen meine tauschen!«, biete ich ihr an und schaue sie mit diesem großen erwartungsvollen Hunde-Grinsen im Gesicht an.

Diana willigt schließlich ein, dass ich ihr hier und jetzt im Keller ihrer Oma ein 100 x 150 Zentimeter großes Gemälde male, um dieses dann gegen zwei ihrer Gemälde zu tauschen. Ich entscheide mich, die Krokodilfütterungsszene in Australien darzustellen und pinsele drauflos.

Schon sehr bald bemerke ich, wie Diana ihre Stirn runzelt. Sie hatte wohl auf einen talentierten Maler spekuliert. Ja, ich gebe zu, dass sich meine Malkunst seit dem Ende meiner Grundschulzeit nicht wirklich weiterentwickelt hat. Und in diesem Stil gestalten sich daher auch das Krokodil, die Sonne, das Männchen und das karge Grünzeug, das ich auf dem großen Format verewige.

Diana bewahrt die Fassung, bedankt sich sogar und vollzieht den Tausch. Zwei großartige Gemälde kommen zum Reisegutschein hinzu.

Schließlich schleppe ich mein Tauschgut in die Eingangshalle des Berliner Flughafens und vollziehe dort einen wichtigen Schritt. Ich höre wieder auf zu rauchen. Die große Tauschkrise hat ihr Ende gefunden. Danke, Diana!

Der schöne Schein

Die Ukraine

Ich lande voll bepackt im hochsommerlichen Odessa an der Schwarzmeerküste. Die Stadt beeindruckt mich: Sonne, Strand, tolle Architektur aus vergangenen Epochen und überall hübsche Frauen auf den Straßen. Ich kann kaum glauben, wie viel Schönheit in wenigen Sekunden an mir vorbeizieht. Lange Beine, kurze Röcke, tolle große Frauen, mal blond, mal braun, mal hübsch und dann wieder noch hübscher. Ich bin wie gelähmt und kann gar nicht mehr ans Tauschen denken. Ist das vielleicht der Lohn für all die Anstrengungen des Tauschrauschs? Sind all die schönen Frauen nur meinetwegen hier?

Eine junge Frau in einem Café holt mich aus meinen Träumen zurück in die Wirklichkeit und erklärt mir, dass es tatsächlich so unglaublich viele hübsche Frauen in Odessa gebe und dass die Stadt über die Grenzen hinaus für diese Tatsache bekannt sei, weshalb in Odessa auch das Geschäft mit dem Sex boome. Viele der Frauen stammten auch eher nicht aus Odessa, sondern gingen hier ihrer Arbeit im Erotikgeschäft nach. Nachdem ich dies weiß, schäme ich mich fast ein wenig dafür, so blind den Reizen des Weiblichen erlegen zu sein. Dennoch, so viel Schönheit um mich herum bin ich einfach nicht gewöhnt, und auch wenn ich es nicht gerne zugebe, es fällt mir schwer, mich wieder dem Tausch-Business zuzuwenden.

Da Tauschversuche auf der Straße aufgrund einer fehlenden gemeinsamen Sprache (man spricht nur Russisch) total fehlschlagen, recherchiere ich online nach Tauschpartnern und stoße dabei auf verstörende Fakten, die wohl vor allem mit einem unvorsichtigen zwischenmenschlichen Austausch in Odessa zu tun haben. Angeblich soll die HIV-Infektionsrate in Odessa die höchste in ganz Europa sein. Ich muss schlucken. Also recherchiere ich weiter. Warum haben sich hier so viele Menschen angesteckt? Und was bedeutet das für den sexuellen Austausch der Menschen in Odessa?

Ich treffe mich mit Alexander von der örtlichen Caritas, der mich zu einer HIV-Klinik bringt. Die zuständige Ärztin erklärt mir, dass circa 7,5 Prozent der Bevölkerung Odessas HIV-positiv seien, wenn man die Dunkelziffer mitrechnet. Also sind ungefähr 75 000 Menschen infiziert. Ich kann es kaum glauben, ganz Deutschland hat gerade einmal 70 000 Infizierte. Mehr HIV-Patienten in einer einzigen Stadt als in ganz Deutschland mit seinen über achtzig Millionen Menschen! Wie habe ich nur so naiv an eine Stadt voller Traumfrauen glauben können?

Alexander bringt mich zu Katja, die seit sieben Jahren infiziert ist. Im Interview erzählt sie mir, dass das Erotikgeschäft in Odessa in der Tat eine sehr große Rolle spiele und viele Touristen nur deshalb in die Stadt kämen. Dann erzählt sie mir von ihrer eigenen Situation. Der gesellschaftliche Austausch sei mit dieser Infektion oftmals äußerst eingeschränkt, da HIV in der Stadt trotz allem immer noch ein Tabuthema sei. Sie erzählt mir, dass selbst Ärzte sie deshalb schon gemieden haben und dass ihre Kinder deshalb Schwierigkeiten hatten, einen Kindergartenplatz zu finden.

Kurze Zeit später treffe ich Olga, die seit elf Jahren infiziert ist und eine siebenjährige HIV-negative Tochter hat. Ich wusste gar nicht, dass das möglich ist. Sie erklärt mir, dass die Anzahl der Viren im Blut bei ihr durch die Medikamenteneinnahme so niedrig gehalten wird, dass ihre Tochter Lina HIV-negativ zur Welt kommen konnte. Die nächste offenherzige Aussage verblüfft mich noch mehr: Obwohl sie mit ihrem Ehemann regelmäßig ungeschützten Sex hat, ist dieser wohl immer noch negativ. Das Ganze wohl aus dem gleichen Grund: Die Tabletten halten die Viren in Schach. Trotzdem ist es ziemlich unverständlich für mich, dass die beiden kein Kondom benutzen.

Beim Rundgang durch die Abendsonne Odessas kann ich die Schönheit und Schönheiten der Stadt kaum noch genießen. Ich frage mich beim Anblick der munter flanierenden Menschenmassen, ob wirklich alle so glücklich sind, wie es auf den ersten Blick aussieht.

Austausch der Religionen

Etwas später fällt mir beim Stadtrundgang aber noch etwas anderes auf: Die Stadt scheint ein Multikulti-Treffpunkt zu sein. Insgesamt sollen über hundert Nationen hier wohnen. Diese Kulturvielfalt zeigt sich auch anhand der verschiedenen Gotteshäuser: Synagogen, Moscheen und Kirchen prägen das Straßenbild. So entscheide ich mich, zu diesem Thema ebenfalls ein wenig mehr zu recherchieren, um zu verstehen, wie es um den Austausch zwischen den Religionen eigentlich bestellt ist. In Odessa leben diese Religionen seit Jahrhunderten friedlich zusammen, was man nicht von allen Orten der Welt behaupten kann. Deshalb habe ich schon öfter gedacht, dass alles viel einfacher wäre, wenn es nur eine einzige Weltreligion geben würde. Ob das stimmt? Und natürlich hoffe ich auch bei meinem Streifzug durch die Religionen einige spannende Tauschaktionen machen zu können.

Erste Station: ein christlich-orthodoxes Kloster. Um den Austausch der Religionen zu befördern, nehme ich gleich am Gottesdienst teil und lerne, dass man hier das Weihwasser trinkt, anstatt sich damit zu betupfen. Die orthodoxe Nonne Katherina erzählt mir, dass sie die Unterschiedlichkeit der Glaubensrichtungen für wichtig hält, da eben gerade durch die Vielfalt ein Austausch über Gott stattfindet.

Zum Abschied schenkt sie mir zwei orthodoxe Klosterbücher.

Ich kann mit der Aussage noch nicht so viel anfangen und besuche deshalb die christlich-lutherische Kirche, in der mich überraschenderweise der deutschsprachige Pfarrer Herr Hamburg empfängt. Als ich ihm von meinem Austauschprojekt erzähle, spannt er mich direkt als Küster ein: Küsterkutte an, Bibel zum Altar tragen und Hostien auf eine Schale legen – das sind nur einige Tätigkeiten, die mich seiner Religion näherbringen sollen.

Ich frage Herrn Hamburg, ob es nicht besser wäre, alle Religionen zu einer einzigen zu verschmelzen. Pfarrer Hamburg kontert, dass er mein grünes T-Shirt gut fände, sein weißes Hemd aber auch, und auch er bekräftigt, dass gerade die Vielfalt der Religionen Anstoß zu Austausch gibt. Gleichzeitig gesteht er aber ein, dass alles Gute auch seine Schattenseiten habe, dass es leider auch schwarze Schafe unter Glaubensführern gebe, die den Austausch schwierig machen.

Und da er das Bunte am Leben schätzt, gefällt dem Pfarrer auch eines meiner beiden Gemälde, und zwar das farbenprächtigste. Der Pfarrer möchte sofort tauschen. Ich bin überrascht, dass ich hier nicht erst lange Überzeugungsarbeit leisten muss, sondern sofort zur Sache kommen kann.

Pfarrer Hamburg kommt aus der Sakristei mit zwei Bibeln zurück, eine aus dem 19. und die andere sogar aus dem 18. Jahrhundert, also wahrscheinlich 300 Jahre alt. Ich darf eine der beiden auswählen. Ich bin von der älteren Bibel begeistert, auch wenn sie ein wenig zerfleddert ist, und entscheide mich für sie. Noch am gleichen Tag kaufe ich eine Holzkiste, um den Tauschwert der Bibel durch eine seriöse Verpackung noch zu steigern und um weitere Schäden an dem Heiligtum zu vermeiden.

Mit dem Reisegutschein, dem zweiten Gemälde, der 300 Jahre alten Bibel und den beiden Klosterbüchern gehe ich zur jüdischen Synagoge der Stadt. Ich nehme auch hier zwecks Religionsaustauschs erst mal am Gottesdienst teil, merke aber schnell, dass der Schuss nach hinten losgeht. Um mich herum stehen Gläubige auf und setzen sich, beten aus der Thora und machen Verbeugungen. Ich verstehe nichts und fühle mich unwohl, hier einfach so mitzumachen, ohne mich vorher mit den Ritualen und Gebräuchen auseinandergesetzt zu haben. Interessanterweise stört sich jedoch niemand an meinem Rumgehampel. Die Atmosphäre ist entspannt und scheint trotz aller Rituale genug Freiraum für Leute zu lassen, die sich das alles einfach nur mal anschauen möchten.

194

Rabbiner Wolf lacht nach dem Gottesdienst darüber, dass ich so peinlich berührt bin, und klopft mir väterlich auf die Schultern. Im Gespräch frage ich ihn, ob die große Anzahl der Religionen wirklich den Austausch fördert oder nur Konflikte schürt. Schließlich lässt sich ja nicht ganz

verleugnen, dass bei so einigen Konflikten im Weltgeschehen die Religionen eine nicht ganz unwesentliche Rolle
spielen. Rabbiner Wolf erklärt mir, dass der Glaube den Zu-
sammenhalt zwischen den Menschen dieser Gemeinschaft
fördert und somit alle Schichten und Berufsgruppen zu-
sammenbringe. Auf die Tatsache, dass es auch religions-
basierte Kriege gibt, geht er leider nicht ein.

Zum Zeichen des interreligiösen Austauschs gibt er mir
eine Thora mit den fünf Büchern Mose. Im Gegenzug erhält er mein orthodoxes Klosterbuch.

Mit der Thora, der 300 Jahre alten Bibel, dem Reisegutschein nach Afrika und dem großen Gemälde geht es weiter,
dieses Mal zur Moschee. Hier möchte ich nicht noch mal so
eine Blamage erleben wie in der jüdischen Gemeinde, darum bitte ich um eine kleine Einweisung. Ich werde deshalb
zusammen mit den Kindern der Moschee in die Fürbitten
eingeführt. Nachdem wir Kopf und Füße gewaschen haben,
sitzen zwanzig Kinder zwischen fünf und zehn Jahren und
ich im Gebetsraum und proben islamische Fürbitten und
Gebete. Als Geste des Austauschs bekomme ich vom Imam
eine islamische Kopfbedeckung. Er schaut mich freudig an,
wie schnell ich mich in seine Moschee integriert habe.

Im Gespräch frage ich ihn ebenfalls, ob eine einzige
Weltreligion nicht viele Probleme lösen und den Austausch der Menschen fördern könne. Er stimmt mir überraschenderweise zu und erklärt mir, dass wir bereits auf dem
Weg zu *einer* Religion seien. Schließlich sind die Weltreli-
gionen Judentum, Christentum und Islam eng miteinander
verwandt. Das Alte Testament dient als Grundlage sowohl
für das Christentum als auch für das Judentum. Jesus wiederum gilt im Christentum als Sohn Gottes und im Islam
als Prophet. Die drei Religionen sind sich also viel ähnli-

cher, als man gegenwärtig meinen könnte. Imam Hussam erklärt weiter, dass wir uns mit den verschiedenen Propheten auf ein und denselben Gott und eigentlich auch eine einzige Religion zubewegen, das Ziel der Einigkeit und des problemlosen Austauschs also vor Augen sei. Ich bin wirklich beeindruckt, da ich diese austauschfördernde Aussage nicht erwartet hätte.

Der Sinn von Gläubigkeit und Religionsvielfalt ist mir bei meinen letzten Begegnungen eindeutig nähergebracht worden, auch wenn ich persönlich immer noch nicht gläubig geworden bin. Doch jetzt wird es wieder Zeit, sich dem Thema Tauschrausch zuzuwenden.

Frauentausch

Ich bereite meine Argumente für den Tausch des Gemäldes vor.

1. Gemälde als Tischplatte: Jemand muss sich unter das Bild hocken und als Sockel dienen. Ich habe das in der Fußgängerzone von Odessa ausprobiert. Es funktioniert. Eine junge Frau hat sich sofort aufgefordert gefühlt, ihre Tasse auf den menschlichen Tisch zu stellen.
2. Gemälde als Fächer: Kann in sommerlicher Wärme zur Abkühlung beitragen. Diese Verwendungsmöglichkeit wurde ebenfalls in der Fußgängerzone mit diversen Passanten erfolgreich getestet.
3. Gemälde als Schutzschild gegen einen Angriff der Plejaren: Vielleicht ist es nicht sehr realistisch, dass man in eine solche Situation kommt, aber nach dem Besuch bei den Ufo-Freunden in der Schweiz halte ich nichts mehr für unmöglich.

4. Gemälde als Tarnung: Versteckt man sich dahinter, ist man unsichtbar. Detektive werden daran ihre Freude haben.
5. Gemälde als Reflektor: Eingepackt in reflektierende Folie ideal beim Sonnenbad.

Aber ein Rundgang durch die Straßen wird zur Enttäuschung, da trotz der Nationalitätenvielfalt nur wenige Passanten Englisch sprechen und niemand auch nur daran denkt, etwas mit mir zu tauschen. Enttäuscht plane ich meine Weiterreise in die ukrainische Hauptstadt Kiew, wo es viele neureiche Millionäre geben soll, die nach dem Zusammenbruch des Kommunismus Anfang der 90er Jahre richtig viel Geld mit Öl gemacht haben sollen, oder mit anderen Geschäften, über die man nicht gerne spricht.

Kurz bevor ich aufbrechen will, bekomme ich völlig überraschend eine E-Mail von einem Peter aus Portugal, der sich verspätet auf meinen verzweifelten Tauschaufruf in Deutschland meldet. Ich rufe ihn an, und wir sind sofort beim »Du«, obwohl er schon über siebzig ist. Er erzählt mir, dass er finanziell gut versorgt sei und auf seinem Anwesen in Portugal auch nichts mehr brauche, aber er würde irgendwie einfach gerne tauschen. Ich sage ihm, dass ich ihn gerne von irgendeinem Gegenstand auf seinem Anwesen befreien würde, und wir überlegen gemeinsam, was er von mir dafür bekommen könnte.

197

»Die Bibel?« – »Nee, danke. Ich hab schon zwei Bibeln aus dem 18. Jahrhundert.«

»Das Gemälde?« – »Nee, danke, noch mehr Kunst passt nicht ins Haus!«

»Der Reisegutschein?« – »Ach, ich bin schon so viel gereist, weißt du. Bitte nicht.«

Peter ist so wohlhabend, dass ihn nichts von meinen Sachen reizt. Ich versuche ihn in Erinnerung an die Krokodil-Mutprobe in Australien oder das Kaffeesäcke-Schleppen in Afrika mit Service-Angeboten am Telefon zu halten, aber Peter wiegelt ab und verabschiedet sich. Doch bevor er auflegt, macht er noch diesen kleinen Witz: »Michael, komm doch einfach mal in Portugal vorbei, vielleicht hast du ja eine hübsche Ukrainerin im Gepäck!«

Ich denke darüber nach. Nein, eine Frau aus Osteuropa für einen Tausch geht überhaupt nicht, schließlich betreibe ich hier keinen Menschenhandel. Doch wenig später dann die glorreiche Idee! Auch wenn ich keine hübsche Ukrainerin mit nach Portugal nehmen kann, so kann ich sie ihm doch ins Wohnzimmer holen. Das klingt jetzt erst mal widersprüchlich, ist es aber nicht.

Zwei Tage später sitze ich auf einem Sofa in einer deutsch-ukrainischen Heiratsvermittlung der Stadt Winniza. Die Agenturchefin Tatjana erklärt mir ein paar Dinge über die populären interkulturellen Hochzeiten. Es sind scheinbar immer ukrainische Frauen und westliche Männer, die sich kennenlernen möchten. Ukrainische Männer und westliche Frauen läuft dagegen gar nicht. Der interkulturelle Austausch scheint dabei aber nebensächlich zu sein, vielmehr ist der gängige Tausch Schönheit gegen soziale Sicherheit.

Tausch auf Leben und Tod

Kein Wunder, bei der desaströsen Wirtschaftslage: Eine Englischlehrerin verdient monatlich gerade mal hundert Euro, obwohl die Lebenshaltungskosten in der Ukraine nicht viel günstiger sind als in Deutschland. Eine Ausreise in die EU ist ohne Heirat praktisch unmöglich. Solange man nicht Kinder, viel Geld und einen festen Job hat, bleiben die Tore der Festung EU geschlossen. Ein lockerer Austausch ist unmöglich.

Dieses Dilemma wurde mir wenige Tage vorher bei einem traurigen Tagesausflug in die Sperrzone von Tschernobyl vor Augen geführt. Ich hatte eine Tour in die verstrahlte Region gebucht, um einen Eindruck davon zu bekommen, ob dort nach dem Reaktorunfall von 1986 überhaupt noch irgendeine Form von Austausch möglich ist. Meine Reiseführerin war die 22-jährige Vita, die mir von sich erzählt. Schnell war ich nicht mehr an den verlassenen und verstrahlten Gebäuden interessiert, sondern vielmehr daran, warum Vita in dieser Region arbeitet und die Hälfte des Monats sogar im verstrahlten Städtchen Tschernobyl wohnt. Die Antwort ist einfach: Sie hat studiert, spricht fantastisches Englisch, hat viele weitere Qualifikationen, aber bei keinem der verfügbaren Jobs ist das Gehalt höher als hundert Euro im Monat. Deshalb wohnt sie zwei Wochen im Monat mitten in der Strahlenhölle und führt Journalisten sogar in den sogenannten Red Forest, einen Wald, der mit teilweise bis zu vierzig Mikrosievert immer noch dermaßen verstrahlt ist, dass man sich dort nicht mehr als wenige Minuten aufhalten dürfte. Vita tut es dennoch, bekommt dafür gerade mal 600 Euro monatlich und musste sofort einen Dreijahresvertrag unterschreiben.

Was wird das für Folgen für sie haben? Und wird sie jemals Kinder haben können? Ich habe die Sperrzone mit einer Traurigkeit verlassen, die ich selten auf dieser Reise erlebt habe – eine junge, attraktive und hochqualifizierte Frau kennenzulernen, die ihre Gesundheit gegen 600 Euro im Monat eintauscht, weil die wirtschaftliche Situation ihres Landes derart desolat ist.

Nach diesem Erlebnis erzähle ich der Heiratsvermittlerin Tatjana von Peters scherzhaftem Tauschwunsch, gebe aber auch zu bedenken, dass so etwas bei der ernsten Lage in der Ukraine wohl eher unpassend sei. Sie hat gleich eine super Idee: Sie kennt zwei Ukrainerinnen, die finanziell etwas besser gestellt sind und gerne beim Tauschrausch mitmachen würden. Diese beiden jungen Ukrainerinnen sollen schon bald in Peters Wohnzimmer in Portugal zu sehen sein ...

So stehe ich noch am selben Tag mit Ina und Marina vor Winnizas Sehenswürdigkeiten, die aus einem Wasserturm, einem Park und einem Platz bestehen. Ina und Marina sind beide Mitte zwanzig, attraktiv, und sie sprechen Deutsch. So beginnen wir mit einer sehr persönlichen Videoproduktion für Peter mit Ina und Marina in den Hauptrollen. »Hallo Peter, hier sind Ina und Marina mit einer gaaaanz persönlichen Stadtrundführung, nur für dich, Peter!«

200 Sie zeigen dem unbekannten Mann in Portugal in einem kleinen Film den Wasserturm, den Peter doch mal besuchen solle, führen ihn weiter zum »Central Park« der Stadt bis zum Platz der Liebe, der sich ganz ohne Understatement Pariser Platz nennt.

Ina und Marina haben keine Scheu, Peter mit ihrer sehr

persönlichen und weichen Art so anzusprechen, dass es wirkt, als seien sie zwei seiner Verehrerinnen. Musikalische Einlagen, Küsse in Zeitlupe und erotische Bewegungen am Wasserturm, den sie als Big Ben bezeichnen, runden die Sache ab. Ich schneide mit meinen beiden Kameraleuten Dominik und Jakob alles zusammen, verstärke die Atmosphäre mit Zeitlupen und animierten Herzchen und hoffe, dass Peter vom Stuhl fällt, wenn ich ihm dieses Video als Tauschangebot überreiche.

36 Stunden

Ich reise mit Reisegutschein, Gemälde, Bibel, den fünf Büchern Mose und einer erotisch angehauchten DVD in einer kleinen Schatztruhe weiter nach Kiew, will aber meine letzten 36 Stunden in der Ukraine für einen finalen Tausch in diesem Land nutzen.

Als ich aus der Wohnung trete, die ich gemietet habe, traue ich meinen Augen nicht: Die Neureichen sind da! Auf der Straße reiht sich Porsche an BMW und Mercedes an Rolls Royce. Es ist ein Anblick, den ich selten gesehen habe. Aufgetakelte Frauen, kleine Hündchen und Louis-Vuitton-Taschen drängeln sich auf der Straße. Ich lege schnell mein Reisegepäck ab, jetzt habe ich die Chance, das 100 x 130 Zentimeter große Gemälde von Diana einzutauschen. Sosehr es mir auch gefällt, für die Reise ist es einfach zu groß und sperrig.

Ich klappere die Reichen und Schönen in Windeseile ab, aber immer die gleiche Reaktion: Schweigen! Es gilt in der Szene der oberen Zehntausend wohl nicht als cool zu tauschen. Zum Abschluss bekomme ich von den Schönen und Reichen noch den wichtigen Tipp, es mal mit Arbeit zu versuchen. Als ich weitergehen will, gibt es aber noch den Zusatztipp, es auf der Andrewski-Brücke zu versuchen, da dort angeblich Kunst verkauft wird.

Ich gehe hin und sehe haufenweise Gemälde an den Mauern hängen, aber weit und breit keine potenziellen Käufer. Diese Brücke, die übrigens nur Brücke heißt und eigentlich eine Straße ist, hat haufenweise Angebot und keine Nachfrage. Ich sehe ein paar Kunstverkäufer, die grimmig dreinblicken und mich offensichtlich als neue Konkurrenz betrachten. Ich weiß, dass ich hier nicht weiterkomme, und will schon aufgeben, als mich plötzlich eine junge Frau anspricht, die sich für mein Gemälde interessiert. Ich frage sie nach einem Tauschgut. Sie zeigt auf ihre Tasche. Ich warte und schaue, wie ihre Hand langsam in die Tasche gleitet. Was wird es wohl sein? Eine Flasche teuren Champagners, ein Kilo Kaviar oder vielleicht doch die lang ersehnte Rolex im Wert von 10 000 Euro? Langsam zieht sie ihre Hand wieder aus der großen Umhängetasche. Ich sehe das erste Stück des Tauschguts. Es ist weiß und sieht aus wie der Hals einer Flasche, eigentlich wie der einer Joghurtflasche – es ist genauer gesagt eine weiße Plastikflasche, die mit Kefir gefüllt ist. Die junge Frau fängt an zu lachen, ich gehe schweigend weiter und bin richtig sauer. Mir bleibt nur noch ein Tag bis zur Abreise aus der Ukraine, und solche Scherze wirken da auf mich nicht eben lustig.

Im Apartment klicke ich frustriert durchs Internet, google nach »millionaire Kiev« und »rich and bored in Kiev« und führe meine Reichensuche weiter, die ich schon in Berlin begonnen hatte. Zuerst lese ich nur sinnloses Zeug, aber dann entdecke ich in meinen Unterlagen die ukrainische Pop-Ikone Ruslana. Mit ihrer Managerin hatte ich schon vor Wochen ein Telefonat zu meiner Tauschreise geführt. Jetzt ist es Zeit, konkret zu werden.

Geheimtausch

Einige erinnern sich bestimmt noch an Ruslana. Sie hat 2004 den Eurovision Song Contest gewonnen und damals europaweit einen ähnlichen Hype ausgelöst wie 2010 Lena in Deutschland. Ruslana hat aber auch den World Music Award gewonnen und sich in der Ukraine bei der Orange Revolution politisch engagiert und ist somit zu einer Art Volksheldin geworden. Auf ihrer Internetseite finde ich die Kontaktdaten ihrer Managerin, mit der ich kurze Zeit später telefoniere und ihr erkläre, dass der Tauschrausch für Ruslana von großer Bedeutung sein könnte. Ich argumentiere, dass ein interkultureller Tausch für einen international anerkannten Popstar ein Muss sein sollte. Die Managerin erwidert, dass Ruslana am nächsten Tag beim Präsidenten von Kasachstan eingeladen sei und deshalb nicht tauschen könne. Ich halte sie aber mit weiteren Argumenten über die deutsch-ukrainische Völkerverständigung am Telefon fest und erkläre ihr, wie wichtig dafür ein Treffen sei. Die Managerin wiegelt ab, da Ruslana gerade in den Proben als Jurymitglied einer TV-Show sei, die man als »Ukraine sucht den Superstar« übersetzen könnte. Ich grätsche in diese Absage hinein: »Kein Problem, ich komm sofort dahin und warte, bis sie eine kurze Pause hat!«

Die Managerin zögert, will aber einen ausländischen Journalisten auch nicht verärgern und sagt zu. So vergehen zweieinhalb Stunden Backstage von »Ukraine sucht den Superstar«, bis mich Ruslana empfängt. Ich weiß, dass ein Treffen mit ihr für jeden Osteuropäer wie ein Treffen mit Gott wäre, da sie in Osteuropa und Zentralasien sehr verehrt wird. Deshalb ist große Höflichkeit angesagt. Wir reden über meinen Tauschrausch und meinen Wunsch, mit einer berühmten Persönlichkeit, wie sie es ist, zu tauschen. Auf der Rücklehne des Sofas in ihrem Ankleideraum steht das 100 x 130 Zentimeter große Gemälde mit dem Hund von Diana aus Salzgitter. Ruslana gibt sich begeistert, signalisiert aber auch, dass sie es nicht unbedingt haben müsse. Ich bekomme Panik, dass diese großartige Tauschmöglichkeit mit einem Popstar so schnell zerbröckeln könnte. Deshalb rutscht mir eine spontane Notlüge raus: »Es ist nämlich so, dass sich auf dem Gemälde ein Wolf befindet, der extra für dich von einem deutschen Künstler gemalt wurde, da du beim Eurovision Song Contest ja mit Wolfsfellen aufgetreten bist und auch über Wölfe gesungen hast.«

Ruslana fühlt sich geschmeichelt und freut sich, dass ich ein Gemälde extra für sie habe malen lassen. Ich weiß, dass es nicht gut ist zu lügen, aber unter dem Druck des Tauschrausches habe ich mich dazu hinreißen lassen. (Sorry, Ruslana!)

Ruslana holt daraufhin ihren Schellenkranz aus der Tasche, den sie auch auf dem Song Contest bei sich hatte, und fängt sofort an zu singen. Ich probiere auch mal eben, mit dem Schellenkranz Musik zu machen, was sich aber ziemlich albern anhört, so dass Ruslana mir das Instrument diskret wieder abnimmt. Sie möchte den Schellenkranz gegen das »Wolfsgemälde« tauschen.

Ich erkläre ihr höflich, dass der Schellenkranz zwar super sei, füge aber hinzu, dass für mich nur reale und keine ideellen Werte zählten, da ich auf dem Weg zu einem Haus auf Hawaii sei. Ich weiß aber auch, dass ich wohl noch etwas drauflegen muss:

»Falls du etwas Wertvolleres tauschst, fliege ich morgen früh spontan mit dir zum Präsidenten von Kasachstan und arbeite als dein Kofferträger!«

Ruslana ist erstaunt über meinen Einsatz und möchte gerade zustimmen, als ihre Managerin, die sie natürlich begleitet, einschreitet: »Nein, den nehmen wir bestimmt nicht mit. Keine Chance!« Ich versuche sie zu überzeugen, mache Gags, bettele, erkläre ihr, von welch großem Vorteil ich für sie auf der Reise wäre, und flehe sie an: »Bitte, ich muss mich dringend hochtauschen!«

Es entsteht eine kurze Stille im Raum, da nun allen klar ist, wie wichtig ein guter Tausch für mich ist. Ruslana beendet die peinliche Stille und bietet mir an, mich am nächsten Tag an der Vudybichi-U-Bahn-Station unter den drei Autobahnbrücken zu treffen, wo sie auf dem Weg zum Flughafen vorbeikommt. Das Tauschgut will sie mitbringen, aber es bleibt ein Geheimnis, was es ist. Ich schlage ein und freue mich, so weit gekommen zu sein.

Am nächsten Morgen um elf Uhr stehe ich an der Vudybichi-Metrostation unter den drei Autobahnbrücken am Stadtrand von Kiew. Die Gegend sieht unwirklich aus, Autobahnen, Brücken, Müll, vorbeibrausende LKWs und ein paar dunkle Gestalten am Wegesrand. Ich komme mir vor wie in einem schlechten Gangsterfilm bei einem geheimen Tausch »Waffen gegen Drogen« oder »Waffen gegen Drogen und Leiche«.

Aber es gibt einen großen Unterschied zu den diversen Filmvorlagen, denn dort erscheinen alle, ob Gangster oder Agenten, in der Regel pünktlich, hier dagegen leider nicht. Ich warte über eine Stunde auf Ruslana und bekomme den Eindruck, dass das ominöse Tauschtreffen vielleicht nur eine Ausrede war, um den hypermotivierten Tauschreporter endlich aus der Umkleide zu entfernen. Meine Stimmung bricht ein. Wie konnte ich mich auf so einen komischen Deal nur einlassen? Geheimes Tauschtreffen um elf Uhr an der Vudybichi-Metro unter den drei Autobahnbrücken am Stadtrand von Kiew. Vielleicht hat sich der Popstar einfach nur einen schlechten Scherz mit mir erlaubt? Eine Antwort finde ich natürlich nicht, unter anderem auch deshalb, weil laut vorbeirasende LKWs jeden Gedanken sofort zerstreuen.

Doch dann fällt mir eine dunkle Limousine mit getönten Scheiben auf, die langsam herangefahren kommt. Die Beifahrertür geht auf, und hinter einer großen Sonnenbrille erscheint Ruslana. Unglaublich, sie hat ihr Versprechen eingehalten. Nach einem in der Popbranche üblichen Küsschen links und Küsschen rechts holt sie ein Gemälde aus der Limousine. Es ist circa 80 x 50 Zentimeter groß, hat einen kitschigen Goldrahmen und ein noch kitschigeres Motiv, eine Kirche aus Ruslanas Heimatort. Ganz ehrlich, das Gemälde hätte auch bei meiner Großoma 1976 in ihrem Flur auf brauner Tapete zwischen Porzellanengelchen hängen können, ohne dass es jemandem sonderlich aufgefallen wäre. Mir wird bewusst, dass ich mich auf einen Tausch eingelassen habe, von dem ich nun nicht mehr zurücktreten kann. Ich muss das Bild nehmen, egal, ob ich mich damit hoch-, runter- oder sonst wohin tausche. Ich mache gute Miene zum Kitschbild und überreiche ihr das »Wolfsgemälde«. Vielleicht hat Ruslana einfach gemerkt, dass das mit dem Wolf gelogen war? Wie auch immer, der »Wolf« wird in die Limousine geschoben, Ruslana gibt mir noch ein Küsschen und rauscht ab zum Flughafen, um ihr Treffen mit dem kasachischen Prä-

206

sidenten abzuhalten. Ich gehe mit dem Kitschgemälde in mein Apartment und versuche erfolglos, mich mit ihm anzufreunden.

Die letzten Stunden vor meinem Abflug nach Portugal zu Peter nutze ich für einen weiteren Besuch bei einer Wahrsagerin, um mir noch eine kleine Motivation für die restlichen siebzig Tage des Tauschrauschs zu holen.

Ich besuche die Wahrsagerin Lilia Romanova im 23. Stock eines Hochhauses. Eine korpulente Dame um die fünfzig im mystischen Wahrsager-Outfit (Elvis-Presley-Stretchanzug mit Sternspitzen am Ende der Ärmel). Meine Frage ist präzise gestellt: Werde ich es schaffen, in siebzig Tagen ein Haus auf Hawaii zu ertauschen? Lilia befragt ihre Tarotkarten und sagt sofort:

»Sorry, aber mit dem Haus auf Hawaii wird es nichts.«

Wie bitte? Werden Wahrsager nicht normalerweise von ihren Kunden bezahlt, damit sie in einer Lebenskrise irgendwie Hoffnung tanken können, frage ich mich?

Deshalb bitte ich Lilia, ihr magisches Pendel zu befragen. Tarotkarten können sich ja schließlich mal irren. Lilia schwingt ihr Pendel und schaut mich ernst an:

»Wenn du tatsächlich ein Haus bekommen solltest, dann definitiv nicht auf Hawaii!«

Nun merke ich, wie ernst es ihr und ihren kleinen Wahrheitshilfsmitteln mit einer schlechten Prognose für mich ist. Ich erkläre ihr, dass ein Haus woanders keinen Sinn ergibt, da mein Kindheitstraum eindeutig auf Hawaii spiele. Ich bitte sie nun, nachdem sie auch einen kurzen Blick in ihre Kristallkugel geworfen hat, auch noch die magische Metallfeder zu befragen. Lilia hält die Metallfeder in der Hand und wartet, ob sie nach links oder rechts ausschlägt, um so eine Antwort zu bekommen. Die magische Metallfeder hat aber keine Lust, sich für mich zu bewegen und bleibt ruhig in der Mitte stehen. Lilia erklärt mir, dass Stillstand nichts anderes bedeute, als dass 2011 nicht mein Jahr sei und ich es besser 2012 mit dem Haus versuchen solle. Damit ist die Sitzung beendet, und ich mach mich total frustriert auf zum Flughafen Richtung Lissabon.

*T*ausch am seidenen Faden

Portugal

Peter ist ein 72-jähriger, wohlhabender und recht exzentrischer Mann, der mir unglaubliche Geschichten aus seinem Leben erzählt.

In den Sechzigern tourte er als Backpacker durch Europa. Unterwegs kam er irgendwann mit seiner Gitarre in einen Vorort von Lissabon, in dem sich DAS Hotel des Landes befindet, wo selbst die Könige dieser Welt absteigen. Dem damals Zwanzigjährigen gefiel das, und er entschloss sich, in der Nähe des Hotels eine Zeitlang zu verweilen. So geschah es, dass der junge Peter, der mit Sicherheit ein gut aussehender Mann war, am Strand die Schwester des Königs einer der europäischen Königshäuser kennenlernte. Es kam eins zum anderen, die Königsschwester nahm ihn mit auf Partys und Empfänge, wo sie ihn spaßeshalber als Graf Peter vorstellte. Und dies war auch der Grund, dass eines Tages der Besitzer des besagten Hotels dem »Grafen« Peter anbot, ihn kostenlos in eben jenem Hotel wohnen zu lassen, da er sich natürlich gerne mit dem Adel schmückte. So zog »Graf« Peter ein und saß eines Tages in der Lobby des Hotels, als ein Industriellen-Ehepaar an ihm vorbeikam und die Dame vor ihm stolperte. »Graf« Peter half ihr höflich, die verlorenen Scheinchen und Steinchen aus ihrer Handtasche wieder einzusammeln, was der Anfang einer Freundschaft zwischen »Graf« Peter und dem

Industriellen-Ehepaar darstellte. Peter stellte den beiden eines Tages auch den Hotelchef vor, mit dem er, befördert durch seinen vermeintlichen Adelstitel, mittlerweile gute Kontakte pflegte. Aufgrund dieser Bekanntschaft konnte das Ehepaar eines Tages einen großen geschäftlichen Deal mit dem Hotelbesitzer machen. Als Dank dafür, dass Peter den Kontakt hergestellt hatte, erhielt er einen Schuhkarton. Der Inhalt war Anfang der 60er Jahre ziemlich beachtlich: 180 000 D-Mark in kleinen Scheinchen. Jetzt konnte »Graf« Peter offiziell für vier Jahre in das Hotel einziehen und seine Unkosten aus dem Schuhkarton unter seinem Bett begleichen. Diese vier Jahre verliefen natürlich alles andere als kleinbürgerlich: Bekanntschaften mit hübschen, wohlhabenden und vielleicht auch adeligen Frauen, tolle Kontakte und ein Leben im Jetset, wie es wohl nicht besser sein kann. So verwundert es nicht, dass die Mutter seiner Tochter ein ehemaliges Model ist.

Warum ich das alles glaube: Ich schaue mir auf »Graf« Peters Anwesen die Fotos zu diesen Geschichten an: Graf Peter Arm in Arm mit dem Model, Graf Peter mit einer europäischen Königsfamilie und so weiter und so fort. Ich befinde mich also im Haus eines weltoffenen, wohlhabenden und faszinierenden Lebemannes, der mir einen Einblick in sein Leben gibt. So erzählt er mir, dass er momentan größere Summen in eine Firma investiert habe, die Schätze sucht und zurzeit mit großem Gerät chinesisches Porzellan aus einem Schiff vor der Küste Borneos birgt, das dort im 15. Jahrhundert im Sturm untergegangen ist. Aus diesem Grund ist auch Peters Anwesen voller »Schätze«. Ich bin hier beim besten Tauschpartner der ganzen Reise gelandet und bereite mich auf den Tausch meines Lebens vor, denke ich.

Also rede ich mit ihm ein wenig übers Tauschen. Zu diesem Thema fällt ihm ein, dass sein Vater im Zweiten Weltkrieg mal einen Tausch gemacht habe. Eine Frau durfte in seiner Familie leben und gab dafür ihre Arbeitsleistung als Haushälterin. Kriegsschauplätze seien überhaupt ein Ort, an dem das Tauschgeschäft blühe. Es gebe aktuell dreißig Kriege und Konflikte in der Welt, und gerade an diesen traurigen Schauplätzen würde am meisten getauscht, meint Peter, schließlich sei der Geldhandel oftmals unmöglich, so dass sich die Menschen oftmals nur noch durch das Tauschen von Gegenständen ihr Überleben sichern könnten. Über den Zusammenhang von Krieg und Tausch habe ich bislang noch nicht nachgedacht. Aber es stimmt. Tauschen kann im Notfall das Überleben sichern.

Nach dieser ersten Plauderei kommen wir zum Tauschgespräch. Ich zeige Peter eine kleine Schatztruhe, in der eine DVD auf einem lila Seidenstoff liegt. Peter wundert sich, was ich ihm da mitgebracht habe, und bittet mich, ihm die DVD vorzuspielen. So sitzen wir vor dem Computer und schauen zu, wie Ina und Marina Peter begrüßen, ihm die Stadt Winniza zeigen und dabei immer wieder lasziv »Peter« ins Mikrofon hauchen. Peter hat Spaß an dem kleinen Gag. Und ich warte ungeduldig darauf, dass er mir etwas zum Tausch anbietet. Ich warte, aber nichts passiert. Schließlich frage ich ihn höflich nach seinem Einsatz.

Peter geht durch das vollgepackte Wohnzimmer, in dem allerhand antike und wertvolle Gegenstände stehen. Er holt eine Bibel aus dem Schrank und bietet sie mir zum Tausch an. Klar könnte diese Bibel einen hohen Wert haben, aber ich habe schon eine 300 Jahre alte Bibel und finde es zu schwierig, historische Bücher weiterzutauschen. Deshalb muss ich passen, nicht ganz ohne Sorge, meinen Tauschpartner damit abzuschrecken.

Ich argumentiere, dass das Video sehr persönlich sei,

und natürlich auch viel Arbeit darin stecke, um ihn vorsichtig darauf hinzuweisen, dass ich auf der Suche nach etwas Wertvollerem bin. Peter reagiert verhalten, schließlich bietet er mir eine alte Landkarte an. Aber sosehr ich zusagen möchte, ich hatte mir einfach mehr erhofft und pokere:

»Danke für das tolle Angebot, aber ich muss da passen, ich muss einfach etwas mehr bekommen, wenn ich mein Ziel erreichen will. Vielleicht sollten wir das Ganze einfach abblasen.«

Es entsteht eine Stille im Raum, bei der wir beide uns nicht wohl fühlen. Ich weiß, dass ich mit dieser Aussage vor dem Nichts stehe. Nach Portugal zu fliegen, ohne zu tauschen, wäre eine der größten Niederlagen des bisherigen Tauschrauschs. Doch dann fragt Peter nach, ob ich noch mehr zu bieten hätte. Ich hole das Gemälde von Ruslana, das seit dem Beginn unseres Treffens in seinem Hauseingang steht. Ich erzähle ihm die Geschichte des Geheimtauschs an der Autobahnbrücke und davon, dass Ruslana ein großer Popstar in Europa sei. Peter findet die Geschichte spannend.

Kurz darauf die Erlösung: Er bietet mir eine historische Sonnenuhr aus Elfenbein zum Tausch an, die aus dem 18. Jahrhundert stammt. Diese Sonnenuhr wurde kürzlich vom Auktionshaus Sotheby's in London auf einen Wert von über 3000 Dollar geschätzt. Wahnsinn! Ich bin überglücklich und falle ihm fast um den Hals. Gemälde plus Video gegen eine historische Uhr, der Deal ist perfekt.

Lederhose und Volksmusik unter Palmen

*B*rasilien

*A*uf geht es nach Rio de Janeiro, im Gepäck die antike Uhr, die antike Bibel, die Thora und den Reisegutschein. Ganz so, wie ich es mir vorgenommen hatte, werde ich den nächsten Kontinent betreten. Ein Ort, der auf den ersten Blick nicht schöner sein könnte: Copacabana, Ipanema, Sonne, Zuckerhut, hübsche Menschen und so weiter. Ich spaziere an den Stränden entlang, fahre mit der Seilbahn auf den Zuckerhut und stürze mich eine Nacht lang ins Partyleben. Natürlich gehe ich auch auf eine der sogenannten Baile-Funk-Partys. Baile Funk ist die brasilianische Form des Hip Hop, die aus den Armenvierteln der Stadt, den Favelas, kommt und in deren Texten es oft um die gewaltbeladene Wirklichkeit des Lebens in den Favelas geht. Aufgeputscht von der rhythmischen Musik, tanze ich die ganze Nacht durch.

Am nächsten Morgen ist Katerstimmung angesagt, als ich mit dem Reisegutschein, der Uhr und den religiösen Büchern neben mir aufwache. Der Tag ist hin. Die Caipirinhas haben mir unglaubliche Kopfschmerzen verschafft. Damit laufe ich durch die Stadt und merke, dass ich in diesem Zustand und ohne portugiesische Sprachkenntnisse keine Chance habe zu tauschen. Ich lege mich erschöpft ins Bett, wo ich mich schließlich entscheide, an einen Ort zu reisen, der zwar auf den ersten Blick nicht so strahlt,

216

aber eine gewisse Ordnung, Ruhe und Geborgenheit verspricht: Pomerode!

Pomerode liegt im Süden Brasiliens und wurde 1860 von deutschen Aussiedlern aus dem norddeutschen Pommern gegründet. Dadurch, dass das deutsche Pomerode lange Zeit keinen Kontakt zum »Mutterschiff« Deutschland hatte, hat sich die pommersche Kultur des 19. Jahrhunderts dort erhalten und wenig verändert. Die Stadt mit ihren 23 000 Einwohnern wirkt wie im Märchenschlaf versunken. Beinahe alle Bewohner sind deutschstämmig und halten an ihren kulturellen Wurzeln fest. Viele leben in Fachwerkhäusern, einige tragen sogar deutsche Trachten (Lederhose und Dirndl), sind in 16 Schützenvereinen aktiv und in sechs verschiedenen Volkstanzgruppen. Und angeblich hat die Stadt den höchsten Pro-Kopf-Bier-Verbrauch ganz Brasiliens.

In Pomerode spricht und schreibt man Pommersch. Die Sprache hat sich seit der Auswanderung unabhängig vom Deutschen entwickelt und klingt ziemlich lustig in meinen Ohren. Ein Satz wie »Kommen Sie mal rüber nach München mit ihrer Schürze« hört sich auf Pommern-Deutsch ungefähr so an: »Kommen Sie mal rieber mit ihrer Schierze nach Minchen.« Und viele Wörter werden aus dem Portugiesischen ins Pommersch übernommen. Deshalb heißt der Satz »Wir fahren mit dem Käfer vom Strand bis zum Rathaus« auf Pommersch »Wir fahren mit dem Fuska von der Praia bis zur Prefeitura«. Außerdem gibt es einzelne Wortkreationen, die ans Englische angelehnt sind. Während wir sagen »Mein Computer ist an den Beamer angeschlossen«, sagt man in Pomerode »Mein Mikro ist angeschlossen an den Data Show.«

Ich ziehe ins Hotel Schroeder ein, das mit seinem deutschen Familiennamen nicht weiter auffällt, denn nebenan befindet sich der Häusermakler Krause, und ein wenig weiter wohnt die Familie Wege.

Ich spreche mit der zuständigen Dame vom Touristenbüro, der ich mein Anliegen schildere, und zeige ihr meine Tauschangebote. Sie bietet mir an, sich mit der Vize-Bürgermeisterin der Stadt zu beratschlagen, denn es gefällt ihr, dass jemand aus Deutschland mit den Menschen in Pomerode tauschen möchte.

Wenig später erklärt sie mir, dass die Vize-Bürgermeisterin der Stadt mein Vorhaben auch spannend findet, so dass ich sogar eine kleine Veranstaltung mit Mikro und Beamer (also per Data Show) abhalten darf.

Der Tauschtraum im Tauschmekka

Also geht es los: Ich lasse Plakate drucken, die eine Vortragsveranstaltung im Rathaus anpreisen. Auf den Plakaten mit der Aufschrift »Wigges Tauschrausch« sind Fotos aus Afrika, Australien und anderen Schauplätzen der bisherigen Reise zu sehen. Beim Aufhängen der Plakate kommen schon die ersten neugierigen Bewohner auf mich zu und sind begeistert, dass sich jemand aus Deutschland hier präsentiert. Wenig später bekomme ich von Ivone, die im Touristenbüro arbeitet, die Info, dass der deutschsprachige und volksmusiklastige Radiosender der Stadt mit mir ein Interview über den Tauschrausch machen möchte. Kurz danach spreche ich schon zu ganz Pomerode und rufe die Zuhörer auf, zur Veranstaltung im Rathaus (Preifektura) zu kommen. Und der Aufruf scheint zu helfen.

Zwei Tage später füllt sich der Saal des Rathauses mit

tauschfreudigen Bewohnern der Stadt. Einige sind sogar traditionell in Trachten gekleidet. Und dann halte ich fast eine Stunde einen bebilderten Vortrag über die bisherige Reise mit allen dazugehörigen Abenteuern.

Die Leute sind begeistert, so dass ich nach dem Vortrag gleich drei(!) Tauschangebote bekomme. Christian, ein Lederhosenträger, der als Automechaniker arbeitet, bietet mir einen möglichen Tausch mit einem seiner VW Käfer an. Ich bekomme seine Nummer. Dann spricht mich Claudio an, der im Zoo von Pomerode arbeitet, und meint, dass er bei so vielen Tieren vielleicht eines für einen Tausch zur Verfügung stellen könnte. Ich notiere auch seine Nummer. Kurz darauf kommt eine tauschwillige Vize-Bürgermeisterin auf mich zu, die meint, dass die Gemeinde zusammen einen größeren Tausch auf die Beine stellen könnte.

Ich bin hingerissen von all den Angeboten. So viel Zuspruch habe ich auf meiner gesamten Tauschreise noch nicht bekommen.

Am nächsten Tag bin ich mit meinem Tauschgut unterwegs zum Zoo. Elefanten, Giraffen und ein Ameisenbär empfangen den Tauschreporter. Der Ameisenbär erweckt sofort meine Aufmerksamkeit, da es diese Tiere schließlich nur in Südamerika gibt. Seine lange Röhrenschnauze und die noch viel längere Zunge sehen einfach zu lustig aus.

Ich treffe Claudio und frage ihn sofort, ob wir über einen Ameisenbär-Tausch nachdenken könnten. Claudio lacht, und anstatt mir zu antworten, führt er mich ins Ameisenbären-Gehege. Ein ausgewachsener Ameisenbär kommt begeistert auf mich zugerannt, aber ein Zoowärter hält ihn sofort mit einer Schlaufe an einer Metallstange von mir fern. Ich verstehe gar nicht, warum plötzlich solche Aufregung herrscht. Claudio erklärt mir, dass Ameisenbären bis zu sieben Zentimeter lange Krallen an den Pfoten haben, mit denen sie kämpfen können. Selbst Menschen können durch einen solchen Angriff sterben. Ich merke, dass ein Ameisenbär-Tausch eine ziemliche Utopie ist. Wir verlassen das Gehege, und ich sehe den Bär noch hinter mir herkommen, vermeide aber jeden weiteren Kontakt.

So reden wir über die Tiere und darüber, welche für einen Tausch überhaupt in Frage kämen. Claudio schlägt einen Papagei vor, der schließlich an Menschen gewöhnt sei und den man auch gut transportieren könne.

Ich sage zu und zeige ihm meine Tauschgüter: Reisegutschein zu wertvoll, Uhr zu speziell, und mit den fünf Büchern Mose kann er sich nicht anfreunden. Das ist eindeutig. Claudio nimmt die 300 Jahre alte Bibel. Ich lasse sie im Zoo, den Papagei will mir Claudio am nächsten Tag ins Hotel Schroeder bringen.

Der Vogel wird angeliefert und mir zur Freude der anderen Hotelgäste überreicht. Er ist bunt wie Papageien es nun mal sind, möchte aber die lustigen Sätze, die ich ihm vortrage, nicht wiederholen. So sitzen wir in meinem Zimmer, und er sitzt still neben mir. Was nun? Ein Vogel sitzt herum, was tun? Vielleicht hat er Durst? Ich hole ihm ein Schälchen Wasser und beobachte den Vogel, der das Wasser nicht beachtet. Trinken ist scheinbar nicht so wichtig. Will er unterhalten werden? Ich versuche mit ihm zu spielen, aber er interessiert sich nicht für mich.

Ich merke, dass ein Vogel als Tauschgut schwierig ist und ich die Verantwortung dafür nicht übernehmen kann. In meiner Not hole ich aus der Küche des Hotels ein Stückchen Brot, wobei ich noch nicht einmal weiß, ob Papageien so etwas fressen.

Auf dem Weg zurück ins Zimmer begegne ich einem Zimmermädchen, das einen hysterischen Lachanfall bekommt und sich permanent hinter meinem Rücken versteckt, wahrscheinlich weil sie nicht von mir gefilmt werden will oder es total lustig findet, dass sich jemand beim Essenholen selber filmt. Ich versuche sie zu beruhigen, aber ihr Lachanfall hört nicht auf. Immer wenn ich versuche, mich zu ihr zu drehen, dreht sie sich mit, so dass sie permanent dicht hinter meinem Rücken weiterkichert. Während ich also versuche, das medienscheue Zimmermädchen zu beruhigen, und sie bitte, sich nicht weiter kichernd hinter meinem Rücken zu verstecken, merke ich nicht, dass der Papagei sich aus dem Zimmer stiehlt und über den Flur zu einem anderen Zimmermädchen watschelt. Kurze Zeit später finde ich ihn, wie er friedlich auf ihrem Arm sitzt. Jetzt ist es offiziell: Der Vogel mag mich einfach nicht!

Ich muss handeln und gebe ihn zunächst einmal zurück in den Zoo, wo man sich um ihn kümmert. Währenddessen treffe ich mich mit Christian, der mir im Rathaus zugesagt hatte, eventuell einen Käfer zu tauschen. Er findet einen Papagei als Tauschangebot nicht so reizvoll, bis seine Frau sich zu Wort meldet, die sich augenblicklich in den Vogel verliebt hat.

Also besprechen wir den Tausch im Detail. Vogel gegen VW Käfer? Angeblich soll der Papagei nicht besonders günstig sein, wenn man ihn in der Zoofachhandlung kaufen würde. Aber Christian, der ganz traditionell in Lederhosen und Tracht gekleidet ist, erklärt mir, dass selbst sein ältester VW Käfer von 1966 noch 4000 Real, also 2000 Euro, wert sei. Deshalb biete ich ihm einen Deal an: Christian und ich bestreiten ein Rennen. Er über hundert Meter in seinem alten VW Käfer und ich mit ungefähr dreißig Meter Vorsprung auf einem alten Fahrrad. Sollte er gewinnen, wird nicht getauscht, sollte ich gewinnen, ist der Tausch Vogel gegen Käfer perfekt. Christian scheint Sinn für Humor zu haben und willigt ein.

So stehen wir auf einer Schotterpiste außerhalb von Pomerode, es ist schwül-warm, und jede Bewegung führt sofort zu Schweißausbrüchen, nicht gerade die beste Voraussetzung, um auf einem alten Rad ohne Gangschaltung ein Rennen gegen ein Auto zu gewinnen. Christian drückt dreißig Meter hinter mir kräftig auf das Standgas, hält dabei die Handbremse fest, lässt sie los und zieht sie wieder an. Der Käfer hüpft unter großem Geheul hinter mir her.

Aber dann gibt Ivone aus dem Touristenbüro das Startzeichen. AUF DIE PLÄTZE – FERTIG – LOS!

Ich trete in die Pedale und komme wegen fehlender Gangschaltung zunächst kaum voran. Glücklicherweise hat Christians alter Käfer eine ziemlich schlechte Beschleunigung, so dass er nach fünfzig Metern immer noch hinter mir liegt. Aber dann wird es eng, Christian fährt dicht an mich heran und will links überholen. Aber das Rad schwankt, dadurch dass ich im Stehen in die Pedale trete, dermaßen von links nach rechts, dass Christian unmöglich überholen kann. Es war keine Absicht, vielleicht sollte man es unter »Glück« verbuchen. Christian bleibt an der Ziellinie knapp hinter mir, ein Überholmanöver ist gescheitert. Der Tausch ist perfekt. Christian gibt sich geschlagen und überreicht mir den Käfer. Den Papagei wird er sich später aus dem Zoo abholen.

222

Nachdem ich bereits einen fahrbaren Rasentraktor und ein kaputtes Tuk Tuk ertauscht habe, bin ich nun endlich stolzer Besitzer eines Autos. Ich hatte mich im Tauschrausch schon so lange nach einem Auto gesehnt, und endlich ist es da, zwar alt, aber heil und fahrbar. Und so knattere ich stolz mit dem weißen Käfer durch Pomerode, vorbei an Fachwerkhäusern und historischen Kirchen, die genauso gut in der Provinz in Deutschland stehen könnten.

Der Zwischenstand kann sich sehen lassen: VW Käfer, historische Uhr von 1750 und ein Reisegutschein. Zusammen ist all das über 16 000 Dollar wert, zwar noch weit von einem Haus entfernt, aber eine über 16 000-fache Steigerung gegenüber dem Apfel.

Doch als Nächstes möchte ich nach New York, und dort mit dem Käfer hinzufahren ist wohl mehr als utopisch. Deshalb ist klar, so schön der Wagen auch ist, er muss schnell weitergetauscht werden. Aber ich habe ja noch einen Joker in der Tasche: Die Vize-Bürgermeisterin hatte doch von diesem Tausch mit der gesamten Gemeinde gesprochen.

Ich treffe sie und erkläre ihr, dass ich ganz schrecklich stolz auf den Käfer sei, er aber leider in Pomerode bleiben müsse. Die Vize-Bürgermeisterin hat Verständnis für meine Situation und erzählt mir, dass sie einen Tausch in der örtlichen Porzellan-Manufaktur Schmidt vermitteln könne, wenn ich ihr den Käfer dafür überreiche. Ich bin erst mal vorsichtig, da ich mich auf keinen Fall runtertauschen möchte, und erkläre ihr, dass der Käfer einen Wert von mindestens 4000 Real habe. Sie nickt und sagt, ein 12-teiliges Geschirrservice der Manufaktur könne bis zu 8000 Real kosten.

Am nächsten Tag stehe ich mit Ivone vom Touristenbüro in der Geschirrproduktion. Sie soll für die Vize-Bürgermeisterin den Tausch einfädeln. Wir stehen im Showroom der Fabrik, in dem Porzellan-Sets in den Regalen präsentiert werden. Ich sehe teure, billige, schöne, kitschige Sets, alles, was das Porzellan-Herz begehrt. Wir sprechen mit dem Firmenchef, welches ich nun haben kann. Nach einer kurzen Diskussion mit dem Besitzer macht Ivone einen Vorschlag. Sie schlägt mir ein Spiel vor. Ich bekomme genau dreißig Sekunden Zeit, mir aus den Regalen im Showroom ein Geschirr-Set auszuwählen. Da alle Sets ohne Preisschilder präsentiert werden, wird das Ganze zu einem Glücksspiel. Nehme ich ein billiges Set, habe ich mich drastisch runtergetauscht, nehme ich ein teures, könnte es DER Tausch der ganzen Reise werden. Ich überlege, ob ich mich drauf einlassen soll, aber welche Alternativen habe ich schon? Schließlich muss ich bald zum Tauschrausch-Finale in die USA reisen, mir rennt einfach die Zeit davon. Ich stimme also zu.

Wieder steht Ivone an der Startklappe: AUF DIE PLÄTZE – FERTIG – LOS! Ich renne wie ein Verrückter zwischen den Regalen des Showrooms hin und her, rutsche fast aus, was verheerend wäre, da sich in den Regalen neben mir Werte aufstapeln, die in die Tausende gehen. Aber es geht gut, und ich inspiziere in Windeseile die Teller und Tassen.

Woran erkennt man den Wert eines Geschirr-Sets? Ich gehe ganz pragmatisch vor: Alles, was weiß ist, fällt raus, da es irgendwie unkreativ aussieht, Teller mit quietschigen Farben ebenfalls, da sie mich zu sehr an IKEA-Porzellan erinnern. Deshalb spezialisiere ich mich auf Teller und Tassen, die eine Goldverzierung haben. Kunden, die so etwas kaufen, haben Geld, denke ich und entscheide mich in Sekunde dreißig für ein Set mit einer verschnörkelten Goldverzierung.

224

Die Auflösung des Rätsels steht unmittelbar bevor. Ich bin wirklich aufgeregt. Ist es ein Set für 8000 oder für 80 000 Real? Der Firmenbesitzer holt ein Preisschild aus einem großen Karton, in dem sich das komplette Service befindet. Ich sehe zwölf kleine Tassen, zwölf große Tassen, zwölf Teller, zwölf kleine Unterteller, zwölf große Unterteller, eine Schale, eine kleine Kaffeekanne, eine große Kanne, eine Milchkanne und eine Zuckerdose. Alles aus bestem Porzellan.

Aber was ist das alles wert? Ich sehe, wie der Firmenchef das Preisschild in seiner Hand langsam umdreht. Viele Gedanken gehen mir durch den Kopf, unter anderem, was wäre, wenn es eine Niete ist? Soll ich alles rückgängig machen oder schnell aus der Fabrik verschwinden und in James-Bond-Manier in den Käfer springen, um damit nach New York zu fahren? Nein! Ich habe mich auf das Spiel eingelassen und werde akzeptieren müssen, was kommt. Dann lese ich die Summe auf dem Preisschild: 5000 – 6000 Real auf Verhandlungsbasis.

Ich bin erleichtert, selbst wenn ich den niedrigsten Preis ansetze, sind das immer noch 1000 Real mehr, als der alte Käfer wert war. Mir fällt ein Stein vom Herzen, und ich überreiche Ivone den Schlüssel für den Käfer, der nun in Pomerode bleibt. Eigentlich ist hiermit mein Tauschrausch in Pomerode erfolgreich abgeschlossen, aber dann klingelt plötzlich das Telefon. Es ist ein gewisser Ronald, der mir noch einen Tausch anbieten möchte. Er erzählt mir, dass er der Sohn deutscher Auswanderer sei, lange in São Paulo gelebt habe und nun mit seiner Familie ein idyllisches und vor allem sicheres Leben in Pomerode führen möchte. Er redet davon, dass das Leben in der Megastadt São Paulo unglaublich gefährlich sei, Überfälle und selbst Morde seien in seiner ehemaligen Nachbarschaft keine Seltenheit gewesen.

Ich treffe ihn schließlich in seinem Landhaus und erkläre ihm, dass Porzellan, Reisegutschein und historische Uhr bereits einen hohen Wert hätten und ich so wenig wie möglich investieren möchte, da ich mein Ziel »Haus auf Hawaii« im Auge behalten muss. Ronald versteht meine Lage, zeigt mir aber dennoch sein Tauschgut: Es heißt Hansi, hat vier Beine und wird irgendwann mal zu einem stolzen Hengst heranwachsen; es ist ein junges Pony. Hansi sieht recht drollig aus und schaut mich fragend an – ein ulkiges und vor allem lebendes Tauschgut.

Bald stellt sich aber heraus, dass Ronald mit der Uhr und dem Gutschein nichts anfangen kann und auch genug Porzellan hat. Deshalb biete ich ihm meine Arbeitsleistung an, Scheune reinigen, Pferde striegeln etc. Aber er scheint nicht recht an meine Fähigkeiten als Stallbursche zu glauben und sagt mir, dass er das lieber selber mache.

Also sitzen wir uns eine Zeitlang schweigend gegenüber, bis mir plötzlich einfällt, dass ich ja auch noch die fünf Bücher Mose im Rucksack habe, die mir die jüdische Synagoge in der Ukraine gegen das Buch aus dem orthodoxen Kloster eingetauscht hatte. Ich bin mir sicher, dass sie ihn nicht interessieren, aber falsch. Er findet den Tausch sehr attraktiv und würde sich gerne in die Thora einlesen.

Es ist kaum zu glauben, aber Ronald tauscht tatsächlich sein Pony gegen die Fünf Bücher Mose. Ich frage ihn nach dem Motiv für diesen großzügigen Tausch, da er für ihn rein materiell nicht sehr vorteilhaft ist. Er erklärt mir, dass er gerade zu viele neugeborene Ponys habe und somit problemlos eines davon eintauschen kann. Schließlich gehen wir zur Weide, um Hansi zu holen. Klingt eigentlich simpel. Man steigt über einen Zaun, bindet Hansi einen Strick um und dann wieder ab. So einfach wäre das – wäre Hansi gezähmt. Einmal mehr lerne ich, dass Tier-Tauschaktionen gründlich durchdacht sein wollen. Die Tauschobjekte sind schließlich Lebewesen mit ihrer ganz eigenen

Meinung zum Tausch. Die nächsten dreißig Minuten verlaufen daher wie folgt:

Ich gehe zu Hansi, Hansi läuft weg, ich renne mit einem Lasso hinter Hansi her, er versteckt sich hinter den großen Pferden, ich renne auf sie zu, die ganze Pferdegang läuft weg, ich laufe keuchend hinterher, rutsche im nassen Schlamm aus, rappele mich auf, renne weiter, schaffe es, Hansi von der Herde zu trennen und in eine Ecke zu locken. Ich werfe das Lasso, Hansi bückt sich, rennt drunter durch, ich renne auf die andere Seite der Weide, bin völlig außer Atem. Hansi natürlich wieder zurück zur anderen Seite, ich werfe wahllos das Lasso umher, die Herde denkt »wie lächerlich«. Ich wieder an Hansi ran, Hansi täuscht vor, nach links zu laufen, läuft dann aber nach rechts, ich rutsche fast wieder aus, und dann das Ganze noch einmal von vorne.

Dann öffnet Ronald das Tor zur Weide, so dass Hansi und ein anderes Pony in die Scheune laufen, und dort ist natürlich Sackgasse. Ich werfe das Lasso, und Hansi ist bei mir. Aber Hansi möchte nicht am Seil hinter mir herlaufen, er zieht, rührt sich nicht von der Stelle und gibt dann plötzlich Gas.

Ich weiß, dass dieses wilde Pony noch schneller weg muss als der Papagei. Deshalb beratschlage ich mich mit Ronald, ob er nicht noch für denselben Tag einen Tauschpartner finden kann, der das Pony gerne haben möchte. Er gibt mir zwei Adressen von Ponyhofbesitzern im Ort, die ich auf der Stelle anrufe. Der erste sagt ab, da er gerade keinen Bedarf hat. Der zweite heißt Addulah und sucht tatsächlich ein Pony.

So wird Hansi in Rolands Anhänger verladen, und wir stehen kurze Zeit später bei Addulah auf dem Ponyhof. Er ist Mitte vierzig und vermietet kleine Fachwerkbungalows an Touristen, die dann auf seinen Ponys oder Pferden reiten können. Er mag Hansi, und Hansi mag die anderen Ponys. Aber tauscht Addulah auch mit mir?

Addulah überlegt, was er so alles hat, und bietet mir zwei Uhren an. Ich kann den Wert nicht einschätzen, lehne deshalb ab. Dann bietet er mir ein brasilianisches Fußballtrikot an, was bei den Fußballmuffeln in den USA wohl auf wenig Anklang stoßen dürfte.

Schließlich einigen wir uns darauf, dass er mir für das Pony ein Smartphone kauft, denn so etwas geht wohl in jedem Land gut weg. Überglücklich verlasse ich Pomerode mit einem Reisegutschein, einer antiken Uhr, einem Porzellan-Set und einem Smartphone.

Doch das Glück findet am Flughafen ein jähes Ende. Der Karton mit dem Porzellan wiegt stolze 20 Kilo und darf nicht mit ins Handgepäck. Ich argumentiere am Schalter, dass das Porzellan teuer und zerbrechlich sei, doch es hilft nichts.

So hole ich mir große Plastiktüten und stopfe sie voll mit zusammengeknüllten Zeitungsseiten und schiebe den Karton mit dem Geschirr dann in die dick gepolsterte Tüte, so dass das gute Porzellan zumindest ein wenig geschützt ist. Es sieht lustig aus. Eine riesige Kugel schiebt sich über das Gepäckband. Als ich gerade in den Flieger steige, bestätigt sich mein ungutes Gefühl. Ich sehe, wie die riesige Papierkugel mit dem Geschirr von einem Flughafenarbeiter trotz Warnaufkleber »zerbrechlich« auf einen LKW geworfen wird. Ich könnte platzen, zumal mir die Damen am Schalter mehrfach versichert hatten, dass niemand grob mit dem Porzellan umgehen würde. Der Flug nach New York gestaltet sich dadurch ziemlich frustrierend, denn ich kann nicht absehen, ob das Porzellan noch heil ist.

Am Gepäckband auf dem John-F.-Kennedy-Flughafen dann die Erlösung. Zur Erheiterung der anderen Fluggäste kommt die große Papierkugel auf dem Gepäckband an, ohne dass das Porzellan Schaden genommen hätte. Ich habe alle meine Sachen heil in die USA gebracht!

*E*ine Stadt als ganze Welt

*U*sA

*N*ew York mit über acht Millionen Einwohnern, einer multikulturellen Bevölkerungsstruktur und einer Mentalität, die meiner Einschätzung nach bestimmt offen für verrückte Aktionen ist, dürfte der perfekte Ausgangspunkt für mein Tauschrausch-Finale sein. Die Idee, sich vom Apfel zum Haus hochzutauschen, finden viele hier bestimmt lustig. Ich bin also bei meiner Ankunft in der Stadt sehr zuversichtlich, dass sich das Finale in den USA zu einem Erfolg entwickeln wird, nicht zuletzt, da die guten Erfahrungen im Tauschmekka Pomerode noch nachwirken.

Um auch wirklich gut vorbereitet zu sein, erstelle ich für mein neuestes Tauschobjekt, das Porzellan aus Pomerode, wieder eine Liste alternativer Gebrauchsmöglichkeiten.

Und wie immer möchte ich als seriöser Tauschpartner sichergehen, dass das, was ich mir so ausdenke, im Alltag auch überzeugend funktioniert. Also teste ich die folgenden Verwendungsmöglichkeiten für ein Porzellanservice auf dem Flachdach meiner Herberge im Stadtteil Brooklyn:

1. Teller als fliegende Untertasse: Hervorragend geeignet, wenn man im Freundeskreis die Existenz von Außerirdischen beweisen will.
2. Porzellan als Wurfobjekt in Beziehungsstreitigkeiten:

Nicht nur im Film immer wieder gerne in solch emotional aufgeladenen Situationen eingesetzt.

3. Teller als Frisbee-Scheibe: Die guten Flugeigenschaften der Teller sind auch für mich eine Überraschung.
4. Tasse als Gerät zur Bestimmung der Höhe eines Gebäudes: Man muss die Tasse nur vom Gebäude hinunterfallen lassen, das es zu vermessen gilt. Anhand der Dauer des Fluges lässt sich die Höhe exakt berechnen.
5. Tassen als Bausteine: Mit zehn übereinandergestapelten Tassen lässt sich mit ein wenig Fingerspitzengefühl der Schiefe Turm von Pisa nachbauen. Bei zehn Tassen ist allerdings Schluss, dann neigt sich der Turm zu stark.

Da sich die gesamte Versuchsreihe für die alternativen Verwendungsmöglichkeiten eines Service nur ein einziges Mal durchführen lassen, war ich froh, auf ein billiges Porzellan-Set von einem Laden an der Ecke zurückgegriffen zu haben. Das Test-Service war am Ende komplett zerstört, aber es ist bewiesen: Alle oben aufgeführten Verwendungsmöglichkeiten funktionieren ausgezeichnet.

Gerüstet mit neuen Argumenten und bepackt mit meinem Tauschgut, fahre ich nun täglich nach Manhattan, um die Sachen unters Volk zu bringen.
Manhattan überwältigt mich. Die unzähligen Hochhäuser, das hohe Tempo der Menschen, jede Ecke scheint komplett anders als die vorherige zu sein. Mal Little Italy, dann SoHo, Central Park, Wall Street, und dann der Broadway, wiederum nicht weit entfernt vom East Village, und so weiter. Auf dieser Insel, die den zentralen Stadtteil von New York City bildet, sieht man die ganze Welt im Zeitraffer. Aber welche Ecke ist am tauschfreudigsten?

Ich entscheide mich für die Wall Street. Hier müssten doch viele reiche Leute herumlaufen, die den ganzen Tag damit beschäftigt sind zu tauschen oder, wie man hier sagen würde, zu *traden*. Sollten die Broker und Investoren, nachdem sie den ganzen Tag mit abstrakten Zahlen hantiert haben, nach Feierabend nicht Lust bekommen, mal etwas ganz Handfestes zu tauschen, eine historische Uhr zum Beispiel oder einen Reisegutschein?

Meine ersten Tauschversuche gestalten sich allerdings etwas schwierig, da vor allem Touristenmassen an mir vorüberziehen, die im Minutentakt durch die Wall Street geschleust werden. Sie antworten mir auf Chinesisch oder Italienisch und haben in der Regel nicht mehr im Angebot als eine soeben gekaufte Postkarte.

Doch dann treffe ich Barry, einen Amerikaner um die fünfzig, der von meiner Tauschaktion angetan ist, da er selbst gerne tauscht. Er erzählt mir, dass er vor kurzem bei seinem Handyanbieter Schulden hatte, weshalb er bei der Hotline des Anbieters anrief und der Sachbearbeiterin anbot, ihr ein Lied zu singen. Unglaublich, aber der Deal funktionierte, Barry hat sein Lied gesungen, und die Schulden wurden vergessen.

Ich bin beeindruckt, dass in unserer kommerziellen Welt und besonders in den USA so ein unkonventioneller Tausch möglich ist. Barry erzählt mir weiter, dass er für eines meiner Tauschgüter etwas ganz Besonderes bieten könnte. Er fährt fort, dass er früher bei einem Radiosender in der Nähe von Chicago gearbeitet habe und dort beim Entrümpeln des Archivs original Beatles-Interviews auf Tonbändern gefunden habe, die bislang weltweit unveröffentlicht seien. Wow, was für ein Tauschgut!

Ich male mir sofort aus, wie ich gegen diese Unikate bei Beatles-Fanclubs ein Haus auf Hawaii eintausche.

Aber leider werde ich von Barry schnell wieder aus meiner Traumwelt herausgerissen, da er plötzlich verkündet, die Tonbänder niemals hergeben zu wollen.

So ziehe ich erfolglos weiter durch die Wall Street und breche die Aktion an diesem Tag wegen starken Regens ab, denn ich bin pitschnass.

Am nächsten Tag mache ich weiter, immer noch auf der Wall Street. Aber aus einer Absage werden bald zwei, dann vier, dann acht, dann 16, 32. Bei der 64. Absage höre ich frustriert auf, da mir klar wird, dass die Wall Street zu sehr am Geld hängt und mein Vorhaben für viele doch zu unkonventionell zu sein scheint. So ziehe ich weiter durch Manhattan und bleibe an der West 4th Street stehen.

Hier, mitten in der Stadt, liegt einer der bekanntesten Basketball Courts für Amateure. Er wird auch liebevoll *The Cage* genannt, da das Spielfeld von Gittern umgeben ist. Die Leute hier sind alle ziemlich gut, große, meist dunkelhäutige Spieler, die sich die Bälle regelrecht um die Ohren hauen.

Da ich selbst irgendwann mal zumindest halbwegs ordentlich gespielt habe, reizt mich ein kleines Tauschspiel. Kann ich einen Spieler auf diesem Platz zu einem Match herausfordern und im Falle eines Gewinnes ein neues Tauschgut herausspielen? Ich spreche den kleinsten aller Spieler an. Er heißt Dexter, ist kräftig gebaut und nur 1,69 Meter groß, also 14 Zentimeter kleiner als ich. Ich fordere ihn zu einem kleinen Match heraus, wer zuerst drei Punkte erreicht, gewinnt. Sollte er gewinnen, bekommt er mein Smartphone aus Pomerode. Sollte ich gewinnen, bekomme ich ein Laptop von ihm.

Dexter berät sich mit seinen Spielerkollegen über diese

235

ungewöhnliche Herausforderung. Ich höre, wie ihn andere Spieler, die früher sogar mal in der East Coast League oder als Profis in Europa gespielt haben, warnen. Einer rät ihm, vorsichtig zu sein, da so ein selbstbewusstes Angebot nur von einem Profi kommen könne. Aber Dexter stimmt zu, und der Ball wird zwischen uns in die Höhe geworfen.

Drei Sekunden später steht es 1:0 für Dexter, ohne dass ich nur einmal den Ball berührt habe. Dann der zweite Wurf in die Höhe, den ich sogar wegschlagen kann, um aufgeregt links am Feld entlang zu dribbeln. Doch weitere drei Sekunden später steht es schon 2:0. Der Ball wird ein drittes Mal hochgeworfen. Bis ich überhaupt reagieren kann, steht es 3:0 für Dexter und das nach gerade mal dreißig Sekunden Gesamtspielzeit.

Was für eine Schnapsidee! Gegen einen West-4th-Street-Spieler anzutreten, selbst wenn er nur 1,20 Meter groß wäre, ist absoluter Basketball-Selbstmord. So geht das Smartphone an einen grinsenden Dexter, und ich verlasse ziemlich frustriert das Feld und plage mich mit dem Gedanken, wie es nun weitergehen soll.

Wenn das Tauschen auf der Straße schon nicht klappt, werde ich wohl auf eine Strategie zurückgreifen müssen, die ich schon in Deutschland erprobt habe: die große Medienoffensive.

Schließlich ist meine Geschichte doch ganz spannend. Warum sollten amerikanische Medien nicht darauf anspringen, dass ein Deutscher versucht, aus einem Apfel ein Haus auf Hawaii zu machen? So setze ich mich mit Kameramann Jakob zusammen, um mit mehreren hundert Vertretern von TV-Sendern, Radioanstalten und Zeitungen zu sprechen. Überall erzählen wir das Gleiche:

»Hallo, Barterman (übersetzt: Tausch-Mann) ist in der Stadt und sucht noch Tauschpartner. Wäre es wohl möglich, in Ihrer Live-Sendung – oder auf der Titelseite Ihrer Zeitung – für ihn zu werben?«

Einige Medienvertreter signalisieren zumindest Interesse, andere wiederum wiegeln sofort ab. Dabei ist es ein ziemliches Problem, dass man die Redakteure in den USA oftmals überhaupt nicht an den Hörer bekommt. Entweder hört man eine Voicemail, die um eine Nachricht bittet, oder man wird weitergeleitet zu einer Person aus einer falschen Abteilung, oder man wird von einer Person aus einer falschen Abteilung zu einer weiteren Voicemail weitergeleitet. Immer wieder das gleiche Spiel. Zurück ruft so gut wie niemand. Schade, ich hätte es mir so gut vorstellen können, in einer New Yorker Zeitung aufzutauchen.

Vorsichtshalber schreibe ich also noch zehn Freunde und Bekannte in den USA an, um bei Ihnen für Tauschaktionen zu werben. Hieraus ergeben sich zwar wieder 25 weitere Kontakte, aber erst mal kein konkretes Tauschangebot. Und wie bereits früher stelle ich auch jetzt Tauschaufrufe auf diverse Online-Plattformen, was aber so auf die Schnelle auch nichts einbringt.

Barterman!

Es bedarf also eindeutig einer Verbesserung der Strategie »Amerikanische Medienoffensive«. Kurzentschlossen kaufe ich mir ein Flash-Kostüm. *Flash* ist einer der bekannten amerikanischen Superhelden wie Batman, Superman oder Spiderman. Dieses rote und hautenge Superhelden-Kostüm mit schneidiger Kopfbedeckung wird anschließend umgewandelt. Flash bekommt einen großen Barterman-Sticker auf die Brust. Freche Spitzen werden in die Kopfbedeckung geschnitten, und einzelne Farbstreifen, die auf Flash hindeuten, werden entfernt. So wird aus Flash der bislang noch völlig unbekannte Barterman!

Mit dieser neuen Identität fahre ich zurück nach Manhattan, wo mir die Menschen schon in der U-Bahn zujubeln. New Yorker stehen einfach auf ihre Superhelden-Charaktere. Viele scheinen sich zu fragen, um welchen Superhelden es sich hier wohl handelt. Für Batman bin ich zu rot, für Spiderman fehlt das Spinnenmuster, und Superman hatte bestimmt keine roten Fransen in der Stirn. Also deute ich auf den Sticker auf meiner Brust, und es scheint mir, als ob sich viele über den Zuwachs in der Superhelden-Familie freuen. Auf meiner Werbetour zwischen den Hochhäusern mache ich den Passanten deutlich, dass Barterman dringend tauschen muss. Viele Passanten fragen nach, wollen alle Details wissen, versprechen mir, ihren Bekannten von Barterman zu erzählen, und nehmen kleine Kärtchen von mir an, auf denen steht:

Sie möchten mit Barterman tauschen? Bitte melden Sie sich unter Germanbarterman@gmail.com!

Ich habe ein gutes Gefühl bei dieser Strategie, sie scheint die New Yorker zu unterhalten. Begeistert, wie ich bin, schiebe ich noch einige verrückte Stunts auf den Straßen der Stadt hinterher, die Bartermans selbstlosen Einsatz für die Einwohner New Yorks dokumentieren.

1. Zuerst schiebt Barterman ein fahrendes Taxi an, um kurz darauf eine junge Frau über die Straße zu tragen,

die genauso gut selbst hätte gehen können. Kaum ist diese Tat vollbracht,
2. rennt Barterman über die Straße und demonstriert seine Körperbeherrschung – mit einem vollendeten Purzelbaum.

Schließlich bin ich all meine Adresskärtchen losgeworden. Doch der Erfolg lässt auf sich warten. Am nächsten Tag habe ich nicht eine E-Mail bekommen.

Die Natur schlägt zurück

Mittlerweile steigt mein Stresslevel: eine Woche New York und vier Aktionen, die nichts gebracht haben, sowie ein verspieltes Smartphone. Und dann gibt es weitere schlechte Nachrichten. In der Nähe von New York ereignet sich ein Erdbeben der Stärke fünf bis sechs auf der Richterskala. In New York schüttelt und rüttelt es, aber zum Glück passiert nicht mehr. Trotzdem hat das für mich große Nachteile. Bei weiteren Kontakten mit den Medien höre ich immer wieder, dass sich momentan alle Nachrichten nur um das Erdbeben drehen.

Kurz darauf dann die Meldung, dass der Hurrikan Irene in wenigen Tagen in New York City eintreffen soll. Hurrikans sind genau wie Erdbeben äußerst selten an der amerikanischen Ostküste, und so macht New York sich auf das Schlimmste gefasst. Ganze Wohngebiete in der Nähe des Hudson River sollen evakuiert werden, da man mit hohen Flutwellen rechnet. Diese Wetterprognose macht es vollständig unmöglich, irgendwie als Barterman in die Medien zu kommen. Hier ist dann wohl doch eher Superman gefragt.

So vergehen trostlose Tage, und ich stecke ziemlich in der Patsche. Tausende von New Yorkern sind evakuiert, die Fenster verriegelt und Geschäfte geschlossen.

Nicht so die Kneipen in Brooklyn, die wenige Stunden vor Eintreffen des Sturms randvoll sind. Drinnen stoßen die Leute auf einen »Happy Hurricane« an. Auch Barterman wird es langsam ein wenig mulmig zumute, da die Wettervorhersage Geschwindigkeiten von 150 km/h ankündigt, und das klingt ziemlich beunruhigend. Aber vielleicht machen es die New Yorker in den Kneipen ja richtig, und so trinke ich mit auf einen »Happy Hurricane«. Nachts um eins wird der Sturm dann allerdings so stark, dass ich es kaum zurück in mein Apartment schaffe, während hinter mir immer noch »Rock me like a Hurricane« durch die offene Tür des Pubs schallt.

Am nächsten Morgen gibt es gute Nachrichten. Das Schlimmste ist nicht eingetreten, aber auf den Straßen herrscht ein ziemliches Durcheinander. Während ich ein paar der entwurzelten Bäume betrachte, merke ich, dass ich ziemlich erleichtert bin, und denke, dass Deutschland doch ein verdammt sicheres Land ist.

Und schließlich gibt es dann auch gute Nachrichten aus der Tauschszene. Meine Freundin Sayuri, die mir auch schon geholfen hatte, den Goldtausch mit dem Milliardär Jim Rogers einzufädeln, meldet sich bei mir. Sie sagt mir, dass die dänische Künstlerin Marianne Engberg, die in Brooklyn wohnt, gerne mit mir tauschen möchte.

So besuche ich diese renommierte Künstlerin, die sich der Pinhole Photography verschrieben hat. Bei diesen Bildern wird auf die wohl älteste Art des Fotografierens zurückgegriffen. Die Künstler nehmen ihre Objekte mit einer Lochkamera auf, wie wir sie alle aus dem Physikunterricht kennen. Dadurch entstehen flächige, aber sehr tiefenscharfe Bilder, die wie gezeichnet wirken. Und Marianne Engberg hat sich mit ihren Bildern, die auf diese Art entstanden sind, in den letzten Jahrzehnten nicht nur in der New Yorker, sondern auch in der internationalen Kunstszene einen Namen gemacht.

Sie kommt sofort zum Geschäftlichen: Für ihre gerade veröffentlichte Biografie braucht sie ein Promo-Video. Klar, kein Problem, so was habe ich mit den Kameramännern Jakob und Dominik ja auch schon in Indien für den Yoga-Besitzer Panta produziert. Als Gegenleistung bietet mir Marianne etwas ganz Besonderes an: Sie erzählt mir, dass sie 1972 einen Auftrag vom Kunstgott Salvador Dalí bekommen hat. Er schneite wohl eines Morgens in ihr Atelier herein und bat sie, tausend Bohnen mit dem Gesicht Mao Tse-tungs zu belichten. Diese Bohnen sollten dann anschließend in Manhattan als politisches und künstlerisches Statement verteilt werden. Marianne belichtete also winzige Bohnen mit Maos Gesicht, allerdings wurden es keine tausend Stück, da das Projekt vorzeitig beendet wurde. Dennoch wurden alle Bohnen in New York verteilt.

Heute ist von dieser Aktion nur noch ein Schwarz-Weiß-Foto übrig, das die Kunstaktion mit den belichteten Bohnen belegt. Und genau dieses Foto möchte Marianne gegen das Video tauschen. Ich bin begeistert von der Geschichte und stimme sofort zu, noch bevor Marianne erwähnt, dass der Galeriepreis dieses Unikats geschätzte 5000 Dollar beträgt.

241

Also ist das Ganze beschlossene Sache, es wird ein Video über Mariannes Lebenswerk gedreht und geschnitten, und ich bekomme dafür das Dalí-Engberg-Mao-Foto, was mir persönlich sehr gefällt. Allerdings mache ich mir Sorgen, dass zukünftige Tauschpartner den Wert dieses Unikats nicht recht erkennen.

Mit diesem gelungenen Tausch ist meine Mission in New York erfüllt, und ich bereite mich auf meinen Weiterflug an die amerikanische Westküste vor. Während ich das Tauschgut verstaue, denke ich darüber nach, dass sich der Reisegutschein, der mich nun schon seit Afrika begleitet, völlig unerwartet zu einem echten Ladenhüter entwickelt hat.

Während ich darüber nachdenke, ob ich ihn in den USA wohl loswerden kann, fällt mir ein, dass nicht geklärt ist, ob Hilde die deutlich längere Flugstrecke von den USA nach Tansania überhaupt bezahlen würde? Schließlich hatten wir nur darüber gesprochen, dass Tauschpartner aus Deutschland die Reise antreten. Ich entscheide mich, Hilde anzurufen.

Wie ich bereits befürchtet hatte, bestätigt sie mir, dass zwei Passagiere aus den USA ihre Kalkulation durcheinanderbringen würden und sie das nicht so einfach finanzieren könne. Wir überlegen eine Zeitlang gemeinsam, was wir tun können, bis Hilde auf die Idee kommt, den Gutschein zurückzutauschen, denn sie möchte den Tauschrausch auch weiterhin unterstützen. Zuerst zögere ich, da das erst einmal ein finanzieller Verlust ist. Doch schließlich nehme ich das Angebot an, es ist trotz allem sehr großzügig. Immerhin ist Gold ein sehr sicherer Wert und damit bestimmt ein populäres Tauschgut.

242

Als die drei Unzen Gold einige Tage später in San Francisco eintreffen, schmeiße ich den großen Reisegutschein diskret weg. Ich informiere mich online sofort über den aktuellen Goldpreis und bemerke, dass dieser Rücktausch gar nicht so schlecht war. Während der Goldpreis im Mai, als ich die Münzen von Jim Rogers erhalten habe, noch bei 1500 Dollar je Unze lag, ist er mittlerweile auf knapp 1900 Dollar gestiegen. Also ist der Wert der drei Unzen Gold von 4500 auf stolze 5700 Dollar gestiegen!

Schenken vs. Tauschen

Sofort starte ich in San Francisco eine neue Medienoffensive, um all meine Besitztümer endlich weitertauschen zu können.

Wieder gibt es viele Telefonate und wenig Resonanz, obwohl diesmal keine Naturkatastrophe der Barterman-Berichterstattung im Wege steht. Um nicht untätig auf Anrufe zu warten, entscheide ich mich, einen Abstecher nach Nevada zu machen, da dort gerade das jährliche Burning-Man-Festival stattfindet.

Abgesehen davon, dass das Festival, auf dem 50 000 Menschen mitten in der Wüste zusammenkommen, um eine Woche Spaß zu haben, ein unglaublich schrilles Ereignis sein muss, habe ich gehört, dass die Besucher auch richtig Spaß am Tauschen haben sollen. Eine Woche lang wird also in der Black Rock Desert in Nevada eine Art künstliche Stadt errichtet, die von allen Teilnehmern mitgestaltet wird. Am Ende dieser Woche verschwindet die gesamte Stadt, ohne irgendwelche Spuren zu hinterlassen.

Ich kann mich nicht erinnern, je auf einem verrückteren und beeindruckenderen Festival gewesen zu sein: Viele der Besucher tragen kreativ gestaltete Kleidung, haben ihre Körper bemalt oder kommen nackt. Jeder beteiligt sich an der kreativen Ausgestaltung der imaginären Stadt, die während des Festivals entsteht. Die Besucher haben zum Beispiel ihre eigenen Fahrzeuge gebaut, mit denen sie sich über das riesige Areal mitten in der Wüste bewegen. So sehe ich plötzlich ein riesiges Ufo, auf dem Leute zu Elektro-Rhythmen tanzen. Oder ich treffe auf unbeschreibliche Gefährte, die mich an den Film *Water World* erinnern, futuristisch angehauchte Figuren, umgebaute Fahrräder oder Golfbuggys, die aussehen, als kämen sie von einem anderen Planeten. Dann wieder tanzen die Menschen auf riesigen Trucks, die zum Beispiel zur Arche Noah umgestaltet sind. Die Szenerie steckt voller Fantasie und Kreativität und ist absolut überwältigend.

Auf dem Höhepunkt der Veranstaltung wird eine große menschliche Figur verbrannt. Dieses Ritual existiert seit 1986, als Larry Harvey zusammen mit einigen Freunden anlässlich der Sommersonnenwende die zweieinhalb Meter hohe Holzfigur eines Mannes verbrannte. Die Idee wurde ständig weiterentwickelt und hat 25 Jahre danach völlig andere Dimensionen: Am Freitagabend wird nach Sonnenuntergang vor mindestens 40 000 schweigenden Menschen ein zwanzig Meter hohes Trojanisches Pferd verbrannt, samstagsabends erleidet ein inzwischen 24 Meter hoher hölzerner Mann dasselbe Schicksal, und am Sonntag ist ein riesiger Holztempel dran, dreißig Meter hoch, mit einem Durchmesser von bestimmt fünfzig Metern, der in Flammen aufgeht. Die Stimmung in den Momenten, in denen die Kunstwerke verbrannt werden, ist unglaublich. Alles verläuft in absoluter Stille, niemand ruft oder albert herum. Es herrscht Respekt und Ehrfurcht – unbeschreiblich!

Ich lerne David kennen. Er ist um die fünfzig, steht mit einer großen Tuba mitten in der Wüste und macht Musik. So weit, so gut. Doch bei jedem Ton, den David aus seiner Tuba presst, schießt oben Feuer aus dem Instrument. Während er spielt, gesellt sich ein weiterer Mann hinzu, der Trompete spielt, und schließlich eine mehr oder weniger nackte Frau, die einen Luftballon zur Tröte umfunktioniert, indem sie die Luft gezielt entweichen lässt. Schnell ist das Trio von Menschen umringt, die Beifall klatschen und mitsingen.

Später komme ich mit David ins Gespräch und erfahre, dass er der Regisseur des Spielfilms *The Simpsons* ist und veranlasst hat, dass Lisa Simpson als Cartoon-Charakter Saxophon spielt.

Ich frage ihn, ob er etwas mit mir tauschen würde, ich hätte gehört, dass das sozusagen zum Festival dazugehöre. Doch David erklärt mir, dass ich da wohl etwas falsch verstanden habe. Es stimme zwar, dass man Dinge hierher mitbringt, aber es ginge darum, sie zu verschenken, ohne eine Gegenleistung dafür zu erwarten.

Und tatsächlich, ich sehe jemanden, der hunderte von Hot Dogs verschenkt, ein anderer brät Schinken auf der Motorhaube seines Wagens und verschenkt ihn, andere verschenken Sonnencreme.

Ja, ich bin enttäuscht, denn getauscht wird hier nicht. Aber meine Begeisterung ist einfach größer als alle Enttäuschung. Es ist unglaublich, dass 50 000 Menschen in der Wüste zusammenkommen, um sich schlicht und einfach zu beschenken und so für eine warme Wohlfühl-Atmosphäre sorgen.

Gut, tauschtechnisch wird hier nichts mehr laufen, das habe ich verstanden. Aber vielleicht gibt es ja unter all den verrückten Typen hier einen Wahrsager, der mir ein wenig Mut für die letzten vierzig Tage meiner Mission machen kann. Und tatsächlich treffe ich Nathalie-Eva mit ihrem Freund, die beide in Federschmuck und Lederkleidung daherkommen und wie eine Art indianische Schamanen aussehen. Sie feiern wild und erzählen mir, dass sie momentan mit Sicherheit ein bisschen in die Zukunft schauen könnten. Und tatsächlich haben sie auch sofort eine Antwort auf meine brennende Frage:

»Ja, das klappt schon mit dem Haus! Mach dir mal keine Sorgen, feiere lieber mit!«

Wie weit diese Aussage auf wahren hellseherischen Qualitäten beruht, sei mal dahingestellt, jedenfalls male ich mich – passend zu meinen goldenen Shorts – am ganzen Körper mit goldener Farbe an. Eine schräge rote Sonnenbrille und ein grüner Kopfschmuck vervollständigen den Marsmenschen-Look, den ich mit großer Freude schon in Deutschland vorbereitet hatte. So gerüstet, stürze ich mich ins Getümmel.

Nach viel Party bin ich auf dem Weg zurück zu meinem Zelt, als mich ein junger Australier anspricht und mich völlig überraschend fragt, ob er mir sein BMX-Rad schenken dürfe, da er noch heute nach Hause fliegen würde. Ich bin verblüfft über diese selbstverständliche Freude am Schenken, und bevor ich ihm anbieten kann, mit mir zu tauschen, sitzt er schon in seinem Wohnmobil und braust davon. Und damit nicht genug. Später am Tag finde ich einen Beach Cruiser, eines dieser geschwungenen Retro-Bikes im 60er-Jahre-Look, vor meinem Zelt. Daran ein Schild: *Bike as Gift!* Ein anonymer Schenker hat es einfach hierhingestellt. Irgendwie beginne ich mich zu fragen, wie weit das Ganze noch gehen wird. Bekomme ich gleich diese Arche Noah geschenkt, die regelmäßig mit hunderten von Partyleuten an meinem Zelt vorbeifährt?

Um mich ein wenig an der Geschenkkultur zu beteiligen, verschenke ich Bier und Wasser an andere Gäste der Veranstaltung und treffe schließlich doch noch auf eine

Tauschinteressentin. Eine junge Frau würde gerne ihr BMX-Rad gegen meinen goldenen Beach Cruiser eintauschen. Ich bin sofort dabei, da der Beach Cruiser eh nicht ins Auto passen würde.

Barterman im amerikanischen Fernsehen

Auf dem Weg zurück nach San Francisco denke ich noch lange über das Festival nach. Ich habe eine sehr wichtige Erfahrung gemacht. Tauschen ist zwar eine tolle Sache, aber Schenken macht noch viel mehr Spaß! Ich habe irgendwie das Gefühl, dass ich noch etwas gutzumachen habe, nachdem ich so reich beschenkt wurde. Jedenfalls weiß ich, dass ich im nächsten Jahr wiederkommen werde, und dann werde ich genügend Geschenke im Gepäck haben.

So schön das Schenken auch war, im Moment habe ich einen anderen Auftrag. Zurück in San Fransisco widme ich mich also wieder meiner Tauschkampagne.

Ich habe die lokalen Medien vor dem Festival darüber informiert, dass ich am heutigen Tag um 13 Uhr am größten Hochhaus der Stadt in »the world famous barter blanket«, der Wärme- und Liebesdecke, mit einem ganz besonderen Stunt auftreten werde. Ich hatte mir erhofft, dass ich durch diese Ankündigung scharenweise Reporter anlocken würde. Doch sosehr ich auch in der »Barter-Blanket« vor dem Hochhaus herumspringe und Aufwärmübungen für einen noch nicht ganz festgelegten Stunt mache, die einzigen Passanten, die ich treffe, sind deutsche Touristen. Kein einziger Reporter ist zum Termin erschienen! Also verlasse ich den traurigen Schauplatz.

Und dann trudelt doch noch eine E-Mail ein, als ich schon wieder im Hostel sitze. Jeannie Lynch, eine Journalistin von ABC Radio entschuldigt sich, dass sie nicht zu dem großen Barter-Blanket-Stunt kommen konnte, und lädt mich ein, zur Radiostation in Downtown San Francisco zu kommen und das Barterman-Kostüm zu tragen. Im Radio? Offenbar will sie einfach ihren Spaß haben. Das Interview wird dann auch tatsächlich gleich gesendet, und ich starte wie gewohnt meinen Tauschaufruf. Tauschangebote bitte an Germanbarterman@gmail.com.

Sogar das Fernsehen meldet sich! Eine Redakteurin von Comcast TV Network, einem kalifornischen Fernsehsender, schreibt mich an. Sie fragt mich, ob ich zur Prime Time in eine Talkshow des Moderators Dave Benz kommen möchte, um dort alle meine Tauschgegenstände live zu präsentieren. Ich bin vollkommen aus dem Häuschen, das könnte der Durchbruch für den Tauschrausch werden. Ich entscheide mich, auch in dieser Sendung auf die Wirkung des Barterman-Kostüms zu setzen.

Als ich in der Maske sitze, bin ich überrascht, dass keiner der Beteiligten überrascht ist, mich in einem hautengen, roten Kostüm mit roten Fransen auf der Stirn zu sehen. Ganz im Gegenteil, es scheint so, dass alle genau das erwartet hatten.

Dave ist ein typisch amerikanischer Moderator, im Anzug und mit großspurigen Kommentaren zu allem und jedem. Zuerst plaudert er über Sport, hauptsächlich über Football und Baseball, und interviewt Profispieler aus der amerikanischen Liga, bis es endlich heißt:

»Und nun begrüßen wir herzlich Michael Wigge aus Deutschland, der gerade als Barterman durch die USA reist!«

Dave bekommt von der Geschichte einfach nicht genug

und fragt mir Löcher in den Bauch. Seine Begeisterung für den roten Barterman im Stuhl gegenüber ist riesig. Und so darf ich auch ein 80 x 20 Zentimeter großes Schild mit meiner E-Mail auf den Tisch stellen, damit auch wirklich jeder Kalifornier die Chance hat, mit Barterman zu tauschen. Am Ende des Interviews bietet er mir überraschend einen Tausch an. Er hält eine Starbucks-Guthaben-Karte hoch, die er vormittags gefunden hat. Er erklärt mir, dass er nicht wisse, wie viel Guthaben auf der Karte sei, vielleicht nichts, vielleicht auch eine Million Dollar. Dave bietet sie mir zum Tausch an und bittet mich, dafür als Gegenleistung einen Chicken Dance vorzuführen. Ich stimme sofort zu, habe aber durch den Live-Auftritt eine totale Blockade und kann mich nicht erinnern, was ein Chicken Dance ist. Deshalb führe ich kopflos einen russischen Kosakentanz auf. So schlimm scheint mein kultureller Fehlgriff dann aber doch nicht zu sein, denn Dave lacht und lässt mich ziehen.

Nun beginnen erneut zähe Tage des Wartens. Ich war fest davon ausgegangen, dass nach diesem TV-Auftritt mein E-Mail-Account vor lauter Anfragen platzen würde, aber dem ist nicht so. Ich bekomme nur ein einziges Tauschangebot von einem Markus, der aber dann den Hörer nicht abnimmt.

Wenn selbst so ein gewaltiger TV-Auftritt mit großem E-Mail-Aufruf, unterstützt durch Moderator und Barterman-Kostüm, nichts hilft, was soll dann helfen?

249

Erneut schlagen die Zweifel zu. Wie soll ich das alles bloß schaffen? Ich habe Angst, mich verkalkuliert zu haben, denn ich war so sicher, dass Auftritte in den amerikanischen Medien der sichere Weg zum Erfolg wären.

Mittlerweile denke ich ernsthaft darüber nach, einfach

Holz auf Hawaii einzutauschen und damit selbst ein Haus zu bauen oder irgendeine verlassene Bude einfach zu besetzen. Aber schließlich schüttele ich einmal mehr alle dunklen Gedanken von mir ab und schaue nach vorn, Richtung L.A..

Hollywood

Ich fahre über den Highway 101 nach Los Angeles, einer riesigen Ansammlung von Häusern, Highways und Autos. Angsteinflößend ... Da ich nicht weiß, wohin ich mich wenden soll, greife ich auf meine Homebase zurück und kontaktiere Sayuri und Sabine, die beiden Freundinnen, die mir schon in Indien und in Singapur geholfen haben, Tauschpartner zu finden. Sabine meldet sich schon einen Tag später, um mir einen Kontakt zu nennen: Ariane Sommer, ehemalige deutsche TV-Moderatorin, Hollywood-Reporterin der Boulevardzeitung *Gala*, Buchautorin, Blondine und jemand, der in L.A. Hinz und Kunz kennt.

Wir treffen uns in Beverly Hills, und Ariane erzählt mir von ihren Kontakten, die vom Show-Geschäft bis hin zu wohlhabenden Businessleuten reichen. Sie ruft spontan ein paar reiche und berühmte Leute an, um sie für einen Tausch zu begeistern, doch entweder bekommt sie die Voicemail oder die Antwort, dass die jeweilige Person keine Zeit hat.

Bei Jessica, die einen Porsche Store in Beverly Hills leitet, hat sie mehr Glück. Jessica ist auch Deutsche und findet den Tauschrausch total »amazing«, also so positiv wie ich es ursprünglich von den Amerikanern erwartet hätte. Wir gehen in den Porsche Store, wo ich Jessica die Salvador-Dalí/Engberg-Kunst zeige. Richtig begeistert ist sie von einem einzigen Foto leider nicht. Ich lege mit der historischen Uhr nach. Und Jessica beißt an. Antiquitäten kommen in den USA anscheinend immer gut an, vielleicht deshalb, weil die eigene Geschichte nicht so weit zurückreicht.

Jessica willigt in einen Tausch ein. Sie zeigt mir eine Hose, angeblich eine Porsche-Promihose, die schon Ralf Möller getragen haben soll. Ich lehne dankend ab, da meine Uhr mit Sicherheit wertvoller als eine Hose ist, selbst wenn Ralf Möller sie getragen hat. Danach zeigt mir Jessica eine Motorrad-Lederjacke, die einen Verkaufspreis von über 3000 Dollar hat. Damit sind wir in einer Preisliga, die meiner Sonnenuhr nahekommt. Aber wer will auf Hawaii schon eine dicke Lederjacke tragen?

Also mache ich einen Vorschlag. In einer Vitrine liegt eine Porsche-Uhr, die mich anfunkelt. Moderne Luxus-Uhr gegen historische Sonnenuhr klingt doch gut. Aber Jessica lehnt diesen Wunsch etwas pikiert ab, da die Uhr einen Verkaufspreis von über 30 000 Dollar hat. Sie führt mich dann aber zu einer weiteren Vitrine mit Uhren, holt ein anderes Modell heraus und bietet es mir zum Tausch an. Ich frage, wie teuer die Uhr ist? Sie sagt, 6100 Dollar. Der Tausch ist gemacht! Und ich falle Ariane und Jessica um den Hals, da ich mit diesem Tausch meinen Besitz fast verdoppelt habe. Jessica erklärt mir stolz, dass sie die historische Uhr im Laden ausstellen wird, als Erinnerung an Barterman.

Kaum zurück im Hostel, rufe ich Sabine an, um ihr für diesen Kontakt zu danken. Doch sie hat inzwischen noch weitere Kontakte in Los Angeles gesammelt. Sie hat selbst in Deutschland lange in den Medien gearbeitet und kennt so einige deutsche Hollywoodsternchen, beziehungsweise solche, die es gerne wären.

So gelange ich über einen gewissen Jim, der es in L.A. als Schauspieler versucht, an Alex Stenzel, einen deutschen Auswanderer, dessen Lebensgeschichte wohl nicht verrückter sein könnte. Mit sechzehn gehörte er zu den Top-30-Junioren-Tennisspielern der Welt, mit zwanzig wurde er Millionär mit einem eigenen Mode-Label. Mit fünfundzwanzig lebte er dann total pleite im Bulli unter einer Brücke in Düsseldorf, und schaffte schließlich mit Patententwicklungen in Los Angeles den Durchbruch.

Ich treffe den Mittvierziger in seinem großzügigen Anwesen in den Hügeln von Los Angeles. Alex Stenzel ist die Verkörperung des amerikanischen Traums: Steil bergauf mit hoher Risikobereitschaft und der ständigen Gefahr im Nacken, tief zu fallen, immer dem eigenen Ding nachgehen, ohne darauf zu achten, was andere Menschen denken oder die Konventionen vorschreiben. Alex ist sportlich und durchtrainiert, kommt gerade vom Surfen und will gleich noch schnell zum Klettern. Er redet ununterbrochen, der Mann ist reine Energie. Da ich kaum zu Wort komme, schaue ich mir an, was er sonst noch so macht. Angeblich beherbergt sein Anwesen 500 Kunstwerke, alle von ihm selbst, Fotografien und Gemälde. Und mir gefallen die großen übermalten Fotografien, die vor der Wand stehen, wirklich gut.

Ich zeige Alex das Foto von Marianne Engberg mit den bemalten Bohnen, die für Salvador Dalí angefertigt wurden. Ich erkläre ihm, dass es sich um ein Unikat handelt. Alex gefällt das Angebot, besonders Salvador Dalí hat es ihm angetan. Er möchte tauschen und geht sogar so weit, dass ich mir etwas aus seiner großen Sammlung aussuchen darf. Ich frage ihn nach dem Wert der Gemälde, und sofort steht die Zahl 8000 im Raum, gemeint sind natürlich Dollar. Sein selbstbewusstes Auftreten lässt keinen Zweifel an dieser Aussage zu. Auch wenn ich keine objektive Bestätigung für seine Angabe über den Wert seiner Bilder habe, stimme ich dem Tausch aus pragmatischen Gründen zu. Irgendwie sagt mir mein Gefühl, dass ich solch ein großes, farbiges Bild auf Hawaii besser tauschen kann als die kleine, unscheinbare Fotografie. Ich spekuliere einfach darauf, dass ich keine Kunstkenner mehr treffen werde, sondern Leute, die ich über die Optik beeindrucken muss. Und so schlage ich ein.

Alex holt eine circa 100 x 70 Zentimeter große Schwarz-Weiß-Fotografie aus dem Schrank, die er mal selbst geschossen hat. Danach holt er weiße und rote Farbe und malt ein paar Farbstriche über das große Foto – schwupps, fertig ist die Kunst, nach weniger als fünf Minuten. Ich versteinere förmlich und höre ihn im Hintergrund noch einmal die Zahl 8000 murmeln.

Ich bin völlig von der Rolle, ist es möglich, dass man auf diese Weise in nur fünf Minuten um 8000 Dollar reicher werden kann? Wenn ich ehrlich bin, beschleicht mich in diesem Moment das Gefühl, dass es im Leben nicht immer ums Können geht, sondern oft einfach nur um das nötige Selbstbewusstsein.

Plötzlich denke ich, dass ich vielleicht auch mein »naives« Krokodilgemälde, das ich gegen die Bilder von Diana getauscht habe, für 8000 Dollar hätte verkaufen können, wenn ich damit nur selbstbewusst genug aufgetreten wäre. Vielleicht hätte ich ja sogar 80 000 Dollar dafür bekommen?

Ich bedanke mich für das 8000-Dollar-Werk und frage höflich, ob Alex noch etwas obendrauf legen könnte. Alex wirkt ein wenig verwundert, da offensichtlich durchklingt, dass ich so meine Zweifel am Wert seiner Bilder habe. Charmanterweise lässt er sich dann aber auf den Deal ein.

Auf seinem Anwesen vermietet er Zimmer für Leute, die am Wochenende L. A. besuchen wollen. Ein Wochenende in so einem Zimmer kostet 398 Dollar. Er schreibt mir einen Gutschein für ein Wochenende, so dass wir beide glücklich das Tausch-Zusammentreffen beenden können.

Barterman Music Star

Nun wird es langsam eng im Auto. Neben den drei Unzen Gold steht die große Kiste mit dem Porzellan, darauf liegen zwei auseinandergeschraubte BMX-Räder, die von einer Porsche-Uhr geschmückt werden und wiederum von Alex' Kunstwerk und dem Gutschein bedeckt sind. Ich checke während der Fahrt mein Smartphone und lese eine Nachricht von meiner Freundin Sayuri, die mir ja schon geholfen hatte, Jim Rogers und Marianne Engberg kennenzulernen.

Sayuri lebt in New York und hat dort mal in den Medien gearbeitet. Dadurch kennt sie Hinz und Kunz, alles von reich und berühmt bis hin zu verrückt, kreativ und exzentrisch, ähnlich wie meine Freundin Sabine aus Köln. Sayuri schreibt mir nun Folgendes:

Bitte fahr heute Nachmittag sofort zum Venice Beach. Ein Freund meiner Freundin möchte Dich dort treffen und eventuell mit Dir tauschen. Sein Name: Coati Mundi. Etwas zu seiner Bio: Schauspieler bei Miami Vice, zusammen mit Madonna in Who's that Girl. *Als Sänger unter den Top 40 in den USA.*

Wow, das klingt super. Ein Hollywood-Schauspieler und Sänger kann für den Tauschrausch doch nur hilfreich sein. So stehe ich mit Coati, einem gebürtigen Puerto Ricaner am Venice Beach, während Skater, Radfahrer, Jogger und Inlineskater an uns vorbeidüsen. Coati ist direkt in seiner Rolle als Schauspieler, macht Grimassen und feuert einen Gag nach dem anderen ab. Ich erkläre ihm, dass ich gerne mit ihm tauschen möchte, erwähne aber auch, dass ich am liebsten nichts mehr von meinen Tauschgütern abgeben möchte, da es bald nach Hawaii geht, wo ich gerne so viel wie möglich zum Tauschen bei mir haben möchte. Deshalb zeige ich ihm die Wärme- und Liebesdecke, die mich seit nunmehr 175 Tagen begleitet. Aus dem braunen, schwabbeligen Ganzkörperanzug schaut lediglich das Gesicht des Trägers heraus, die Hände werden von braunen Handschuhen verdeckt, die an die Liebesdecke angenäht sind. Das Ganze wurde mir von einer Freundin aus Berlin vor der Abreise geschenkt. Und dann sind da noch die großen roten Herzen auf der Decke. Coati schaut mich an und fragt mich, was das sein soll. Ich stelle ihm die Decke als »world famous barter blanket« vor. Coati muss zwar lachen, hatte sich aber scheinbar eher auf drei Unzen Gold oder auf die große Porzellankiste eingestellt, deshalb holt er nur eine Schallplatte aus seiner Tasche, angeblich eine limitierte Auflage, die unter Coati-Mundi-Fans einen hohen Wert haben soll. Aber werde ich solche Fans auf Hawaii treffen? Coati beruhigt mich. Er sei ziemlich bekannt in den USA. Trotzdem verlangt er noch eine Zusatzdienstleistung. Ich soll mit ihm zusammen am Venice Beach Musik machen: Er trommelt, und ich trage Hundetatzenhandschuhe und singe folgenden Text in Endlosschleife: *I – LOVE – MY – DOG!*

Ich bin nervös, denn ich kann einfach nicht singen. Ich habe in meinem Leben noch nie einen geraden Ton herausgebracht und soll nun zwischen all den coolen Leuten am Strand diesen absurden Text singen, während Coati dazu trommelt? Okay, okay, es geht hierbei nicht um musikalische Höchstleistungen. Ich soll mich nur mal so richtig zum Clown machen für Coati. Nun gut ...

Nervös ziehe ich die Handschuhe an. Aber Coati lässt noch nicht locker. Ich soll zur Musik noch ein paar verrückte Tanzeinlagen aufs Parkett legen.

Dann geht's los, Coati trommelt, und ich verpasse sofort meinen Einsatz. Dafür gibt's erst mal einen Anschiss, direkt gefolgt vom zweiten, weil ich die Melodie nicht treffe, und einem dritten, weil ich die Tanzschritte nicht draufhab.

Schließlich klappt es. Ich singe »I – LOVE – MY – DOG« und mache dazu kreisende Bewegungen mit den Tatzen und den Hüften. Ehrlich, das ist alles ganz schön peinlich. Aber Coati hat Spaß! Und darum ging es doch, oder? Gut, dann können wir ja endlich tauschen, die angeblich so seltene Schallplatte gegen meinen Auftritt und die Liebes- und Wärmedecke.

Doch in mir steigen Tauschzweifel auf, weil ich einfach nicht weiß, was diese Platte wert ist, und so verlange ich eine Zugabe.

Wirklich überrascht ist Coati davon offensichtlich nicht, denn er hat sofort einen Plan parat. Er zieht einen Vertrag aus der Tasche, der festhält, dass die Person, die diesen Vertrag ertauscht, 25 Prozent der Gewinne seiner nächsten Singleveröffentlichung erhält. Vor dem Hintergrund, dass Coati Mundi schon in den Top 40 der USA war und einen gewissen Bekanntheitsgrad genießt, klingt das nach einem Mega-Tauschdeal. Und tatsächlich, Coati erzählt mir, dass ihm seine Songs schon bis zu mehreren 100 000 Dollar eingebracht haben. Wahnsinn, dieses Angebot stellt selbst den Wert der Porsche-Uhr oder der drei Unzen Gold weit in den Schatten.

Doch natürlich gibt es da einen Haken an der Sache, hätte ich mir ja auch denken können. Es sind Bedingungen an den Tausch geknüpft, und die haben sich gewaschen. Die Single, um die es geht, soll unter meiner Beteiligung entstehen, ich rappe auf Deutsch und Coati auf Spanisch. Jetzt verstehe ich auch, dass es bei dem Hunde-Song um mehr ging als um Coatis Belustigung – er wollte einen Eindruck von meinem musikalischen Talent bekommen.

Höflich erkläre ich ihm, dass ich (außer heute am Strand) noch nie gesungen habe und auch keine besonderen Talente bei mir in dieser Richtung sehe. Coati lässt sich davon nicht beeindrucken und verweist auf den Vertrag, in dem steht, dass ich mindestens 2 x 8 Rapzeilen schreiben und rappen muss. Ich willige mit einem sehr unguten Gefühl ein, da ich nicht die Verantwortung dafür tragen möchte, wenn ein toller Song plötzlich in pure Peinlichkeit ausartet.

Aber das ist noch nicht alles, es gibt noch eine zweite Bedingung. Als Gegenleistung für diesen Tausch möchte er von mir eine weitere, noch peinlichere Gegenleistung, hier und jetzt am Venice Beach. Denn er möchte auch meine schauspielerische Leistung gerne testen.

Ich spiele den heimlichen Liebhaber von Coatis Frau, der von ihm in flagranti erwischt wird und nun die ganze Wut eines betrogenen Puerto Ricaners zu spüren bekommt. Und alle können zusehen.

Aber ich will diesen Gutschein unbedingt haben, er könnte Gold wert sein. Kaum haben wir uns die Hand gereicht, um die Sache zu besiegeln, schreit Coati mich wie von der Tarantel gestochen lautstark auf Spanisch an. Als der erste Schrecken weicht, wird mir klar, dass wir uns schon mitten in der Szene befinden. Coatis Schreierei nimmt kein Ende, und seine spanischen Flüche sind nicht von schlechten Eltern.

»Hombre, muy peligroso, muerto, rapido, la mujer, sexo, sexo, sexo!«

Skateboarder und Radfahrer halten erschrocken an. Eine Frau fragt mich verängstigt, ob ich Hilfe brauche. Doch ich darf ihr leider nicht antworten. So verteidige ich mich auf Deutsch.

»Coati, Coati, es tut mir leid, das mit deiner Frau! Es war keine Absicht, ist einfach so passiert und wird nie wieder vorkommen! Bitte alles, nur keine Gewalt!«

Doch Coatis lateinamerikanisches Temperament kommt nicht zur Ruhe, er treibt mich auf den Fahrrad- und Inlineskateweg am Strand, so dass alle Passanten erschrocken stehen bleiben müssen. Er schreit immer weiter auf Spanisch auf mich ein, als würde ihn seine Eifersucht in den Wahnsinn treiben. Und dann, ganz unerwartet, wechselt er ins Englische und schreit:

»Los jetzt, fünf einarmige Liegestütze, hopp, hopp! Mach schon!«

Ich dachte bis zu diesem Zeitpunkt immer, dass ich nie fünf Liegestütze auf einem Arm machen könnte – doch es geht. Wahrscheinlich treibt mich die Angst vor dem Geschrei wirklich zu Höchstleistungen an. Als ich den fünften Liegestütz schaffe, fangen die Passanten an, sich ernsthafte Sorgen um mich zu machen, und fragen immer wieder, ob ich Hilfe brauche. Doch schon ist der Spuk vorbei, die Szene abgedreht, und Coati Mundi ist wieder der lustige kleine Mann, der sich vor Lachen kaum halten kann. Die Passanten sind total verwirrt und schauen uns erschrocken an. Coati gratuliert mir, schüttelt meine Hand und überreicht mir den Gutschein für die 25 prozentige Beteiligung am Song.

Dann also gleich ab mit Coati ins Studio. Zusammen mit Kameramann Jakob entwickele ich zwei Rap-Strophen mit jeweils 16 Zeilen, die Coati später mit seinen eigenen Songeinlagen und Melodien mischen wird. Hier das Ergebnis:

Jeder weiß es – das ist die Mission des Jahres.
Ohne Geld zum Haus, und keiner glaubt, dass es wahr ist.
Nummer eins, bin in Mainz, der Apfel ist gleich nicht mehr meins.
Nummer zwei, Apfel weg, Zigaretten eingesteckt.
3,4,5,6,7,8, Barterman ist aufgewacht.
In der Schweiz dann 9 und 10, und ich muss nach Indien gehen.
Tausch für Tausch nach oben, ja es stimmt, der Weg ist sehr weit,
Handeln ist nicht immer leicht, und manchmal tut's mir sehr leid.
Schlitten, Tee und rohes Fleisch, Barterman, was soll der Scheiß?
Hochgetauscht, dann Niederlage, so vergehen viele Tage.
Mit feinster Seide vollgepackt von Indien nach Australien.
Der Reiche lacht und jubelt: Gib den Krokos die Fressalien.
Tansania, Kenia, ups, ich bin in Afrika.

Barterman will Edelsteine, doch hier lauert die Gefahr,
Deshalb auf den höchsten Berg, natürlich will ich hoch raus.
Die Aussicht lässt mich träumen, und ich denke an ein Hochhaus.

Wach auf, los jetzt, bin in Südamerika,
Keine Palmen und kein Strand, dafür aber Tauschmekka.
Bin verwirrt, wo bin ich hier, alle sprechen deutsch mit mir,
Schützenfest und Volksmusik, hab ich mich wohl im Land geirrt.
Auto, Vogel, Nasenbär, doch der Letzte mag nicht mehr.
Pony, Handy, Porzellan, Barterman kann weiterfahr'n.
Übern großen Teich. In New York City zieht ein Sturm auf.
Die Straßen sind wie leer gefegt, das schadet meinem Tauschrausch.
In San Francisco motiviert mit Kostüm in die Medien.
Bei CSN darf ich mich dann mit Chicken Dance verewigen.
Palmen, Sand und Sonnenschein, Coati Mundi lädt mich ein.
Treffe ihn am Venice Beach, er tauscht lieber sukzessiv,
Rare Platte, dann Vertrag, doch er will mich schwitzen sehen.
Als Hund verkleidet singe ich, Sit-ups, Tanz, im Kreise drehen.
Der Actor, Sänger tauscht mit mir, das wird zum Erlebnis.
Coati Mundi Barterman, der Song ist das Ergebnis.

Trotz meiner mangelnden musikalischen Erfahrung klingt der Song relativ hörbar, finde ich zumindest. Wie viel Geld er einbringen wird, ist allerdings noch ungewiss.

Und kaum bin ich zurück in meinem Motel am Stadtrand von L.A., klingelt schon wieder das Telefon. Es ist Alex Stenzel, der mir ganz aufgeregt einen weiteren Tauschpartner ans Herz legt. Er erzählt mir, dass sein Kumpel Bufo in der Nähe von San Diego den Surfshop Hydroflex aufgemacht habe und bereit wäre, mit mir ein Surfboard zu tauschen. Ich kann es kaum glauben, in was für einer unmöglichen Glückssträhne ich mich befinde. Doch leider gibt es ein Problem: Mein Flug nach Hawaii geht schon in sieben Stunden. San Diego und zurück dauert mit Sicherheit vier bis fünf Stunden, dann aus dem Motel auschecken, zum Flughafen fahren, Mietwagen abgeben und die ganzen Tauschgüter der Airline vor die Nase knallen. Das könnte alles zusammen gut und gerne zehn Stunden dauern. Doch ein Surfbrett für Hawaii passt einfach zu perfekt, ich muss es haben! Deshalb gehe ich das Risiko ein und rase nach San Diego. Dort erkläre ich Bufo meine Eile, und er bietet mir ein neues Surfboard zum Tausch an. Ich erkläre ihm, dass ich möglichst nichts mehr von meinen Tauschgütern abgeben möchte. Dafür hat er Verständnis und fordert stattdessen eine Dienstleistung ein. Ich muss ein Surfboard des bekannten Profi-Surfers Chris Ward reinigen. Mit der Plastikkarte meiner Reiseversicherungen schrubbe ich in aller Eile das Wachs vom Board, bis die Karte bricht und ich physisch ohne Reiseversicherung dastehe.

Nach zehn Minuten ist das Board trotzdem sauber. Bufo ist zufrieden mit der Arbeit, findet aber, dass ich noch mehr leisten solle. Also trete ich auch noch gegen seine Angestellte Sandy in einem Wettkampf im Armdrücken an. Sandy ist auch Surferin und hat entsprechende Oberarmmuskeln, gegen die meine wie kleine Kinderärmchen aussehen. Sollte ich gegen sie gewinnen, kann ich mit dem

Surfboard schnell zum Flughafen fahren, sollte ich verlieren, bleibt das Brett bei ihm. Die Zeit eilt, und so tue ich, was ich tun muss.

Sandy und ich knien vor dem Bürotisch des Surfladens. Wir spannen beide unsere Arme an und schauen uns wie in Silvester Stallones Film *Over the Top* tief in die Augen, angsteinflößend und durch und durch böse. Dann gibt Bufo das Startzeichen. Wir drücken beide, so fest es geht, unsere Gesichter sind nur noch Fratzen, aber leider bewegen wir uns keinen Millimeter. Sandy und ich scheinen etwa gleich stark zu sein, selbst spontane Angriffsversuche beider Seiten, bei denen wir mit einem starken Ruck eine Entscheidung erzwingen wollen, schlagen fehl. Nach einer Weile lassen unsere Kräfte nach, und es gelingt mir, Sandys Arm leicht nach rechts zu drücken. Das ist die Entscheidung. Mit letzter Kraft gewinne ich den Wettkampf. Ich springe nach der enormen Anspannung jubelnd und schreiend auf:

»Ich habe gesiegt! Ja, ich habe gesieeegt!!!«

Meine Tauschsammlung für Hawaii ist komplett:

Drei Unzen Gold
Wertvolle Porzellankiste aus Brasilien
Luxus-Porsche-Uhr
Coati-Mundi-Songvertrag
Fotogemälde
Zwei BMX-Räder
Schallplatte
Surfboard
Übernachtungsgutschein für L. A.

Stolze zehn Tauschgegenstände, die nun irgendwie gegen ein Haus mit einem Grundstück auf einem der paradiesischsten Flecken der Erde eingetauscht werden sollen. So zufrieden ich über diesen grandiosen Endspurt auch bin, so genau weiß ich doch, dass das hier alles nicht den Gegenwert eines Hauses hat.

*D*er Showdown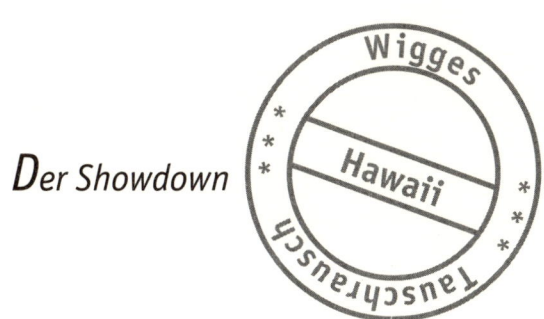

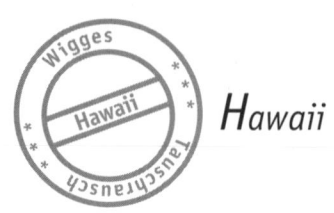

Hawaii

Bereits am nächsten Morgen um sieben Uhr sitze ich total verkatert (meine fette Beute musste mit Begleiter Dominik in Honolulu mal so richtig gefeiert werden – er hat im Badezimmer unseres YMCA geschlafen, während ich wahllos an alle Türen des Hostels geklopft habe, um mein Bett zu finden) und mit ganzen drei Stunden Schlaf im Studio des Radiosenders Hawaiian Public Radio. Der Moderator der Morgenshow, Chris Vandercook, befragt mich neugierig zu den vergangenen 180 Tagen.

Mir dröhnt der Kopf, und ich fühle mich auf meinem Interviewstuhl so wackelig, als befänden wir uns auf einem kleinen Hochseekutter bei Windstärke zwölf. Ich erkläre aber trotzdem alles, so gut es meine Verfassung eben zulässt, und möchte nach einigen Minuten endlich meine E-Mail-Adresse bekanntgeben. Kaum habe ich das gedacht, hat Chris schon die Regler runtergezogen. Öffentlich-rechtliches Radio in den USA gestattet keine Werbung für Interviewpartner. Ich ärgere mich tierisch und bekomme vom Radiosender als Entschädigung auch noch ein deutsches Lied gespielt: *Mit 66 Jahren* von Udo Jürgens ...

Ich fliege, immer noch in schlechtem Zustand, von Oahu, der Hauptinsel mit der Hauptstadt Honolulu, weiter nach Big Island, der größten aller Inseln des tropischen Archipels. Hawaii besteht insgesamt aus weit mehr als 100 Inseln, von denen aber nur einige bewohnt sind. Sie alle sind ungefähr 4000 Kilometer vom nächsten Festland entfernt. Der Flug auf die große Vulkaninsel belebt trotz des Katers meine Kindheitsträume: Sonne (durchschnittliche Temperatur 31 Grad), Strand, Wellen, Regenwald, Berge, Palmen, hohe Wasserfälle und blumenbehangene Frauen. Ich kann kaum glauben, wie schön diese Insel wirklich ist.

Auf Big Island könnten die Aussichten für einen Tausch sogar ganz gut sein, denn die Insel ist nicht so dicht besiedelt, so dass die Grundstückspreise hier viel niedriger sind als auf Oahu oder Maui. Außerdem haben sich auf Big Island angeblich viele alternativ denkende Menschen angesiedelt, bei denen das Tauschen zum Alltag gehört. Also auf zum finalen Tausch!

Medienoffensive, dritter Teil

Während der letzten Wochen habe ich einige Kontakte für Big Island zusammengestellt, bestehend aus Bekannten, Freundesfreunden, Maklern und Personen, die ich auf diversen Online-Reise- und Tauschseiten kennengelernt habe.

Ich treffe zuerst Hazen, einen Aussteiger, den ich über Heather kenne, bei der ich mal zu Besuch war. Hazen hatte mir im Vorfeld telefonisch zugesagt, dass er diverse Freunde ansprechen würde, die zufällig gerade ihr Haus verkaufen wollen. Jetzt steht er am Strand achselzuckend vor mir, weil keiner dieser Leute ihm geantwortet hat.

Danach fahre ich weiter zu Alexander, der mit seiner Frau im Urwald wohnt und den ich wiederum über Hazen kennengelernt habe. Er hatte mir per Mail mitgeteilt, dass sein Kumpel Lee Land tauschen möchte. Leider habe ich nie etwas von Lee gehört. Alexander bestätigt Lees Sinneswandel und kann mir auch nicht weiterhelfen.

Auf geht's zu Jason, den ich vor zwei Jahren für mein Projekt *Ohne Geld bis ans Ende der Welt* interviewt habe. Jason lebt auch im Regenwald und kommt komplett ohne Geld aus. Er jagt mit seinen Hunden Wildschweine und duscht sich an einem Wasserfall. Wir haben uns in den letzten Wochen gemailt, und er hatte mir mit einem möglichen Landtausch eventuell sogar einschließlich Häuschen den Mund gewässert. Aber Jason ist enttäuscht von meinen Angeboten. Er hatte sich darauf gefreut, mit dem Reisegutschein nach Afrika zu fliegen. Gegenstände wie Räder, Porzellan oder eine Uhr sind für ihn nicht interessant. Deshalb lehnt er den Tausch ab.

Dann also zu Samantha, die sich auf meinen Online-Aufruf für einen Haustausch bei Couchsurfing.org gemeldet hatte. Sie wollte ihr Grundstück halbieren und eine Hälfte für einen Tausch zur Verfügung stellen. Sie ist meine größte Hoffnung. Doch auch diese Hoffnung stirbt, als wir uns treffen. Über das Amt für Wohnen hat sie erfahren, dass Grundstücksaufteilungen auf Big Island leider nicht erlaubt sind. Wir überlegen eine Zeitlang hin und her, aber Ärger mit dem Amt möchte sie auf keinen Fall bekommen, deshalb auch hier kein Erfolg.

Die letzte Option auf meiner lang recherchierten Liste sind sechs verschiedene Makler, die ich wegen einer Tauschanfrage auf Big Island angeschrieben hatte. Fast alle hatten geantwortet, dass die Chancen gut stehen, und drei haben mir ein Treffen angeboten. So besuche ich Jarred, Rose und Patti, die in ihren Listen wühlen, ob irgendeiner ihre Klienten auch ein Haus oder Land tauschen statt verkaufen würde. Doch spontan sehen alle drei keine konkrete Möglichkeit.

Enttäuscht starte ich eine erneute Medienoffensive. Wir rufen alle vorhandenen Medien auf Big Island an, damit ich meinen Tauschwunsch über die Insel posaunen kann. Glücklicherweise meldet sich am nächsten Tag Kat von KWXX Radio, dem größten Sender der Insel. Ich werde zur Vormittags-Show eingeladen, wo mein Vorhaben nach einem ausgiebigen Zehn-Minuten-Interview von den Moderatoren als »amazing« eingestuft wird (was in Amerika jedoch nicht viel heißt, da dort so ziemlich alles »amazing« ist, auch wenn man nur erwähnt, dass das Essen gut geschmeckt hat). Das Moderatoren-Duo scheint die Geschichte allerdings wirklich nicht übel zu finden, denn als das Interview vorbei ist, ist meine E-Mail-Adresse ganze sechs Mal genannt worden.

Ich checke meine E-Mails nun im Minutentakt, bekomme aber erst einmal kein Tauschangebot. Dafür aber etwas anderes: Die wichtigste Tageszeitung der Insel, die *Hawaii Tribune Herald,* möchte mich unbedingt und sofort interviewen, da sie bei KWXX vom Tauschrausch gehört hat. So sitze ich kurz darauf bei Colin, einem Reporter der Zeitung, der am Ende des Interviews noch kurz ein Foto von mir und meinen Tauschgegenständen macht.

Ich hoffe darauf, dass am nächsten Morgen auch das Foto in der Zeitung erscheint und dadurch die Aufmerksamkeit noch größer wird. Doch es kommt alles noch viel besser: Auf der Titelseite steht in großen Lettern »Barterman Seeks House«, darunter mein Foto. Nach einer ausführlichen Beschreibung meines Vorhabens wird meine Kontakt-E-Mail angegeben, deutlich zu erkennen für alle Zeitungsleser der Insel.

Ich bin mir fast sicher, dass diese Berichterstattung den Knoten lösen wird. Zumindest werde ich in Hilo, einer der beiden etwas größeren Städte der Insel, an jeder Ecke angesprochen.

»Hi Barterman, was macht das Haus?«

»Sind Sie nicht der Herr Barterman aus der Zeitung?«

»Barterman, ich will Schauspieler werden, hilf mir!«

Einen so großen Wiedererkennungswert hätte ich nicht erwartet und bin nun wirklich zuversichtlich.

Schon bald das erste Angebot. Eileen, eine Frau mittleren Alters, schreibt mir, dass sie an der Nordküste wohnt und gerne ihr Haus tauschen würde. Ich sehe im Anhang Fotos, die das Angebot illustrieren sollen. Ich kann es kaum glauben, ein riesiges Anwesen direkt an einer wunderschönen Steilküste mit Palmen und weitem Meerblick.

Auch wenn kaum zu glauben ist, was ich sehe, springe ich in den Wagen und besuche Eileen. Das Grundstück entpuppt sich als tropisches Gelände mit einem in Vulkansteine eingelassenen Swimmingpool, der von einer Wasserrutsche beplätschert wird, welche ebenfalls in den Vulkanstein integriert ist. Dazu ein unglaubliches Tropenparadies als Garten, ein Haus, das man als sehr großzügig bezeichnen kann, und Aussicht aufs Meer, wie von den Fotos versprochen. Ich halte Eileen sofort meine Hand zum Tausch hin, doch sie lacht nur und erklärt mir, dass es sich um ein anderes Haus auf ihrem Grundstück handele. Wir gehen einen Hügel hinauf, und von dort aus sehe ich die Grundsteine eines Hauses, das mal gebaut werden sollte. Ich bin total enttäuscht, weil ich offensichtlich richtig verarscht worden bin, und frage mich ernsthaft, ob Eileen vielleicht nicht ganz klar im Kopf ist. Sie möchte alle meine Tauschgegenstände gegen diese Grundsteine haben und erklärt mir, dass sie in den Medien von der Geschichte gehört habe. Sie hätte einfach nicht glauben können, dass es Barterman wirklich gibt. Deshalb habe sie mich mal eben vorbeikommen lassen, ein kleiner Test eben. Mehr hat sie nicht zu bieten.

Ich schaue Eileen fragend an. Eine wohlhabende Frau um die fünfzig, die mich zwei Stunden über die Insel fahren lässt, um mal zu schauen, ob es diesen Tauschmann wirklich gibt? Eileen entschuldigt sich lachend bei mir, kann aber den selbstgemachten Druck, sich in nur zwei Wochen zu einem Haus hochtauschen zu wollen, nicht nachvollziehen. Als Entschädigung darf ich dann aber wenigstens in ihrem Tropen-Rutschen-Vulkan-Pool baden, um danach erfrischt meine neuen E-Mails zu checken.

Mir bleiben noch zehn Tage, bis die 200-Tage-Frist abgelaufen ist, um zu dem Haus auch das passende Grundstück zu finden.

Schnell mache ich mich daran, weitere Angebote, die ich durch den Zeitungsaufruf bekommen habe, zu beantworten. Zuerst treffe ich mich mit Tom, der mir Land angeboten hatte. Beim Treffen erzählt er mir, dass er zwar 3000 Quadratmeter schönstes Weideland besitze, aber nur eine Fläche von 3 x 3 Meter eintauschen möchte. Darauf lässt sich kaum ein Zelt aufbauen.

Ich fahre weiter zu Clark, einem weiteren Tauschinteressenten, der durch die Zeitung von mir gehört hat. In einem Café erzählt er mir, dass er ein großes Stück Land besitzt. Doch beim Besichtigen fällt mir auf, wie zugewuchert es ist. Es wäre schlicht unmöglich, in den wenigen Tagen Platz für ein Haus zu schaffen.

Glücklicherweise muss ich aber auch gar nicht lange darüber nachdenken, da ich eine Nachricht von Jarred, einem der Makler, auf meinem Handy habe. Er bittet mich, sofort vorbeizukommen.

Auch er hatte den Zeitungsaufruf gelesen und wurde dadurch motiviert, nach weiteren Tauschwilligen zu suchen, denn er wäre gerne *die* Person, die den Tauschrausch zu einem glücklichen Ende führt. In seinen Unterlagen zeigt er mir ein tausend Quadratmeter großes Grundstück, das im Hochlandregenwald in der Nähe des Kilauea, also in einer touristisch sehr reizvollen Gegend auf tausend Höhenmetern, liegt. Er erklärt mir, dass auf dem Grundstück nur Farne und vereinzelte Bäume wachsen würden und es somit sofort bebaubar wäre. Ich bin vollkommen aus dem Häuschen und kann das Treffen mit Besitzer Bill kaum abwarten.

Als ich ihn wenig später an seinem Grundstück treffe, entspanne ich schlagartig. Bill ist 77, eine Art Althippie, und empfängt mich mit einer Flasche Tequila. Geschäftliche Gespräche führt er erst, wenn beide Parteien einen gehoben haben. Während dieses schönen Rituals erzählt er mir, dass er meine Geschichte einfach super findet und trotz Geldnot gerne dabei sein möchte. Ich muss immer wieder zu seinem Grundstück hinüberschauen, das einfach genial aussieht: siebzig Meter breit, 150 Meter lang, planiert und nur mit einzelnen Pflanzen bewachsen. Drum herum die hohen Wälder des Hochlandregenwalds. Mitten auf dem Grundstück steht ein alter VW-Kastenwagen aus den Sechzigern, der förmlich danach schreit, als Kunstobjekt gewürdigt zu werden – als Teil meines Gartens. Ich zeige Bill aufgeregt die Porsche-Uhr, die Unze Gold, den Coati-Mundi-Vertrag, den Übernachtungsgutschein von Alex Stenzel und das brasilianische Porzellan, mehr nicht, da ich auch noch ein Haus brauche. Bill findet die Sachen spannend und gießt mir einen weiteren Tequila ein. Wahrscheinlich, um genügend Bedenkzeit zu haben, ohne dass ich ihn weiter mit

Werbung in eigener Sache volltexte. Kurze Zeit später verkündet er, dass er gerne tauschen würde, aber einen Tag Bedenkzeit brauche. Ich willige ein und muss einen langen Tag überstehen, der mir vorkommt wie eine Woche. Bills Angebot ist ein Volltreffer!

Am nächsten Tag rufe ich voller Erwartung an:

»Hi Bill, hast du dich entschieden?«

»Noch nicht, ich krieg nicht raus, was das portugiesische Porzellan wert ist.«

»Es ist brasilianisches Porzellan und hat einen Wert von circa 4000 Dollar.«

»O. K., aber dieser Coati Mundi-Vertrag ist schon sehr schwammig, oder?«

»Ja klar, aber ich versichere dir, dass ich noch einen detaillierteren Vertrag für deine 25 Prozent am Song aufsetzen lasse.«

Es folgen weitere Fragen zu den anderen Gegenständen, und als ich schon völlig nassgeschwitzt bin, aus Angst davor, dass er abspringen könnte, bekomme ich die folgende Antwort: »Ich vertraue dir, der Deal geht klar!«

Waaahnsinn! Unfassbar! Nicht zu glauben! Es ist offiziell. Ich habe ein tausend Quadratmeter großes Grundstück ertauscht. Ich bin überglücklich, Zeit zum Feiern bleibt aber nicht, da ich noch irgendwo ein Haus herzaubern muss.

Ich gehe also zurück zum Computer und öffne eine weitere Mail von einem der sechs besagten Makler mit der Nummer von einem gewissen Avery, der angeblich fahrende Häuser baut. So richtig kann ich mir diese Variante des Wohnens nicht vorstellen, fahre aber hin, um dem Mann einen Besuch abzustatten. Avery wohnt in einem winzigen Häuschen auf einem riesigen, schwarzen Lavafeld, das nach einem Ausbruch des aktivsten Vulkans der Erde, dem Ki-lauea, entstanden ist. Avery erscheint in diesem unwirk-lich aussehenden Umfeld nur in Shorts gekleidet vor sei-nem Haus und stellt seinen Bauch und ein großes Tattoo auf seiner Schulter zur Schau. Sein Haus ist aufgrund des Tsunamirisikos auf Stelzen gebaut, und drum herum liegt haufenweise Unrat, was mir ein komisches Gefühl gibt. Ich schaue mich um, ob nicht plötzlich bellende Hunde auf mich zugejagt kommen. Gewundert hätte es mich nicht, aber das Gegenteil ist der Fall.

Avery ist ein sehr netter Mensch, der mir erzählt, dass er Wohnhäuser auf Pick-up-Trucks baut, um lästige Bau-genehmigungen zu vermeiden. Er erklärt mir, dass er mo-mentan gerade ein fahrendes Haus im Angebot habe, und führt mich zu einem Häuschen, das süßer nicht sein könnte: 3,5 Meter breit, acht Meter lang, komplett aus Holz, mit runden Bullaugen, Schlafzimmer, Wohn- und Kü-chenraum, einer kleinen Toilette und einer großzügigen Flügeltür, von der aus man über eine ausfahrbare Holz-treppe auf den Boden vor dem Haus gelangt.

Ich spüre, dass es dieses oder kein Haus ist, und frage Avery, ob er mit mir tauschen würde, anstatt das Haus zu verkaufen. Zu meiner großen Überraschung bejaht er das sofort und fragt mich, was ich ihm bieten kann. Ich fange erst mal vorsichtig mit einer Goldmünze an. Er hält die Münze in der Hand, betrachtet sie und sagt, dass das nicht genug sei. So lege ich nach mit der Kunst von Alex Stenzel und der Schallplatte von Coati Mundi. Beides gefällt ihm sehr gut, aber es reicht nicht. So biete ich ihm die zweite Goldmünze an. Jetzt habe ich nur noch ein Surfboard in der Hinterhand. Hätte ich Bill weniger für sein Grundstück geben sollen? Avery überlegt lange und bittet mich um eine weitere Zugabe.

Ich hole das Surfboard aus dem Bulli und habe richtig Schiss, dass er jetzt noch mehr will – denn das war's! Avery aber gefällt es, und er erwähnt, dass er es sehr leicht wieder verkaufen könne, wenn er doch mal Geld brauche. Ich frage ihn, ob das nun ein »Ja« war, und er schlägt ein. Ich könnte in die Luft springen vor Freude! Avery rauscht mit seiner Beute ab, und ich bin überglücklich über diese unerwartete Wendung.

Ich habe mich in weniger als 200 Tagen von einem Apfel durch 14 Länder zu einem Haus und einem Grundstück auf Hawaii getauscht!

Es dauert Stunden, ja Tage, bis ich überhaupt spüre, dass es vollbracht ist. Ich fange erst langsam an zu realisieren, wie die fast 200 Tage andauernde Anspannung und Nervosität von mir abfällt. Ich sitze abends am Strand von Big Island und begreife allmählich, dass es vorbei ist, dass ich es geschafft habe und vor allem, dass mein Kindheitstraum in Erfüllung gegangen ist.

ICH HABE EIN HAUS MIT GRUNDSTÜCK AUF HAWAII!!!

Ich lasse mit meinen beiden Kollegen Dominik und Jakob an diesem Abend die Korken so richtig knallen. Wie lange habe ich auf diesen Moment gewartet.

Doch ganz ist der Spuk noch nicht vorbei, denn innerhalb der 200-Tages-Frist muss noch einiges geschafft werden. Also verschiebe ich die ultimative Feier noch ein wenig, damit ich einsatzfähig bleibe, und bestelle einen amerikanischen Truck mit Tieflader, um das fahrende Haus 35 Kilometer über die Insel zu seinem zukünftigen Zuhause zu bringen. Das Haus wird mitsamt Pick-up-Truck, der zu meiner großen Enttäuschung nicht mehr funktionstüchtig war (aber man kann ja auch nicht alles haben), über die Insel befördert.

Die Fahrt gestaltet sich nicht ganz unspektakulär. Das Haus auf dem Tieflader blockiert beide Fahrbahnseiten und hat Schwierigkeiten mit der ein oder anderen Stromleitung. Während wir das Haus auf den Vulkan hinauffahren, müssen immer wieder Autofahrer an die Seite fahren, um nicht mit dem fahrenden Haus zu kollidieren. Der Truckfahrer zeigt während all der Stunden ein unglaubliches Geschick und viel Geduld.

Wir fahren durch lianenbehangene Dschungelstraßen, auf denen sich die Schlingpflanzen am Dach des Hauses verfangen, das auf eine echte Belastungsprobe gestellt wird. Immer wieder knackt und knirscht es. Die eigentliche Bewährungsprobe gibt es aber erst auf dem Grundstück. Mit einem Bagger wird das Haus über eine Schräge auf das Grundstück gezogen, so dass es beinahe seitlich umkippt. Den versammelten Zuschauern bleibt fast der Atem stehen. Das Haus droht im letzten Moment noch zusammenzubrechen.

Doch alles geht gut. Das Haus wird inmitten der Farnlandschaft geparkt, und der Truckfahrer überrascht mich mit einem unglaublichen Geschenk. Anstatt die wie besprochen 300 Dollar für den Haustransport von mir zu nehmen, möchte er im Tausch für die Arbeitsleistung lediglich die DVD der Tauschrausch-TV-Serie auf ZDFneo von mir haben. Ich bin beeindruckt, wie geduldig und großzügig er ist, und das nach den vielen Stunden harter Arbeit. Ich stelle mir vor, wie so ein Haustransport in Deutschland ausgesehen hätte: Ordnungsamt, Erlaubnis einholen, Papierkram erledigen, einen LKW-Fahrer finden, der solche Umstände auf sich nimmt, das Haus mit roten Fähnchen markieren und so weiter. Hawaii scheint zumindest in diesen Punkten ein wirklich sehr entspanntes und unkompliziertes Fleckchen Erde zu sein.

Da ich nun tatsächlich noch die beiden BMX-Räder übrig habe, mache ich einen letzten Tausch mit zwei Freunden von mir: Sie heißen Marian Neulant und Axel van Exel. Beide arbeiten als Baukünstler, bauen Kunstobjekte, gestalten Innenräume und kreieren ungewöhnliche Häuschen. Sie nennen sich zusammen Neulantvanexel, kurz NVE. Sie haben den kompletten Tauschrausch begeistert mitverfolgt und erklären sich bereit, im Tausch gegen die beiden Räder mein fahrendes Heim zu verschönern und zu erweitern. Mit Unterstützung von Hazen, Bill und meinem neuen Nachbarn Bob bekommen wir genug Baugeräte und Materialien zusammen, um loslegen zu können. Nach wenigen Tagen wird aus dem Häuschen eine ansehnliche kleine Farm. Das Haus wird neu gestrichen und eingerichtet. Es erhält einen kleinen Anbau mit einem zusätzlichen Sofazimmer, neue Treppen, einen kleinen Pool vor der Tür, einen Grill und viele weitere nette Details, so dass man sich im Hochlandregenwald der Insel richtig wohlfühlen kann. Das hellblaue Haus sieht einfach perfekt aus. Ich kann es kaum glauben, dass das, was ich gerade vor Augen habe, einem einzigen grünen Apfel entsprungen ist.

Dann ist es endlich an der Zeit: Ich organisiere eine Einweihungsparty am neuen Tauschhaus. Es hat sich auf Big Island herumgesprochen, dass Herr Barterman es tatsächlich geschafft hat. Die Party wird toll. Hazen, Heather, Alexander, Bill, die Nachbarn Rick und Bob, die Kameraleute Dominik und Jakob, Neulantvanexel und viele unbekannte Inselgesichter – es wird richtig voll am Tauschhaus. Wir feiern, was das Zeug hält. Am Höhepunkt der

Nacht tritt Barterman noch einmal in seinem roten Super-herokostüm auf, um mit allen Besuchern zusammen diesen phänomenalen Höhepunkt zu genießen. Es ist einer der grandiosesten Augenblicke meines Lebens, einen so lang-gehegten Traum wirklich erfüllt zu haben.

Abspann

Nach 200 Tagen in 14 Ländern und unzähligen Höhen und Tiefen ist die Mission vollbracht. Nach herrlichen Tagen mit Hermann, dem Rasentraktor, nach schlimmen Tagen mit dem Tuk Tuk in Indien, nach angsteinflößenden Krokodilfütterungsszenen in Australien, nach der anstrengenden Kilimandscharo-Besteigung in Tansania, dem lustigen deutschen Dorf in Brasilien, dem heldenhaften Barterman in New York, dem umwerfenden Burning-Man-Festival und den vielen anderen unvergesslichen Erlebnissen der letzten 200 Tage bin ich auf den letzten Drücker am Ziel meiner Träume angelangt. Ich schaue zurück auf tolle Erlebnisse, Abenteuer und auch Entbehrungen, die sich aber letzten Endes alle gelohnt haben.

Bei meinen Tauschaktionen habe ich die unterschiedlichsten Tauschkulturen kennengelernt: Tauschen im Gefängnis, organisiertes Tauschen in provinziellen Tauschclubs, Tauschen als Überlebensstrategie im Slum. Ich habe erfahren, dass das Tauschen an sich von Kultur zu Kultur einen anderen Stellenwert hat. In Indien habe ich gehört, dass Tauschen total out sei und man stolz auf den modernen Geldhandel sei. Gleichzeitig wurde im Slum von Mumbai klar, dass gerade das Tauschen den Ärmsten der Armen das Überleben sichert. Auch bei den verschiedenen Arten

279

des Austauschs jenseits von Waren konnte ich einiges beobachten: gelungenen oder gescheiterten kulturellen Austausch zwischen den Ländern, der Austausch zwischen den Religionen und die Freuden und Gefahren beim zwischenmenschlichen Austausch. Auf die unterschiedlichsten Weisen hat mir meine Reise gezeigt, dass es überall auf der Welt irgendwie immer ums Tauschen und Sich-Austauschen geht, dass bei jedem Kontakt zwischen Menschen auch immer etwas ausgetauscht wird, sei es positiv oder negativ, physisch oder psychisch, abstrakt oder konkret. Tauschen scheint mir tatsächlich so etwas wie die Grundform unseres Lebens zu sein.

Es mag sein, dass unsere Geldwirtschaft im Vergleich zum Tauschen sehr viel einfacher funktioniert. Schließlich ist es nicht jedermanns Sache, sein Gemüse zum Bäcker zu schleppen, um dafür ein Brot zu bekommen. Aber es scheint doch auch immer wieder Situationen zu geben, in denen die Menschen auf diese uralte Form des Handels zurückgreifen, sei es, weil das nächste Geschäft einfach viel zu weit entfernt ist, sei es, weil sie kein Geld besitzen oder Kriege herrschen. Aber doch auch oft nur, weil es einfach kommunikativer ist und deutlich mehr Spaß bringt.

Fast alle meiner Tauschaktionen haben die Menschen begeistert, sie fühlten sich magisch angezogen von dieser eher »unmodernen« Art des wirtschaftlichen Handels. Ob US-Moderator Dave Benz, Bill mit dem Grundstück auf Hawaii, Peter aus Portugal oder Werner aus Australien, mit allen bin ich noch in Kontakt und spüre ihre Euphorie für die Sache. Tauschen scheint einfach viel sympathischer als Geldhandel, da man sich für einen fairen Tausch viel intensiver mit seinem Gegenüber auseinandersetzen muss.

Ich habe auf jeden Fall einen Haufen neuer Bekannter und Freunde dadurch gewonnen.

Das eigentlich Erstaunliche an dieser Tauschreise ist jedoch für mich die Erkenntnis, wie viel Wertsteigerung man durch reines Tauschen erzielen kann. Vom Apfel zum Haus – unglaublich. Klar, man muss fest von seiner Sache überzeugt sein, sich mit seiner ganzen Person einsetzen und öfter mal über seinen Schatten springen, wenn man andere überzeugen und mit ins Boot holen will. Auch wenn mich immer wieder schlimme Zweifel geplagt haben, ich habe nicht aufgegeben, bin drangeblieben an meinem Traum. Und ich habe ihn mir ermöglicht.

Es würde mich freuen, wenn meine Reise (genauso wie *Ohne Geld bis ans Ende der Welt*) den einen oder anderen Leser dazu inspiriert, den eigenen Traum zu verfolgen. Es muss ja nicht zwangsläufig ein Haus auf Hawaii sein, zumal meine Reisekosten von ZDFneo bezahlt wurden. Oft sind es viel einfachere Dinge, von denen wir unser ganzes Leben lang träumen und sie dennoch nie angehen. Es lohnt sich in jedem Fall, darüber nachzudenken, ob der eingeschlagene Weg den eigenen Ideen und Träumen ausreichend Platz lässt. Vielleicht sollte man ab und zu ein Risiko eingehen und – einfach mal machen und Gas geben!

Ich jedenfalls stehe hier vor meinem Kindheitstraum und denke, dass es eine gute Idee war, ihn mit anderen zu teilen. Bis zum Jahr 2013 wird mein Haus für alle offen stehen, die sich nicht von bescheidenen Verhältnissen abschrecken lassen, in Kauf nehmen, sich ein Auto zu mieten, um hierherzugelangen, sich darüber freuen, dass es im Hochlandregenwald auch mal regnen kann, und die nicht direkt das Meer vor der Nase erwarten.

Geteilte Freude ist bekanntlich doppelte Freude. Daher möchte ich alle, die dieses Buch gelesen haben, herzlich einladen, sich für einen Besuch bei Facebook »Michael Wigge« zu bewerben, denn ...

Ich tausche:

Ein oder zwei Wochen Aufenthalt in Wigges Haus auf Hawaii

gegen

Verschönerungsarbeiten am Haus

Wenn es dort draußen also noch ein nettes kleines Möbelstück gibt, das ein Zuhause sucht, oder einen begnadeten Künstler oder Gartenarchitekt, der Lust hat, Haus und Garten auszustatten, zu verschönern oder zu erweitern, dann soll sie oder er sich doch bei mir melden. Und wenn ich gerade selbst meinen Traum genieße und anwesend sein sollte, freue ich mich darauf, endlich auch einmal unterhalten zu werden – mit einer kleine Mutprobe zum Beispiel (über heiße Lava laufen) oder von einer coolen Band.

Also, schreibt mich ruhig an, alle Vorschläge sind willkommen!

Aloha!
Michael Wigge

Spaß in Paderborn mit »Herma...

Schweiz: Plejaren und ihre Freunde treffen

Anbiss in Main...

Burning-Man-Festival mit Fahrradtausch

Los Angeles: Rap mit Sänger Coati Mundi

Haus + Grundstück!

Brasilien: Käfertausch und Deutschtum in Pomerode

In Hawaii als Barterman auf der Zeitungstitelseite

Ukraine: Geheimtausch mit Popstar Ruslana
300 Jahre alte Bibel in Odessa

In Indien runtergetauscht zu rohem Fleisch

danach mit Space-Tuk-Tuk in Goa unterwegs

Singapur: Goldtausch mit Jim Rogers

Tansania: Kilimandscharobesteigung

Hinterlistige Edelsteinhändler

Australien: Vom Parasitenbefall geheilt

Kenia: 800-m-Lauf gegen Olympiasieger Keter

Mutproben als Crocodile Wiggee

Schafe verscheuchen und Jade tauschen in Neuseeland

Ein radikales Selbstexperiment in 366 Teilen

Vanessa Farquharson
NACKT SCHLAFEN IST BIO
Eine Öko-Zynikerin
findet ihr Grünes Gewissen
und die große Liebe
Aus dem kanadischen
Englisch von
Gerlinde Schermer-Rauwolf,
Robert Weiß
368 Seiten
ISBN 978-3-404-60655-9

Ist Duschen im Dunkeln wirklich sinnvoll, um Strom zu sparen? Wofür entscheidest du dich, wenn im Supermarkt der gespritzte Granny Smith aus der Region neben dem Bioapfel aus Neuseeland liegt? Und welche Shampoo-Experimente aus der Kräuterküche kann man getrost vergessen? Vanessa Farquharsons hat ein Jahr lang jeden Tag eine ökologische Korrektur in ihrem Leben vorgenommen. Ihr Tagebuch zum Projekt »ökologisch korrekt und trotzdem sexy« ist schonungslos – und äußerst unterhaltsam.

»Farquharsons freimütige und offene Art lässt andere Ökokrieger als echte Spaßbremsen dastehen.« PUBLISHERS WEEKLY

Bastei Lübbe Taschenbuch

Dieses Buch wird Sie berauschen!

James Nestor
OPIUM BRINGT OPI UM
175 Ideen für einen
Vollrausch ohne Drogen
Aus dem amerikanischen
Englisch von
Petra Trinkaus
288 Seiten
ISBN 978-3-404-60645-0

Jeden Tag der gleiche Trott: Der Kaffee schmeckt fad, die Drucker-patrone stinkt, das Geschwätz der Kollegen kann man nicht mehr hören, und der Kick nach dem wöchentlichen Yogakurs hat sich auch längst abgenudelt.

Wäre es nicht schön, die Welt mal ein bisschen anders zu er-leben? Ein bisschen bunter, ein bisschen schräger, ein biss-chen … high?

Die gute Nachricht: Sie benötigen keinerlei Drogen. Sie brauchen lediglich dieses Buch …

Bastei Lübbe Taschenbuch